Jennifer Polimino & Carolyn Warren

Beten für mein kleines Kind

Ein Begleitbuch für die ersten fünf Jahre
Mit vielen geistlichen und praktischen Impulsen für Kinder

Ein Begleitbuch für die ersten fünf Jahre

Jennifer Polimino
& Carolyn Warren

Beten *für mein kleines* Kind

Mit vielen geistlichen und praktischen Impulsen für Mütter

cap-books

Bestell-Nr.: 52 50454
ISBN 978-3-86773-233-8

Oberer Garten 8
D-72221 Haiterbach-Beihingen
07456-9393-0
info@cap-music.de
www.cap-books.de

Übersetzung: Dorothee Dziewas
Umschlaggestaltung: Olaf Johannson, spoon design
Foto Cover:
Foto Baby: fotolia.com © marchibas

Printed in Germany

Originaltitel: Praying Through Your Child's Early Years

Originally published in the U.S.A. by Regal Books,
A Division of Gospel Light Publications , Inc.
Ventura, CA 93006 U. S. A.

Alle Aussagen in diesem Buch sind Ansichten und Empfehlungen der Autorinnen und ersetzen keine medizinische oder fachliche Beratung und Betreuung. Der Verlag und Herausgeber dieses Buches übernimmt keine Verantwortung für die geäußerten Ansichten und Empfehlungen. Bei Unklarheiten oder Fragen wenden Sie sich bitte an Ihren Arzt oder andere Fachleute.

Die Bibelzitate sind entnommen aus:
LUT: Lutherbibel, revidierter Text 1984, durchgesehene Ausgabe,
© 1999 Deutsche Bibelgesellschaft, Stuttgart.

Widmung

Wir widmen dieses Buch unseren Müttern,
Sharon Stimac und Barbara Barnett Lockhart,
die uns durch ihr eigenes Leben den Wert und die Macht
des Gebets gelehrt haben.

Inhaltsverzeichnis

Prolog: Ihr Baby kommt zur Welt 8

Teil 1: Das erste Jahr Ihres Kindes

1. Die ersten Wochen des Babys 18
2. Betende Eltern sein 29
3. Ernährung und die Bindung zu Ihrem Baby 38
4. Wenn Ihr Baby weint 51
5. Mama-Burnout verhindern:
   Fürsorge für Seele, Leib und Geist 62
6. Die „ersten Male“ Ihres Babys 84
7. Die erste feste Nahrung Ihres Babys 94
8. Allergien 105
9. Impfungen 116

Teil 2: Die Kleinkindjahre – das zweite und dritte Lebensjahr

10. Kleinkinder – Verhalten und Grenzen 126
11. Spielen mit Ihrem Kleinkind 138
12. Manieren, bitte! 151
13. Geistliche Erziehung 167
14. Hilfe für Ihr krankes Kind 178
15. Mit Kindern kochen 192
16. Bildung fängt zu Hause an 206
17. Ein neues Baby in der Familie 219

Teil 3: Ihr Baby ist schon groß – das vierte und fünfte Lebensjahr Ihres Kindes

18. Mamas kleiner Helfer 230
19. Bewegung und Sport für Ihr Kind 238
20. Mit Kindern über Geld reden 248
21. Kindheitsängste 259
22. Wie Sie Ihr Kind zu Jesus führen 271
23. Jennifers Zeugnis 281

Danksagungen 291

Prolog: Ihr Baby kommt zur Welt

Für den Fall, dass Sie unser erstes Buch, *Beten für mein Baby*, nicht gelesen haben, fasst dieser Prolog für Sie kurz zusammen, was wir dort geschrieben haben. In diesem Buch werden Sie zunächst mich, Jennifer Polimino, inzwischen Mutter von Micah und Malia Grace, kennenlernen. Später werden Sie auch von meinem Mann Dan und von meiner Koautorin Carolyn Warren hören, die zwei erwachsene Kinder und sechs Enkel hat (eins davon aus Äthiopien adoptiert).

Jedes Kapitel beginnt mit einem Auszug aus meinem persönlichen Tagebuch und endet mit einem Elterngebet, Bibelaussagen zum Nachdenken und Beten sowie Platz für Ihre eigenen Gedanken, als besondere, segensreiche Erinnerung, die Sie später mit Ihrem Sohn oder Ihrer Tochter teilen können.

Jennifers Tagebuch

Diese Woche habe ich mir im Kalender frei gehalten, damit mein Baby kommen kann. Der Geburtstermin war am Montag, und jetzt haben wir Freitag. Und noch immer nichts von dem Baby zu sehen. Was ist los? Es kommt mir vor, als würde ich EWIG schwanger bleiben. Ich bin in der 42. Woche.

Den Ärzten zufolge sollte mein Sohn eigentlich schon am 25. Juli oder noch früher hier sein. Ich mache weiter Spaziergänge auf den Wegen hinterm Haus, um das Baby anzuspornen, und ich habe auch ein paar völlig ungefährliche natürliche Methoden ausprobiert, auf die andere schwören, zum Beispiel scharfe Speisen zu essen, aber die einzige Folge waren Magenschmerzen.

Ich habe meine Massagetherapeutin Betty angerufen, damit sie kommt und versucht, das Baby auf den Weg zu bringen, aber das hat genauso wenig funktioniert. Allerdings konnte ich mich dabei entspannen, und Betty hat mir versichert, dass das Baby dann kommt, wenn Gott den Zeitpunkt für richtig hält und nicht wir. Ich weiß, dass sie Recht hat. Jede Schwangerschaft ist anders, die Wehen sind jedes Mal anders und jede Geburt ist anders. Gott weiß, was er tut.

Mein errechneter Geburtstermin war der 25. Juli 2005, aber der Tag verstrich ohne Baby. Ebenso war es am nächsten und übernächsten Tag, und schließlich wurde es August. Wenn Fremde mich fragten, wann das Baby denn kommen solle, sahen sie besorgt aus. Ich war mehr als bereit für die Begegnung mit meinem Sohn.

Der 1. August verging, und nichts geschah. Der 2. August verging, und nichts geschah. Und dann, endlich, am Nachmittag des 3. Augusts, fingen die Wehen an – und hielten den Rest des Tages und die ganze Nacht an.

Für mich schien eine hockende Haltung das Beste zu sein, aber nach vierundzwanzig Stunden Hocken mit Wehen war ich erschöpft. Inzwischen hatten wir den 4. August, neun Tage nach dem errechneten Termin. Zum Glück konnte ich ein paar Stunden schlafen, wenn die Wehen nachließen.

Am nächsten Nachmittag rief ich um vier Uhr meine Doula[1] Janet an, um ihr Bescheid zu sagen. Mein Mann Dan war ein großer Trost; er wollte helfen, wo er konnte. Aber mit den Wehen wurde ich so ziemlich allein fertig und wollte lieber, dass er sich hinlegte und schlief. Ich ging davon aus, dass ich ihn später wirklich brauchen würde.

Ich glaube, es war ungefähr drei Uhr morgens, als ich Janet das nächste Mal anrief, und die Gute kam mitten in der Nacht zu uns. Dan war eindeutig mehr dafür, ins Krankenhaus zu fahren, als Janet und ich es waren. Wir überzeugten ihn davon, dass er wieder schlafen gehen sollte, und versprachen, morgens beim Arzt anzurufen. Weil das Krankenhaus so weit entfernt war – etwa 30 bis 40 Minuten Fahrt eine Strecke – wollte ich nicht ins Krankenhaus fahren, nur um dann wieder nach Hause geschickt zu werden.

Als ich beim Arzt anrief, sagte man mir, ich könne unmöglich Wehen haben, da ich ein Interesse daran hatte, mir die Zähne zu putzen und meine Haare zu trocknen. (Ich hatte die halbe Nacht in der Badewanne verbracht, um mir die Wehen zu erleichtern.) Trotzdem machten wir einen Termin, und gegen halb neun machten Janet und ich uns auf den Weg. Wir sagten zu Dan, er solle zur Arbeit fahren und wir würden ihn anrufen, wenn sich irgendetwas an der Situation entscheidend verändern sollte. Schließlich dauerte die Angelegenheit jetzt schon fast zwei Tage.

Die Krankenschwester, die Emmy hieß, sagte: „Der Muttermund ist drei bis vier Zentimeter geöffnet."

Ich fand, das waren großartige Neuigkeiten. Ich sagte: „Gott sei gelobt! Wenigstens bringen die Wehen etwas."

Emmy sagte: „Ich möchte, dass Sie sich bis Mittag im Krankenhaus melden."

---

1 Eine Doula ist eine ausgebildete Schwangerschafts- und Geburtshelferin, die eine werdende Mutter emotional und praktisch unterstützt und informiert. Ihre Aufgabe besteht darin, Frauen zu einer sicheren, unvergesslichen und beglückenden Geburtserfahrung zu verhelfen.

Aber ich hatte andere Pläne. Ich war völlig ausgehungert, also aßen wir zu Hause erst einmal zusammen zu Mittag – wobei ich bei jeder Wehe aufstand und mich vorbeugte oder hinhockte, während Dan Gott um Hilfe und Kraft bat. Dann machten wir uns auf den Weg ins Krankenhaus, wo wir gegen zwei Uhr ankamen.

Die Fahrt zum Krankenhaus war nicht gerade ein Vergnügen für mich; andererseits war sie auch nicht so schlimm, wie ich befürchtet hatte. Die Wehen waren im Auto sogar schwächer – vielleicht lag das an der Bewegung oder am Tapetenwechsel.

Ich saß auf dem Rücksitz, wie Janet es vorgeschlagen hatte. Immer, wenn eine Wehe kam, stützte ich ein Bein am Sitz ab und das andere auf dem Boden und hielt mich am Autositz für das Baby fest. Es muss ein ziemlicher Anblick gewesen sein, und ich weiß noch, dass ich den vorbeifahrenden Leuten, die mich anstarrten, zuwinken wollte.

Wir kamen im St. Joseph's Hospital in der Innenstadt von Denver an, und ich hievte mich aus dem Auto. Sofort platzte meine Fruchtblase, mitten auf dem Parkplatz. (Dan war heilfroh, dass es nicht im Wagen passiert war!)

Aber als wir auf der Entbindungsstation ankamen, beschlossen sie, meine Fruchtblase sei nicht geplatzt. Stellen Sie sich das mal vor! Offenbar waren sie auf dem Parkplatz nicht dabei gewesen, als es passiert war.

Ich weigerte mich, den Muttermund untersuchen zu lassen. Ich wollte keine Infektion riskieren, da ich *wusste*, dass meine Fruchtblase geplatzt war – auch wenn sie keinen ihrer Tests durchführen konnten, um das zu bestätigen.

Ich hockte mich auch jetzt bei jeder Wehe hin. Dan versorgte mich mit Wasser oder gecrushtem Eis zum Lutschen, und um mich zu beruhigen, spielte er hawaiianische Musik. Immer wieder flehte ich ihn an, nicht einzuschlafen. Ich brauchte ihn jetzt! Eine Eigenart meines Mannes ist, dass er überall und *jederzeit* schlafen kann. Trotzdem versprach er, nicht einzuschlafen – und er tat es auch nicht.

Ich weiß noch, dass ich einen Teil der Zeit auf dem Geburtsball saß, aber an das meiste erinnere ich mich nicht mehr. Nur eines weiß ich: Es war schwierig. Allerdings erinnere ich mich daran, dass ich ungefähr eine Stunde lang presste. Zu diesem Zeitpunkt war ich wirklich am Ende, weil ich drei Tage lang kaum geschlafen hatte und die Wehen mehr als dreißig Stunden gedauert hatten, und das ohne jedes Schmerzmittel. Und ich will nicht lügen – es hat wehgetan.

Dann, um genau 9:28 Uhr abends, am 5. August 2005, wurde mein wundervoller kleiner Junge, Micah Kekoa Polimino, geboren. Der Herr sei gepriesen! Gott ist unendlich gut.

Ich hätte mir nie träumen lassen, welch überwältigende Liebe ich für dieses Kind empfinden würde. Dies war mein eigener kleiner Junge, ein Teil von mir. Ich würde alles tun, um ihn zu beschützen. Ich liebe ihn mehr als mein eigenes Leben. Und dann wurde es mir mit einem Schlag bewusst. So geht es Gott mit uns. Es ist unglaublich, dass Gott seinen eigenen geliebten Sohn gesandt hat, um am Kreuz für uns zu sterben, damit wir bei ihm im Himmel sein können. Wie konnte er für uns ein so großes Opfer bringen? Ich fühlte mich dessen jedenfalls nicht würdig; aber nachdem ich erlebt habe, welche Liebe ich für meinen kleinen Jungen empfinde, begreife ich es endlich. Gott hat getan, was nötig war, um uns vor dem Bösen zu bewahren.

Wenn Ihr Baby auf die Welt kommt und Sie es im Arm halten, werden Sie verstehen, wovon ich rede. Dieses Kind ist wahrhaftig ein Geschenk Gottes. Es ist ein besonderer Segen für uns Frauen, dass wir dieses Wunder der Geburt erleben dürfen. Es ist nicht einfach, aber es ist unfassbar schön.

Ich muss unwillkürlich daran denken, wie Maria sich gefühlt haben muss, als sie Jesus zum ersten Mal im Arm hielt. Sie hatte neun Monate voller Spott und Ablehnung ertragen. Ihre Freunde hatten sie verstoßen, und sie war frisch verheiratet mit Josef, der geglaubt hatte, sie wäre untreu gewesen, bis der Engel ihn aufklärte. Als die Niederkunft bevorstand, musste sie nach Bethlehem reisen, um Steuern zu zahlen, und dabei drei Tage lang auf einem Esel über unbefestigte, wahrscheinlich äußerst steinige und löchrige Straßen reiten; und jetzt hatte sie gerade Gottes Sohn geboren … in einem Stall. Sie hatte allen Grund, an Gott zu zweifeln, aber stattdessen lobte sie ihn.

Ich kann nur erahnen, welche Liebe und Freude sie empfunden haben muss, als sie ihren Neugeborenen – den Messias – im Arm hielt. Ihr Lächeln reichte bestimmt bis ins tiefste Innere ihrer Seele.

Mein Sohn Micah hat auch auf mein Gesicht ein Lächeln gezaubert; endlich war das Warten vorbei. Es waren drei lange Tage, aber mein Baby war da!

Ich hoffe, die Geburt Ihres Kindes war weitaus weniger traumatisch, als sie es bei mir war. Und ich bete, dass Ihr Baby vollkommen war, so dass Sie die ersten paar Tage voller Ehrfurcht und Staunen genießen konnten und sich Gott näher gefühlt haben als je zuvor. Ich hoffe, Sie haben einen neuen Sinn in Ihrem Leben entdeckt.

Die Geburt meines Babys hat mein Leben für immer verändert, und ich erbitte von Gott diese wundervolle Veränderung auch für Sie.

Elterngebet

Lieber himmlischer Vater,
ich kann die Freude, die ich empfinde, jetzt, wo mein Baby endlich da ist, gar nicht in Worte fassen. Danke für dieses Kostbarste aller Geschenke, für dieses kostbare Leben. Bitte hilf mir, dieses Baby so zu lieben, wie du es tust, Herr. Hilf mir, die Aufgabe des Elternseins so zu erfüllen, wie du es dir wünschst. Hilf mir, diesem Baby von dir

zu erzählen, Jesus. Bitte sorge für mein Kind und beschütze und ermutige es.

Gieß deine Freude, deinen Frieden und deine Liebe in das Herz meines Babys aus und gib in diesen ersten Wochen auf ihn/sie Acht. Zeig mir, was ich tun soll und gib mir Kraft und Schlaf, wenn ich sie am meisten brauche. Hilf mir, meinem Kind die wahre Bedeutung deiner Agape-Liebe weiterzugeben – deine bedingungslose Liebe. Während ich (fügen Sie hier den Namen Ihres Kindes ein) im Arm halte, lass ihn/sie deine Liebe spüren, Vater. Danke, Jesus.

Das bete ich in deinem allmächtigen Namen. Amen.

Bibelaussagen zum Nachdenken und Beten

Singt dem Herrn Danklieder!
Spielt für unseren Gott auf der Harfe!
Psalm 147,7

Du wirst über dieses Kind froh und glücklich sein,
und auch viele andere werden sich über seine Geburt freuen.
Lukas 1,14

Mein Tagebuch

Ein Tagebuch zu führen, wird Ihnen helfen, eine ganz besondere Bindung zwischen Ihnen und Ihrem Kind zu schaffen. Außerdem kann es irgendwann eine sehr tiefe Bedeutung für Ihren Sohn oder Ihre Tochter haben. Am Ende jedes Kapitels haben Sie Platz, um die Geburt und das Wachstum Ihres Kindes zu beschreiben.

TEIL 1

Das erste Jahr Ihres Kindes

Dankt ihm, dem Herrn über alle Herren, seine Gnade hört niemals auf!

Psalm 136,3

1

Die ersten Wochen des Babys

Jennifers Tagebuch

Mein Micah ist endlich da! Es fühlt sich an, als hätte ich jahrelang darauf gewartet, dass er zu unserer Familie stößt, und jetzt ist er endlich hier.

Aber irgendetwas stimmte nicht. Er weinte nicht, wie andere neugeborene Babys es tun. Die Krankenschwestern fingen an, sich Sorgen zu machen, und ich merkte, dass Sie dachten, etwas sei nicht in Ordnung. „Herr, was ist mit ihm? Bitte mach ihn gesund … bitte, Jesus", betete ich immer wieder.

Die Ärzte informierten meinen Mann und mich, dass die Nabelschnur um seinen Hals gewickelt gewesen war – nicht einmal, sondern sogar zweimal – und dass er bei der Geburt Fruchtwasser aspiriert haben musste.

„Er muss sofort auf die Säuglingsintensivstation. Seine Lunge weist Streifen auf", sagte der Arzt. „Wir müssen einige Tests durchführen, ein Antibiotikum verabreichen und Sauerstoff zuführen."

Das medizinische Personal brachte ihn schnell aus meinem Zimmer in die Intensivstation. „Bleib bei ihm – lass ihn nicht aus den Augen!", rief ich meinem Mann nach, als er unserem süßen Baby zur Tür hinaus folgte.

„Gott, warum?", flehte ich leise. „Warum hast du mich das alles durchmachen lassen, nur um mir meinen erstgeborenen Sohn zu nehmen?"

Die Situation im Krankenhaus kam mir wie eine Katastrophe vor. Erstens habe ich gerne die Kontrolle über das, was mich betrifft, deshalb habe ich ein Problem damit, wenn jemand anders mir sagt, was ich tun soll. Und zweitens ist es mir wichtig, meinem Körper keine unnötigen Medikamente oder Chemikalien zuzumuten, geschweige denn dem Körper meines neugeborenen Kindes. Ich bin seit zwanzig Jahren als Ernährungsberaterin tätig und habe es mir zur Aufgabe gemacht, andere zu einem gesunden, natürlichen Lebensstil zu ermutigen. Ich hatte gerade zwei lange, anstrengende Tage einer ganz natürlichen Geburt über mich ergehen lassen, damit mein Baby nicht irgendwelchen Schmerzmitteln ausgesetzt war, und jetzt sagten die Ärzte mir, mein Neugeborenes müsse Antibiotika und andere Medikamente verabreicht bekommen – das passte mir natürlich überhaupt nicht.

Während der nächsten vier Tage ließ ich Micah kaum aus den Augen. Ich saß mit ihm auf der Säuglingsintensivstation, während die Ärzte ihn stachen, drückten und untersuchten. Dan sagte, er müsse wieder zur Arbeit gehen, aber ich glaube, er konnte einfach nicht ertragen, dort zu sitzen und auf die Ergebnisse zu warten. Die Ärzte führten einen Test nach dem anderen durch und überzeugten Dan schließlich davon, dass Micah eine Lumbalpunktion benötigte. Dagegen wehrte ich mich, aber am Ende sagte Dan, wir hätten keine Wahl. Während dieses schmerzhaften Eingriffs weinte Micah kein einziges Mal. Ich war es, die Tränen vergoss. Die Schwestern forderten mich immer wieder auf, in mein Zimmer zu gehen und zu schlafen, aber ich konnte mein Baby einfach nicht allein lassen. Was war, wenn Micah mich brauchte? Was, wenn er gestillt werden musste? Was, wenn er in die Windel machte? Ich wollte diejenige sein, die für ihn sorgte, ihn fütterte und seine winzige Windel wechselte!

Tag für Tag, Nacht für Nacht hörte ich die Geschichten der anderen Babys auf der Intensivstation, wenn die Krankenschwestern davon erzählten. Manche waren einfach herzzerreißend. Ein kleiner Kerl, der in dem Bettchen neben Micah lag, fiel mir auf. In den vier Tagen, die ich dort saß und Micah auf dem Arm wiegte, hatte ich den Vater des Kindes nur einmal hereinkommen sehen. Das süße Baby war als Frühchen geboren worden, aber inzwischen war der Kleine sechs Monate alt. Die Schwestern waren wie Mütter für ihn. Jedes Mal, wenn die Schicht wechselte, nahm die neue Schwester ihn sofort auf den Arm und sprach mit ihm und herzte ihn.

Gott schenkte dem kleinen Kerl Engel, die ihn beschützten und für ihn sorgten, während seine Eltern nicht bei ihm sein konnten. Später erfuhr ich, dass seine Familie sehr weit entfernt lebte. Der Vater musste wieder arbeiten gehen, um die Arztrechnungen zu bezahlen, und die Mutter musste zu Hause sein, um die anderen Kinder zu versorgen. Ich bin sicher, es brach ihr das Herz zu wissen, dass sie ihr neues Baby nicht jeden Abend in den Arm nehmen konnte. Ihr blieb nichts anderes übrig, als den Schwestern zu vertrauen – Frauen, die sie nicht einmal kannte.

Ich hatte schon immer Schwierigkeiten, anderen Menschen zu vertrauen, deshalb fiel es mir am Anfang sehr schwer, mein Kind in Gottes Hände zu legen. Aber das musste ich immer wieder tun. Vom ersten Mal, als ich Micah in der Obhut eines Babysitters zurückließ, bis zum ersten Schultag lernte ich darauf zu vertrauen, dass Gott meinen Sohn behüten und bewahren würde; und ich bitte Gott darum, dass Sie das mit Ihrem Kind auch können.

Papas Blog

An einem Samstagmorgen im Juli saß ich im St. Joseph's Hospital in einem Raum voller werdender Väter. Der Kurs fing um acht Uhr morgens an, und Jennifer fand, es wäre gut, wenn ich ein paar Dinge über Säuglinge lernen würde. Sie nennen es das „Papa Boot Camp“. Ich bin immer dafür, gut vorbereitet zu sein, aber an einem Samstagmorgen um acht Uhr, mitten im Sommer … über Windeln reden? Ich war wenig begeistert.

Es heißt, wenn man wenigstens eine wichtige Information aus einem Kurs oder Seminar mitnimmt, ist es ein Erfolg. Der Typ, der den Kurs leitete, sagte ganz am Anfang: „Rechnen Sie mit dem Unberechenbaren.“ Das war die eine Weisheit, an die ich mich erinnerte. Dann fuhr er fort, jeder habe Pläne und eine Vorstellung davon, wie die Geburt sein soll, und jeder komme mit bestimmten Erwartungen. Er sagte, diese Erwartungen sollten wir gleich zum Fenster rauswerfen, weil in den meisten Fällen nichts nach Plan läuft. Das machte mir Angst, weshalb ich mir diesen Satz wahrscheinlich gemerkt habe. Sie müssen wissen, dass ich ein Planer bin! Unsere Geburt würde genauso verlaufen, wie wir es geplant hatten. Dafür würde ich schon sorgen.

Als Micah geboren wurde, war die Nabelschnur zweimal um seinen Hals gewickelt. Er atmete nicht gut und hatte Flüssigkeit in der Lunge. An den Gesichtern der Krankenschwestern und Ärzte konnte ich sehen, dass etwas nicht stimmte. Sie sagten zu uns, er müsse sofort auf die Intensivstation, und mit einem Mal fühlte ich mich, als hätte mir jemand einen Vorschlaghammer über den Schädel gezogen. Alles ging so schnell, und ich versuchte die Situation unter Kontrolle zu bringen. Während ich den Ärzten folgte, die meinen kleinen Jungen wegbrachten, dachte ich: Was ist mit Jen? Was machen sie mit meinem Sohn? Was fehlt ihm? Kann ihm geholfen werden? Das Unerwartete, Unberechenbare war gerade eingetreten, und jetzt war alles anders.

Ihr Kind in die Hände eines anderen zu legen, selbst wenn dieser Andere Gott ist, wird wahrscheinlich eine der schwierigsten Erfahrungen sein, vor allem bei Ihrem ersten Kind. Mein Verstand wusste, dass Gott alles von uns haben möchte, auch unsere Kinder, aber mein Herz tat sich schwer damit. Schließlich war dies mein erstes Kind, und Micah war mein *Baby*.

An jenem ersten Tag musste ich mich selbst zurücknehmen und Micah Gott überlassen und ihm vertrauen. Ich musste mich an Psalm 32,10 klammern: „Wer dem Herrn vertraut, den wird Gottes Güte umgeben." Auch wenn ich es gewesen war, die diesen süßen kleinen Jungen gerade zur Welt gebracht hatte, erinnerte Gott mich daran, dass Micah zuallererst ihm gehörte. Ich sollte wissen, dass Gott immer die Zügel in der Hand hält und es auch immer tun wird. Es ist der Erste und Letzte, der große ICH BIN, der Herr der Herren, Anfang und Ende.

Als der Heilige Geist mich an Offenbarung 1,8 erinnerte – „Gott, der Herr, spricht: ‚Ich bin der Anfang, und ich bin das Ziel, das A und O.' Ja, er ist immer da, von allem Anfang an, und er wird kommen: der Herr über alles!" – wusste ich, dass mir nichts anderes übrig blieb, als ihm meinen Sohn anzuvertrauen.

Wenn wir diesen Grundgedanken gleich zu Anfang begreifen und unsere Kinder vom ersten Tag an Gott überlassen können, werden wir viel Segen erfahren. Wir werden ein friedvolleres und froheres Leben ohne Angst führen. Jesus sagt uns: „Meinen Frieden gebe ich euch; einen Frieden, den euch niemand auf der Welt geben kann. Seid deshalb ohne Sorge und Furcht!“ (Johannes 14,27)

An Micahs fünftem Tag wurden wir aus dem Krankenhaus entlassen. Sie setzten mich in einen Rollstuhl – Krankenhausvorschrift – und schoben mich mit unserem Baby und seiner kleinen Sauerstoffflasche nach unten zu unserem Nissan Murano. Wir waren überglücklich, endlich nach Hause zu können. Dan setzte Micah in seinen Kindersitz, und ich nahm neben ihm Platz – nur für den Fall, dass er mich brauchte.

Ich glaube, Dan fuhr auf dem Heimweg gerade mal 30 Stundenkilometer! Wir hielten an unserem arabischen Lieblingsrestaurant namens Jerusalem an, und Dan rannte hinein und holte Hühnchen Schawerma und Lammhaxe. Ich war völlig ausgehungert, denn in den vergangenen sieben Tagen hatte ich kaum etwas gegessen und während der Wehen Tausende Kalorien verbrannt. Das Essen im Krankenhaus war nicht so besonders, aber der Hauptgrund war, dass ich mein Baby nie alleinlassen wollte. Am letzten Tag ließen sie Micah in meinem Zimmer schlafen, aber dort bekam ich nie genügend Schlaf, weil jede Stunde eine Schwester ins Zimmer kam, entweder um nach Micah und mir zu sehen oder mir noch ein Formblatt unter die Nase zu halten, das ich unterschreiben sollte.

Unsere Papageien, Lani und Logan, begrüßten uns mit lautem Geschrei, als wir zur Tür hereinkamen. Ich hatte meine Papageien schon seit sechzehn Jahren. Lani, das Mädchen, war mit mir aus Hawaii gekommen und hatte auf dem Flug in einem kleinen Korb unter meinem Sitz gesessen. Viele Menschen haben Hunde oder Katzen als „Kinder“, bevor sie Nachwuchs bekommen, aber wegen meiner Allergien hatten wir Vögel.

Ich nahm Micah auf den Arm und küsste ihn zart. „Dies sind dein Bruder Logan und deine große Schwester Lani“, sagte ich im

Spaß zu ihm. Die Vögel starrten Micah belustigt an. Sie hatten keine Ahnung, wie ihr Leben sich verändern würde. Ich auch nicht. „Mein kleiner Mann“, wie ich ihn nannte, krempelte mein Leben für immer um.

Es kommt mir so vor, als hätte ich in den ersten beiden Wochen ununterbrochen gebetet, dass Gott die Flecken auf Micahs Lunge heilen und ihn ganz gesund machen möge. Auf mich wirkte er vollkommen in Ordnung, aber sein Sauerstofftank war eine ständige Erinnerung daran, dass er noch nicht hundertprozentig geheilt war und dass Gott der Einzige war, der ihn heilen konnte. Mit der einen Hand nahm ich das Mosekörbchen, in dem Micah lag, und mit der anderen trug ich die Sauerstoffflasche, während ich ihn überall mit hinnahm. Jeden Tag kam eine Krankenschwester bei uns vorbei und überprüfte Micahs Sauerstoffversorgung und überzeugte sich davon, dass es ihm gutging.

Als Micah zwei Wochen alt war, beschlossen wir, zu einem anderen Arzt zu gehen, der uns erklärte: „Ihr Baby ist vollkommen gesund; er braucht keinen Sauerstoff mehr.“ *Danke, Jesus!* Dan und ich waren überglücklich.

Monate vorher hatte ich Pläne geschmiedet, mit Micah zu meinen Eltern nach Hawaii zu reisen, wenn er ungefähr fünf Wochen alt war, damit sie ihn kennenlernen konnten. Aber weil er beinahe zwei Wochen später auf die Welt gekommen war als geplant und unsere Flüge gebucht waren, blieb uns weniger als eine Woche, nachdem er keinen Sauerstoff mehr bekommen musste. Es war unsicher gewesen, ob wir die Reise überhaupt würden machen können, aber jetzt hatten wir grünes Licht, und ich freute mich riesig!

In der darauf folgenden Woche stieg ich mit Micah in ein Flugzeug, das mich in meine Heimatstadt Kailua-Kona bringen sollte, die auf der großen Insel Hawaii liegt. Ich war etwas nervös, weil ich mit einem Neugeborenen flog, aber meine Mutter versicherte mir, ich bräuchte mir keine Sorgen zu machen. Ich hatte ein aufblasbares Stillkissen dabei – wenn man mit einem Säugling reist, absolut unverzichtbar, finde ich – und außerdem einen Kinderwagen, eine

Kamera und eine riesige Wickeltasche. Die Flugbegleiterinnen waren sehr hilfsbereit, und ich hatte Glück, weil der Flug nicht voll besetzt war. So konnte ich mich während des achtstündigen Fluges mit Micah in einer ganzen Sitzreihe ausbreiten.

Ich weiß noch, dass ich während des Fluges viel gebetet habe. Ich hatte solche Angst, seine kleinen Ohren könnten wehtun oder ich würde ihn nicht stillen können. Zum Glück war alles in Ordnung. Während der acht Stunden entließ ich ihn nur einmal aus meinen Armen, um auf die Toilette zu gehen, während eine Flugbegleiterin ihn hielt. Als das Flugzeug endlich landete, kletterte ich schwer beladen die steile Treppe hinunter zur Landebahn unseres kleinen Flughafens in Kona. Meine Eltern waren da, um ihr jüngstes Enkelkind willkommen zu heißen, und es tat unendlich gut, zu Hause in der warmen, frischen Luft von Kona zu sein. Trotz all meiner Sorgen hatte Gott für jede Kleinigkeit gesorgt.

Wir verbrachten zwei Wochen damit, die Verwandtschaft zu besuchen, und genossen die Zeit an dem weißen Sandstrand, an dem ich aufgewachsen war. Ich kaufte ein tolles kleines Zelt, um Micah vor der tropischen Sonne zu schützen, und darin schlief er stundenlang. Dann überraschte Dan uns, als er für vier Tage zu uns stieß. Er sagte, er hätte es nicht ausgehalten, seinen Sohn nicht zu sehen. Er vermisste Micah so sehr, dass er zwei Tage in der Luft verbrachte, nur um unser Baby wieder im Arm zu halten. Als ich hörte, wie Dan das sagte, musste ich daran denken, dass es Gott mit uns ganz genauso geht.

Ihr himmlischer Vater sehnt sich danach, Zeit mit Ihnen zu verbringen. Im Moment sind Sie vielleicht völlig mit Ihrem Säugling beschäftigt; aber ich will Ihnen Mut machen, an jedem einzelnen Tag Gottes Nähe zu suchen. Ich persönlich konnte am besten mit Gott reden, wenn ich Micah stillte. Dann saß ich entspannt da und las in der Bibel oder betete. Ich spürte einfach eine ganz große Dankbarkeit für den Segen, den ich erleben durfte. Diese stille Zeit nutzte ich, um Gott für dieses erstaunliche Geschenk, für meinen kleinen Sohn, zu danken.

Egal, wie verrückt Ihnen Ihr Leben gerade erscheinen mag – jetzt, wo Sie keine Nacht durchschlafen können und die Hormone Ihre Gefühle durcheinander bringen und Sie lernen, dieses kleine Wesen in Ihren Alltag zu integrieren, sollten Sie eine feste Zeit finden, in der Sie mit Gott reden und auf seine Stimme hören können. In den folgenden Kapiteln wird es oft um die ganz normalen Herausforderungen gehen, die ein neugeborenes Baby mit sich bringt, und darum, wie wir sie betend und mit Zuversicht meistern können.

Elterngebet

Lieber himmlischer Vater,
danke für mein süßes Baby. Herr, ich überlasse dir (Name des Kindes). Du bist der König der Könige und der Herr der Herren, und ich weiß, dass du mein Baby liebst. Forme mich zu der Mutter/dem Vater, die/der ich nach deinem Willen sein soll. Hilf mir, die richtigen Entscheidungen für mein Kind zu treffen und dir immer zu folgen.

Bitte hilf mir, wenn ich Sorgen und Zweifel habe und nicht sicher bin, was los ist. Hilf mir, Ruhe zu bewahren und mich auf dich auszurichten. Schenke mir deinen Frieden, der höher ist als alle Vernunft. Lass mich standhaft sein in der Gewissheit, dass du A und O bist, Anfang und Ende – der allmächtige Gott.

Sei du mein Fels und meine Festung in schwierigen Umständen. Wenn es Probleme gibt, sei mein Erlöser. Gib mir Kraft, die über meine eigenen Kräfte hinausgeht, und bewahre mich vor dem Feind.

Herr Jesus, ich danke dir, weil du ein gütiger Gott bist und deine Gnade ewig währt. Danke für dieses kostbare Kind, das du mir geschenkt hast. Passe heute und immer auf ihn/sie auf.

Das bete ich im Namen Jesu. Amen.

Bibelaussagen zum Nachdenken und Beten

Gott, der Herr, spricht:
„Ich bin der Anfang, und ich bin das Ziel, das A und O."
Ja, er ist immer da, von allem Anfang an, und er wird kommen:
der Herr über alles!
Offenbarung 1,8

Dankt ihm, dem Herrn über alle Herren,
seine Gnade hört niemals auf!
Psalm 136,3

Mein Tagebuch

Was mein Kind über das Wesen Gottes wissen soll:

Ein besonderes Gebet für mein Baby:

2

Betende Eltern sein

Jennifers Tagebuch

Mein kleiner Mann wärmt mir das Herz wie nie zuvor. Er ist so süß. Heute habe ich bei uns zu Hause ein kleines Foto-Shooting organisiert. Ich brauchte ein Bild für unsere Geburtsanzeige, und einen Fotografen können wir uns nicht leisten, also habe ich die Bilder selbst gemacht. Ich kann ganz gut fotografieren und es macht mir auf jeden Fall Spaß. Mein Mann sagt, der kleine Kerl wird Tausende von Fotos haben, wenn er ein Jahr alt ist. Da hat er bestimmt Recht! Ich kann die Kamera einfach nicht aus der Hand legen. Das liegt daran, dass ich nichts vergessen oder verpassen möchte und vermeiden will, dass ich irgendeinen besonderen Augenblick vielleicht nicht mitbekomme. Während meiner Schwangerschaft betete ich viel für Micah, und jetzt, wo er hier ist, bete ich, dass er ein gottesfürchtiger Mann werden wird, der seinem Gott nie den Rücken kehrt, so wie ich es als junge Frau getan habe. Deshalb habe ich Gott gebeten, mir zu zeigen, was ich tun soll. Ich will eine Mutter sein, die liebevoll, mitfühlend und verständnisvoll ist. Ich weiß, dass Gott unsere Gebete hört und erhört.

Letzte Woche sang Amy Grant auf der „*Women of Faith*"-Konferenz ihr Lied „*Better than a Hallelujah* – Besser als ein Halleluja". Dieses Lied beschreibt mein Gebetsleben sehr gut.

Wenn wir zu Gott flehen und ihm unsere Sorgen ausschütten, hört Gott eine Melodie. Selbst wenn wir ganz am Ende sind und uns das Herz bricht, ist ein verzweifelter Schrei manchmal besser, als ein Halleluja zu singen, denn dann sind wir ehrlich. Gott will, dass wir uns an ihn wenden. Was immer uns Sorgen oder Kummer macht – wir müssen es ihm sagen. Gott ist bei uns und wartet darauf, dass wir mit ihm reden.

Mein Gebetsleben fing eigentlich erst so *richtig* an, als ich herausfand, dass ich mit Micah schwanger war. In der Vergangenheit hatte ich auch gebetet, aber nicht mit demselben Gefühl der Dringlichkeit, das sich einstellte, als wir endlich ein Baby erwarteten. Während der Schwangerschaft machte ich mir über alle möglichen Dinge Sorgen, aber ich bat Gott um Orientierung und Hilfe.

Nachdem Micah geboren war und die Monate verflogen, wurde mir allmählich bewusst, dass die Gebete, die ich gesprochen hatte, während ich schwanger war, sich erfüllten. Ich staunte darüber, dass Gott mich so beachtete und liebte, dass er meine Gebete erhörte! Ob wichtig oder unbedeutend – was mir etwas bedeutete, war auch für ihn von Bedeutung. Inzwischen glaube ich leidenschaftlich an die Macht des Gebets. Durch das Gebet kommt Gott in Ihr Leben, und das wünsche ich Ihnen. Ich möchte, dass Sie die ungeheure Macht erleben, die darin liegt, das eigene Kind betend zu begleiten.

Das Gebet ist etwas, das geschieht, während Sie Ihren Alltag leben. Es geht nicht darum, eine strenge Routine oder bestimmte Gebetszeiten einzuhalten; es geht darum, dass das Beten zu einem ganz natürlichen Teil Ihres Lebens wird. Das Gebet wird ein Teil Ihrer Persönlichkeit. Ich bringe meinen Kindern zum Beispiel bei, dass wir Gott immer für etwas Gutes danken, wo auch immer wir sind. Ich lehre sie beten, wenn wir einen Krankenwagen hören oder jemanden sehen, der Not leidet.

Unabhängig davon, ob wir einen guten oder schlechten Tag haben, nehmen wir uns Zeit, um mit Gott zu reden. Wenn wir einen tollen Parkplatz finden oder einen Regenbogen sehen, sagen wir: „Danke, Herr.“ Bei jeder Mahlzeit danken wir unserem himmlischen Vater dafür, dass er für uns sorgt. Diese kleinen Dinge lehren Kinder, dass Gott Wirklichkeit ist. Wir behandeln Gott so, wie wir einen Freund behandeln würden, der die ganze Zeit hier bei uns ist, und wir reden mit ihm. Es ist so, wie George Buttrick sagte: „Beten ist Freundschaft mit Gott.“[2]

Ich hatte das Glück, in einer christlichen Familie aufzuwachsen, und so beteten wir jeden Tag. Aber auch wenn Sie nicht mit betenden Eltern groß geworden sind, können Sie für Ihre Kinder ein Vermächtnis des Betens entstehen lassen. Wenn Sie den Glauben daran vorleben, dass Beten wichtig ist und funktioniert, werden Ihre Kinder dies auch glauben.

Ich weiß noch, dass meine Eltern oft beteten, vor allem, wenn die ganze Familie zusammen war und um den großen Esszimmertisch herum saß. Oft wechselten wir uns dabei ab, Jesus für seine Gaben zu danken. Es war eine Zeit, die uns mit Gott in Verbindung brachte und uns zugleich als Familie zusammenschweißte.

Jetzt, als Eltern, lehren wir unsere Kinder ganz bewusst, an das Gebet zu *glauben*. Jedes Mal, wenn Gott ein Gebet erhört, zum Beispiel indem er meinem Sohn geholfen hat, bei einem Fußballspiel sein Bestes zu geben, oder wenn er ein krankes Familienmitglied heilt oder meinem Mann bei seiner Maklerfirma den Kaufabschluss für ein Haus schenkt, danken wir Gott dafür, dass er unsere Gebete erhört.

Es gibt keine richtige Art zu beten. Wer betet, redet einfach mit Gott, und er wird Ihnen begegnen, wo immer Sie sich befinden.

Ein Gebet muss nicht poetisch oder tiefschürfend sein. In Matthäus 12,25 steht, dass Jesus die Gedanken der Menschen

---

2 Richard J. Foster/James Bryan Smith, Devotional Classics: Selected Readings for Individuals and Gropus, Harper Collins, New York 2005, S.87.

kannte. In Psalm 139,2 lesen wir: „Aus der Ferne erkennst du, was ich denke.“ Wenn Gott unsere Gedanken kennt, dann können wir doch ganz sicher mit ihm reden, wie wir mit unserem besten Freund reden würden.

Omas Tagebuch

Mein Enkel ist ein typischer Junge. Im Alter von zwei Jahren liebt er große Lastwagen. Er kennt den Unterschied zwischen Holzlader, Pflugbagger, Schaufelbagger, Aushubmaschine und all den anderen faszinierenden Baufahrzeugen.

Er mag Ferngläser, Soldaten und Coco, den Affen.

Er baut Burgen, Straßen und Höhlen. Wenn Sie einen Enkel haben, sind Sie mit all diesen Dingen bestimmt vertraut.

Eines Nachmittags, als ich auf ihn aufpasste, malten wir Bilder von Raketen. Aus heiterem Himmel sah er mich an und sagte: „Das Wichtigste ist Gott.“

„Wow“, dachte ich, „sein Bibelunterricht zahlt sich aus.“ Dann haben wir uns kurz, aber ernsthaft über Gott unterhalten, und ich ging erbaut und beschenkt heim.

Carolyn Warren

Beten bedeutet auch Hören

Oft vergessen wir, still zu sein und auf Gottes Stimme zu hören. Beten ist mehr, als Gott etwas zu sagen; es bedeutet auch, dass wir hören, was er uns sagen will. Als Jesus auf den Ölberg ging, um mit

Gott zu reden, ging er dorthin sowohl um ihm etwas zu sagen, als auch um ihm zuzuhören.

Ich weiß noch, dass ich Gott zu mir reden hörte, als es um mein erstes Buch ging, *Beten für mein Baby*. Micah war ungefähr zwei Jahre alt, als mir auffiel, dass vieles von dem, worum ich während meiner Schwangerschaft gebetet hatte, jetzt in Erfüllung ging. Also betete ich darüber und Gott sagte mir ganz klar, dass ich ein Buch schreiben sollte, um Müttern zu sagen, wie wichtig es ist, für ihr ungeborenes Kind zu beten. Es war Gottes Wille, dass ich das Buch schrieb (und auch dieses hier), daran habe ich keinerlei Zweifel.

Gott um Segen bitten

In der Bibel lesen wir: „Einige Eltern brachten ihre Kinder zu Jesus, damit er sie segnete" (Lukas 18,15). Ich liebe diese Szene, in der Eltern ihre geliebten Neugeborenen zu Jesus bringen, um Segen zu empfangen. Es ist nicht davon die Rede, dass die Kinder krank waren; die Eltern wollten nur, dass Jesus ihren Söhnen und Töchtern die Hand auflegte. Weiter wird erzählt, dass die Jünger versuchten, Jesus vor dem zu schützen, was sie als Störung empfanden. Sie dachten, Jesus hätte wichtigere Dinge, um die er sich kümmern musste, zum Beispiel die Erwachsenen. Die Jünger schimpften sogar mit den Eltern und versuchten sie fortzujagen. Ich frage mich, wie viele von diesen Eltern enttäuscht waren und ihren Wunsch aufgegeben hätten. Zum Glück ist die Geschichte an dieser Stelle nicht zu Ende. „Doch Jesus rief die Kinder zu sich und sagte: ‚Lasst die Kinder zu mir kommen, und haltet sie nicht zurück! Denn für Menschen wie sie ist Gottes neue Welt bestimmt'" (Vers 16).

Ich finde es toll, wie Jesus seine Liebe zu kleinen Kindern ausdrückte. Lassen Sie Ihren Glauben dadurch stärken, wenn Sie mit Gott über Ihr Kind reden. Jesus liebt Ihren Sohn/Ihre Tochter, und er will ihn/sie berühren. Als Eltern sollen wir für sie eintreten, wenn wir beten: „Schütte ihm dein Herz aus! Heb deine Hände zu ihm empor, und bitte für das Leben deiner Kinder“ (Klagelieder 2,19). Es ist wirklich in Ordnung, ihm alle Sorgen zu bringen. Die folgenden Bibelverse machen uns Mut, für alles zu beten, was wir brauchen:

Fünf Bibelverse über Bitten und Empfangen, die Ihren Glauben stärken

- „Ihr werdet alles bekommen, wenn ihr im festen Glauben darum bittet.“ (Matthäus 21,22)
- „Darum sage ich euch: Bittet Gott, und er wird euch geben! Sucht, und ihr werdet finden! Klopft an, und euch wird die Tür geöffnet! Denn wer bittet, der bekommt. Wer sucht, der findet. Und wer anklopft, dem wird geöffnet.“ (Lukas 11,9-10)
- „Worum ihr in meinem Namen bitten werdet, das werde ich tun, damit durch den Sohn die Herrlichkeit des Vaters sichtbar wird. Was ihr also in meinem Namen erbitten werdet, das werde ich tun.“ (Johannes 14,13-14)
- „Wenn ihr aber fest mit mir verbunden bleibt und euch meine Worte zu Herzen nehmt, dürft ihr von Gott erbitten, was ihr wollt; ihr werdet es erhalten.“ (Johannes 15,7)
- „Bisher habt ihr in meinem Namen nichts von Gott erbeten. Bittet ihn, und er wird es euch geben. Dann wird eure Freude vollkommen sein.“ (Johannes 16,24)

Zeit zum Beten finden

Das Gefühl, keine Zeit zum Beten zu haben oder zu müde dazu zu sein, sich die Zeit zum Beten zu nehmen, ist ganz normal, und Jesus versteht dieses Gefühl. Aber er ist unser Vorbild, wenn es darum geht, wie wichtig es ist, Gott ständig im Gebet zu suchen. Er wurde von den Menschen bedrängt, sie zu lehren und zu heilen. Bei mehreren Gelegenheiten gab es nur noch Stehplätze (siehe Lukas 5,18-19). Die Nöte der Menschen nahmen kein Ende, und doch nahm Jesus sich die Zeit, sich seiner Arbeit zu entziehen und einen nahe gelegenen Berg zu besteigen, um mit seinem Vater zu reden. Wenn es selbst für Gottes Sohn eine Priorität war, Zeit im Gebet zu verbringen, um geistlich aufzutanken und Kraft zu schöpfen, wie viel mehr sollten wir dann Zeit zum Gebet finden?

Wenn Sie die folgenden Kapitel lesen, bitte ich Gott darum, dass sie Sie zum Beten ermutigen und Ihren Glauben stärken. Das Sprichwort „Beten verändert den Menschen" stimmt. Sie sollten die Macht des Gebets niemals unterschätzen; es kann das Leben Ihres Kindes auf geistlicher Ebene verändern. Jedes Gebet, das Sie für Ihr Kind sprechen, ist eine Saat, die in sein Schicksal gesät wird. Was für eine Kraft darin steckt! In Offenbarung 5,8 lesen wir: „Im selben Augenblick fielen die vier Gestalten und die vierundzwanzig Ältesten vor dem Lamm nieder. Jeder von ihnen hatte eine Harfe und goldene Schalen voller Weihrauch. Das sind die Gebete aller, die zu Gott gehören." Gott auf seinem Thron hat seine Gebete gleich neben sich in einer goldenen Schale. Was für ein wunderbares Bild dafür, wie hoch er unsere Gebete schätzt!

Elterngebet

Lieber Gott,
hilf mir, eine betende Mutter/ein betender Vater zu sein. Hilf mir, meinem Kind durch mein eigenes Leben zu zeigen, dass Beten wichtig ist. Hilf mir, jeden Tag ein gutes Vorbild zu sein. Lass mich nicht vergessen, dir für deine täglichen Gaben zu danken.

Herr, mehre meinen Glauben. Wenn ich Angst habe oder voller Zweifel bin, richte mich auf und stärke mich. Hilf mir, die Verheißungen der Bibel für mich anzunehmen und deine Kraft anzuzapfen, indem ich dein Wort bete. Du hast gesagt, dass wir bitten sollen und dann empfangen werden. Ich bitte dich, mir den nötigen Glauben zu schenken, damit ich mein Kind betend begleiten kann; und ich will diesen Glauben vertrauensvoll empfangen.

Ich bitte dich, (Name Ihres Kindes) zu segnen. Segne sie/ihn mit einem schönen, glücklichen Leben. Segne sie/ihn mit deiner heiligen Nähe und Liebe. Wache über ihr/ihm und bewahre sie/ihn vor allem Schaden. Ich bitte darum, dass mein Kind in jungen Jahren beten lernt und zu einem Menschen voller Glauben heranwächst.

Das bitte ich in Jesu Namen. Amen.

Bibelaussagen zum Nachdenken und Beten

Schütte ihm dein Herz aus! Heb deine Hände zu ihm empor, und bitte für das Leben deiner Kinder.
Klagelieder 2,19

Er tritt für uns ein, daher dürfen wir mit Zuversicht und ohne Angst zu Gott kommen. Er wird uns seine Barmherzigkeit und Gnade zuwenden, wenn wir seine Hilfe brauchen.
Hebräer 4,16

Mein Tagebuch

Mein Weg dahin, eine betende Mutter/ein betender Vater zu werden:

Diese Gebetssaat möchte in das Schicksal meines Kindes aussäen:

3

Ernährung und die Bindung zu Ihrem Baby

Jennifers Tagebuch

Ich bin wirklich froh, zu Hause zu sein. Hawaii ist wunderschön, vor allem tat es gut, meine liebe Mama zu besuchen und mit ihr übers Stillen, über Micahs Schlafgewohnheiten und über alles andere zu sprechen, was mit meinem neugeborenen Sohn zusammenhängt. Micah ist ein so süßer kleiner Kerl, der immer lächelt und nur selten weint. Gott hat meine Gebete erhört. Dans Mutter und Stiefvater werden nächste Woche hier sein, und in der Woche darauf kommen Dans Vater und seine Stiefmutter, um Micah zu sehen. Es wird also ein voller Monat.

Ich hoffe, irgendwann wird dem kleinen Kerl bewusst, wie viele Menschen ihn lieben. Er hat seine Mama und seinen Papa, die große Stücke auf ihn halten, drei Großelternpaare, mindestens acht Mal Onkel und Tanten, jede Menge Cousins und Cousinen und meine 82-jährige Großmutter, die wir Candy-Oma nennen, weil sie uns immer Süßigkeiten zugesteckt hat, als wir klein waren. Ich freue mich sehr dar-

über, dass meine Oma auch bald zu Besuch kommt; ich weiß, dass sie von Micah begeistert sein wird.

Übrigens hat Micah sich gut ans Stillen gewöhnt, und ich verstehe jetzt seine Hinweise viel besser, wenn er Hunger hat. Die ersten Tage im Krankenhaus waren schwierig. Keine zwölf Stunden nach der Geburt wollten die Schwestern, dass ich anfing, Milch abzupumpen, damit Micah Muttermilch bekommen konnte, während er auf der Intensivstation war. Sie sagten, wenn meine Milch nicht bald einschießen würde, müssten sie ihm Säuglingsnahrung geben. Ich betete wie verrückt, dass meine Milch einschießen möge, und Junge, das hat sie so was von getan! Als ich mit den kleinen Plastiktüten mit Zip-Verschluss auf die Intensivstation kam, konnten die Schwestern nicht fassen, wieviel Milch ich bereits produziert hatte. Das machte mich ganz froh. Sie nannten die Muttermilch „flüssiges Gold". Ich weiß: Dass Gott meine Milch rechtzeitig hat einschießen lassen, war eine Antwort auf meine Gebete. Ihm ist jede Kleinigkeit wichtig, die mir wichtig ist.

Gegen Ende meiner Schwangerschaft überlegte ich ernsthaft und mit Hilfe vieler Bücher, wie ich mein Kind ernähren wollte und welche Alternativen ich hatte. Mein Wunsch war es, mein Baby zu stillen, aber ich wusste nicht, ob es mir gelingen würde. Sie müssen wissen, dass ich vor vierzehn Jahren an Fitnesswettkämpfen teilgenommen habe, und jahrelang habe ich nicht nur auf Bundesstaatebene, sondern auch bei nationalen und internationalen Wettbewerben mitgemacht. Um den dafür notwendigen vollkommenen Körper zu bekommen, absolvierte ich täglich vier Stunden lang ein anstrengendes Sportregime mit Cardio-, Kraft- und Beweglichkeitstraining. Fitness war damals mein Leben: selbstbezogen und selbsterfüllend. Damals war ich nicht auf Gottes Weg unterwegs, und der perfekte Körper stand auf meiner Prioritätenliste ganz oben.Ich war sehr erfolgreich und gewann sogar einige Wettbewerbe in meinem Bundesstaat; aber der Inhaber einer führenden Fitnesszeitschrift sagte mir, wenn ich auf nationaler Ebene gewinnen wollte, müsste ich mir Brustimplantate machen lassen. Ich hatte sowieso schon Probleme mit meinem Selbstwertgefühl, weil ich in der Vergangenheit Missbrauchsopfer gewesen war, und ich hatte schon länger überlegt, dass Implantate mir helfen würden, mich in meinem Körper wohler zu fühlen. Nachdem er mir diesen Vorschlag machte, entschied ich mich für die Implantate.

Die Operation half überhaupt nicht; mein Selbstwertgefühl blieb, wie es war. Und jetzt, viele Jahre später und mit meinem ersten Kind schwanger, bereute ich meine Entscheidung zutiefst. Dies war ein großes Problem für mich, weil ich nicht wusste, ob ich Micah würde stillen können oder nicht. Obwohl ich versuchte, Antworten zu finden, gab es zu diesem Thema nicht viel Material. Mein Arzt sagte zu mir: „Sie müssen einfach abwarten und sehen, was passiert."

Weil ich nicht wusste, was ich sonst tun sollte, beschloss ich, meine Sorge Gott zu überlassen. Während der letzten drei Monate meiner Schwangerschaft war dies ein tägliches Thema in meinen Gebeten. Ich sagte meinem himmlischen Vater, wie gerne ich mein Kind stillen würde, so wie er es in seiner Schöpfung vorgesehen hatte, und ich bat ihn, es zu einer wundervollen Erfahrung und einem wichtigen Bindungserlebnis mit meinem Baby werden zu lassen.

Als Micah schließlich kam und ich im Krankenhaus anfing zu pumpen und meine Milch tatsächlich einschoss, war ich außer mir vor Glück! Gott hatte meine Gebete erhört. Mein Baby wusste genau, was es zu tun hatte, und das Stillen war für mich ein wunderbares Bindungserlebnis. Vielleicht stillen Sie Ihr Baby auch, oder Sie geben ihm die Flasche. So oder so will ich Sie ermutigen, die Vorzüge des „Bondings", der besonderen Bindung zu ihrem Baby zu verstehen.

Papas Blog

Jungs, ich muss ehrlich sein. Als Jennifers Milch einschoss, konnte ich nur sagen: WOW! Das wird großartig. Aber sie machte sofort klar, dass die jetzt nicht mehr zu meinem Vergnügen da waren – oder dass ich zumindest deutlich eingeschränkten Zugang haben würde. Micah war beim Stillen gleich in seinem Element und wollte gar nicht wieder aufhören; und nachdem sie ihn den ganzen Tag gestillt hatte, war ich das Letzte, was Jen wollte.

Es dauerte eine Weile, bis ich mich daran gewöhnt hatte, aber als ich sah, wie glücklich Micah war und wie glücklich Jen war, kam ich damit klar. „Die Mannschaft hat Vorrang", wie man im Sport sagt. Ich glaube, am schwersten fiel mir, in diesem Stadium meine eigene Rolle zu finden. Neugeborene sind so abhängig von ihren Müttern und vom Stillen, dass Väter oft fragen: Und was soll ich jetzt machen? Wenn Sie Ihrem Kind die Flasche geben, kann der Vater sich super daran beteiligen, das Kind zu füttern, und die gleiche Bindungserfahrung haben.

Wir machten es so, dass Jen Micah auf einem Stillkissen stillte und ihn mir dann gab, damit ich ihn halten konnte. Er schlief immer beim Stillen ein, und dann übergab Jen mir das Kissen und Micah. Ich habe viele Nächte mit dem wurstartigen Kissen um meinen Bauch und dem schlafenden Micah darauf auf dem Sofa gesessen. Ich erinnere mich noch an eine der ersten Nächte, nachdem wir wieder zu Hause waren. Jen stillte Micah, bis er eingeschlafen war, dann drückte sie ihn mir mitsamt Kissen in die Arme und ging nach oben, um sich fürs Bett fertig zu machen. Während wir zu zweit waren, starrte ich Micah nur an – beobachtete ihn im Schlaf, wie er ein- und ausatmete – und strich ihm über den kleinen Kopf. In jener Nacht flüsterte ich ihm zu, wie sehr ich ihn liebte und wie glücklich ich war, dass er mein Sohn war, und dass ich ihn nie im Stich lassen würde; ich würde immer für ihn sorgen, ihn beschützen, ihn lehren, mit ihm spielen; und ich würde ihn mit Gott bekannt machen. Diese Dinge sagte ich immer wieder. So fand ich meine Rolle und baute eine Beziehung zu meinem Sohn auf.

Mutmachende Worte für stillende Mütter

Möglicherweise sind Sie der Typ Mutter, der sein Baby *vielleicht* eine Woche lang stillt. Oder Sie tun es einen Monat lang. Vielleicht wollen Sie Ihr Kind auch mindestens bis zu seinem zweiten Geburtstag stillen, so wie ich es getan habe. Die Zeit, die Sie stillen können, wird Ihnen und Ihrem Baby entscheidend zugutekommen. Wussten Sie, dass Sie nur durchs Stillen zusätzlich 300 Kalorien am Tag verbrennen? Das sind im Monat 9000 Kalorien oder umgerechnet ungefähr vier Pfund.

Aber noch wichtiger ist, dass die Muttermilch Ihr Kind mit wichtigen Nährstoffen und Antikörpern versorgt, Ihr Baby sie leichter verdauen kann (besonders wichtig bei Frühchen) und hilft, Krankheiten zu verhindern.

Meiner Meinung nach hat Gott die Milch der Mutter für ihr Baby genial konzipiert; deshalb war ich davon begeistert, dass ich

Micah stillen konnte. Es war für mich auch viel einfacher, als mitten in der Nacht aufzustehen und in die Küche zu gehen, ein Fläschchen fertig zu machen, es auf die richtige Temperatur zu erwärmen, das Baby zu füttern und anschließend alles wieder aufzuräumen. Stattdessen drehte ich mich einfach auf die Seite, nahm mein Baby aus dem Beistellbett neben mir, das an meinem Bett befestigt war, und lag dort, während ich Micah stillte.

Manche Mütter stillen gerne, aber trotzdem fällt es ihnen schwer durchzuhalten. Wenn das bei Ihnen so ist, brauchen Sie kein schlechtes Gewissen zu haben. Und lassen Sie sich nicht entmutigen. Ich verspreche Ihnen, dass Ihr Baby Sie nicht verurteilt, und ich tue es auch nicht. Als Ermutigung habe ich zehn Tipps aufgelistet, die Ihnen helfen, Ihr Baby erfolgreich zu stillen.

Zehn Tipps für erfolgreiches Stillen

1. Fragen Sie Ihre Mutter, eine Freundin oder eine Stillberaterin um Rat – also eine Frau, die sich mit dem Stillen auskennt. Ihr Krankenhaus sollte Ihnen jemanden zur Verfügung stellen, wenn Sie Hilfe brauchen; oder wenn Sie Ihr Kind zu Hause bekommen haben, ist Ihre Hebamme sicher gerne bereit, Sie zu beraten.
2. Nutzen Sie die Internetseite der La Leche Liga mit ihren Tipps, Chats, Foren und anderen Informationen. Überlegen Sie, ob Sie einen Kurs machen oder sich einer Gruppe anschließen wollen (siehe www.lalecheliga.de).
3. Bitten Sie Ihren Mann, Sie bei Ihrer Entscheidung zu unterstützen.
4. Schlafen Sie in der Nähe Ihres Kindes, so dass Sie seine Bedürfnisse leicht stillen können.
5. Sehen Sie nicht auf die Uhr, sondern hören Sie auf die Bedürfnisse Ihres Babys. Wenn es Hunger hat, ist der richtige Zeitpunkt zum Stillen. Es gab Zeiten, wenn Micah Zähne

bekam oder es ihm nicht gut ging, in denen er beinahe jede Stunde etwas trinken wollte! Ob das anstrengend war? Ja, aber für mein Kind war es die Mühe wert.

6. Suchen Sie sich zum Stillen einen bequemen Platz, zum Beispiel einen Schaukelstuhl, eine Lieblingsecke auf dem Sofa oder in Ihrem Bett. Wenn ich in meinem Lieblingssessel oder in einem Bus saß, habe ich immer gerne ein Stillkissen benutzt. Damit war es viel einfacher, Micah in der richtigen Stillposition zu halten.
7. Achten Sie darauf, dass Sie Ihr Baby richtig anlegen. Hier wird Ihre Hebamme oder Stillberaterin Sie gerne anleiten.
8. Damit Ihr Baby an der Brust trinkt, sollten Sie zusätzlich keine Flaschennahrung geben, es sei denn, es ist absolut unerlässlich.
9. Trinken Sie den ganzen Tag über und beim Stillen viel Wasser, um die Milchproduktion Ihres Körpers anzuregen.
10. Umgeben Sie sich mit Menschen, die Sie unterstützen, und scheren Sie sich nicht darum, was andere denken. Ich habe auch unterwegs gestillt, egal, wo wir waren, aber ich habe mich dabei mit einer kleinen Babydecke oder einer Stoffwindel bedeckt.

Noch ein Ratschlag: Gewöhnen Sie Ihr Kind an ein Stichwort oder Geräusch, wenn Sie es stillen wollen. Ich habe mit der Zunge geschnalzt, so als wollte ich ein Pferd locken. Dann wusste Micah, dass er den Kopf drehen und den Mund zum Trinken öffnen sollte. So habe ich mitten in der Nacht, wenn er Hunger hatte, dieses Geräusch gemacht und konnte ihn einfach anlegen, ohne auch nur das Licht anmachen zu müssen.

Eines meiner Lieblingsbücher, die in meinem Regal stehen, ist *The Complete Book of Christian Parenting and Child Care* von Martha und William Sears. Dr. Sears ist ein in Harvard ausgebildeter Kinderarzt mit mehr als dreißig Jahren Berufserfahrung, und Martha ist Geburtspädagogin und Stillberaterin. Beide empfehlen das Stillen sehr und bieten seitenweise detaillierte Informationen über die Ernährung Ihres Babys. (www.askdrsears.com)

So sehr ich auch vom Stillen begeistert bin, ist mir doch bewusst, dass es gute Gründe gibt, warum Frauen Ihrem Kind stattdessen die Flasche geben.

Mut machende Worte für Mütter, die ihrem Kind die Flasche geben

Aus verschiedenen körperlichen und medizinischen Gründen können manche Frauen nicht stillen. Wenn Sie zu diesen Frauen gehören, sind Sie eine ebenso gute und liebende Mutter, wie sie es wären, wenn Sie Ihr Kind anders füttern würden. Ich habe von Frauen gehört, die deprimiert waren, weil sie nicht stillen konnte, und das sollte nicht so sein. Ihr Selbstwertgefühl und Ihr Wert als Mutter hängen nicht davon ab, wie Ihr Baby seine Nahrung erhält. Es wird so oder so eine Bindung zu Ihnen haben und Sie lieben.

Vielleicht können Sie nicht stillen, weil Sie wieder arbeiten gehen müssen oder weil Sie ein Kind für eine andere Mutter großziehen, die gestorben ist oder ihr Kind nicht selbst versorgen kann. Ihnen sage ich: „Gott segne Sie!“ Wichtig ist, dass Ihr Baby Nahrung bekommt, damit es heranwachsen und Gott dienen kann.

Wenn Sie Ihrem Kind die Flasche geben, ist es besser, kommerziell zubereitete Säuglingsnahrung zu verwenden anstatt selbst hergestellten Milchersatz, weil diese Produkte unter keimfreien Bedingungen produziert werden und eine komplexe Mischung aus Proteinen, Kohlehydraten, Fetten und Vitaminen enthalten, die Sie zu Hause unmöglich so erreichen würden.

Hier sind drei Vorteile der Flaschennahrung:

1. Babynahrung wird langsamer verdaut als Muttermilch, das heißt, Ihr Baby schläft nachts länger am Stück.

2. Sie brauchen sich keine Gedanken zu machen, weil Sie Ihr Baby in der Öffentlichkeit stillen.

3. Sie brauchen sich keine Gedanken darüber zu machen, dass etwas, was Sie essen, sich auf die Verdauung des Babys auswirkt, obwohl viele Säuglinge empfindlich auf Kuhmilch reagieren, so dass Sie eventuell eine Nahrung finden müssen, die Ihr Baby verträgt, damit es keine Verdauungsprobleme oder Koliken hat.

Die Zeit, in der Sie Ihr Baby füttern, ist eine natürliche Methode des „Bondings" zwischen Mutter und Kind, aber es gibt noch viele andere Möglichkeiten, diese besondere Bindung zu erreichen.

„Bonding"

Gott hat Mütter und Säuglinge so geschaffen, dass sie sehr aneinander hängen. Er wollte, dass eine Mutter und ihr Neugeborenes zusammen sind. Ich weiß noch, dass ich Micah kaum einmal hinlegte, als er frisch geboren war. Damals hatte ich noch kein Tragetuch, also hielt ich ihn in einem Arm, während ich mit dem anderen Arm putzte, kochte oder Wäsche faltete. Ich hatte ihn stundenlang auf dem Arm, und ich *wollte* ihn unbedingt halten, so dass ich in beiden Handgelenken eine Sehnenscheidenentzündung bekam. Als mein zweites Baby, Malia, geboren wurde, besorgte ich mir ein Tragetuch!

Wenn Sie bemerken, dass Ihr Kind eine flache Stelle am Hinterkopf bekommt, dann ist das ein Zeichen dafür, dass es zu viel liegt. Das können Sie verhindern, wenn Sie Ihr Baby öfter bei sich tragen, und Tragetücher sind da eine große Hilfe.

Wie viele wissenschaftliche Studien gezeigt haben, ist Berührung für das Wohlbefinden eines Babys von entscheidender Bedeutung. Ein interessanter Artikel in der amerikanischen Zeitschrift

Developmental Psychology (Entwicklungspsychologie) stellt zum Beispiel fest: „Säuglinge, die eine Massagetherapie erhalten, nehmen insgesamt mehr zu, schlafen besser, reagieren positiver auf die Eltern und die Hirnströme der Säuglinge weisen auf erhöhte Aufmerksamkeit hin.“[3] Massagetherapie für Babys bedeutete ganz einfach, Kopf, Nacken, Rücken, Beine und Füße „sanft zu streicheln“. Mit anderen Worten: liebevolle Berührung.

Dieser Gedanke der Berührung als entscheidender Faktor für das Wohlbefinden faszinierte mich, also sammelte ich weitere Informationen zu dem Thema und fand heraus, dass Massage auch ein wirkungsvolles Mittel ist, um die Verdauung eines Babys, sein Verhalten und sogar sein Selbstwertgefühl zu verbessern. „Studien zeigen, dass Babys, die zusätzliche Berührung erfahren, besser organisiert sind. Sie schlafen nachts besser, quengeln tagsüber weniger und interagieren besser mit Betreuungspersonen. Berührung beruhigt Babys.“[4] Außerdem „bedeutet Berührung die Wertschätzung eines Menschen, so wie zum Beispiel die Worte eines Freundes einen Erwachsenen ‚berühren‘.“[5] Eine Massage hat mir unzählige Male dabei geholfen, Micah wieder in den Schlaf zu wiegen oder seinen Bauch von Blähungen zu befreien, die Koliken auslösen können.

Sie können auch eine emotionale und geistliche Beziehung zu Ihrem Baby herstellen, indem sie ihm etwas vorsingen. Ihr Baby kennt Ihre Stimme schon aus der Zeit vor der Geburt (wie in *Beten für mein Baby* besprochen), also wird es auch weiterhin darauf reagieren. Und wer weiß, in welchem Alter Ihr Kind die Gegenwart des Heiligen Geistes spüren kann? Babys empfinden Stress, warum

---

3 „Infant Touch is Critical“, *Developmental Psychology*, Mesa Community College Psychology Department, Mesa, Arizona, http://www.mesacc.edu/dept/d46/psy/dev/fall00/Neonataltouch/benefits.html.

4 William Sears, M.D./Martha Sears, *The Baby Book*, Little, Brown & Co., New York 2003, S. 93f.

5 Ebd., S. 94.

also nicht auch Gottes Nähe? In der Bibel heißt es über Johannes, den Täufer: „Schon vor seiner Geburt wird er mit dem Heiligen Geist erfüllt sein“ (Lukas 1,15). Ich will Ihnen Mut machen, Ihrem Baby Ihre Lieblingschoräle und Anbetungslieder vorzusingen. Auch wenn ich keine tolle Stimme habe, habe ich das bei meinen beiden Kindern gemacht, und jetzt singen sie begeistert zur Anbetung unseres Herrn und Königs.

Das folgende Elterngebet wollen Sie vielleicht laut lesen, damit Ihr Kleines Sie hören kann. Es ist nie zu früh, um im Vertrauen auf unseren himmlischen Vater ein Vorbild zu sein.

Elterngebet

Lieber himmlischer Vater,
bitte gib auf mein geliebtes Baby Acht, wenn ich es jeden Abend schlafen lege. Umgib (Name des Kindes) mit deinen Engeln, während sie/er schläft. Bewahre sie/ihn vor Gefahren. Segne sie/ihn mit Träumen, die von dir kommen, Herr. Während mein Baby schläft, schenk mir Erholung, damit ich morgen eine gute Mutter/ein guter Vater sein kann.

Hilf mir, die richtigen Entscheidungen für mich selbst zu treffen, wenn es um die Ernährung meines Babys geht. Hilf ihm, durch die Milch, die ich ihm gebe, gesund und stark zu werden. Nähre Leib und Seele dieses Kindes, wie nur du es kannst, Jesus. Schenke mir vollkommenen Frieden über die Entscheidung, die ich getroffen habe, und hilf meinen Freunden und Verwandten, mich zu unterstützen.

Jesus, hilf mir, die Beziehung zu meinem Baby herzustellen, die du dir wünschst. Gib mir jeden Tag den starken Wunsch, mein Kind im Arm zu halten, mit ihm zu kuscheln und es lieb zu haben. Ich möchte für mein Baby da sein und alle seine Bedürfnisse stillen. Bitte gib mir das Durchhaltevermögen, die wunderbaren, aber ermüdenden Monate, die vor mir liegen, zu überstehen.

Danke, Jesus, für dieses Geschenk und für deine Liebe und Gnade.

Dies bete ich in deinem heiligen Namen. Amen.

Bibelaussagen zum Nachdenken und Beten

Herr, du hast mich aus dem Leib meiner Mutter gezogen.
Schon an ihrer Brust hast du mir Geborgenheit geschenkt.
Psalm 22,10

Ich will euch trösten wie eine Mutter ihr Kind.
Die neue Pracht Jerusalems lässt euch den Kummer vergessen.
Jesaja 66,13

Mein Tagebuch

Ich habe mich dazu entschieden, mein Baby zu stillen (meinem Baby die Flasche zu geben), weil:

Während das Baby trank, habe ich um Folgendes gebetet:

4

Wenn Ihr Baby weint

Jennifers Tagebuch

Diese Woche war hart. Micah ist furchtbar quengelig, und das ist sonst gar nicht seine Art. Er sabbert viel und hat etwas Temperatur. Ob er Zähne bekommt?

Es fühlt sich nicht richtig an, ihn weinen zu lassen, wie manche Leute es mir empfohlen haben. So eine Mutter bin ich nicht, und es widerspricht meinem Mutterinstinkt. Er ist jetzt fast drei Monate alt, und ich weiß, dass es meine Rolle ist, seine Trösterin zu sein.

Ich werde ihn nicht weinen lassen. Stattdessen werde ich ihn auf den Arm nehmen und ihn halten, komme was wolle. Ich weiß, dass ich auch von meiner Mama auf den Arm genommen werden wollte, wenn ich so klein wäre und mir etwas wehtäte.

Herr, bitte hilf mir, das Weinen meines Kleinen zu verstehen, damit ich weiß, was es bedeutet. Ich möchte, dass er immer glücklich ist und sich geliebt fühlt.

Micah war ein sehr zufriedenes Baby und weinte nur selten. Springen wir jetzt zweieinhalb Jahre weiter bis März 2008: Micah ist inzwischen ein Kleinkind, und meine Tochter Malia ist gerade geboren worden. Ich bin seit einer Woche mit den Kindern allein, weil mein Mann drei Jobs hat, damit ich nicht arbeiten gehen muss. Malia ist gerade einmal zehn Tage alt, und ich habe das Gefühl, den Verstand zu verlieren. Sie weint jedes Mal unaufhörlich, wenn ich sie wickele, und ich muss ihre Windel sechs bis acht Mal *in der Stunde* wechseln! Jedes Mal, wenn ich sie wickele, schreit sie. Dann fange ich an zu weinen und mache sie schnell sauber und ziehe sie wieder an, damit ich sie stillen kann. Diesmal bemerke ich, bevor ich ihre frische Windel anlege, dass an ihrem Popo *gar keine Haut* mehr ist.

Nachdem ich die ganze Nacht auf war, um sie jede Stunde zu wickeln, war ich so erschöpft, dass ich ihren wunden Popo nicht einmal bemerkt habe. Ich fühlte mich entsetzlich. *Was bin ich nur für eine Mutter?* Ich fuhr sofort mit ihr zum Arzt, der mir versicherte, ich sei eine wunderbare Mutter, und Malia müsse gegen die Babytücher, die ich benutze, allergisch sein. Der Arzt wollte nun, dass ich in der nächsten Woche keine Tücher nahm, um sie sauber zu machen, sondern eine Pumpflasche, wie man sie im Krankenhaus bekommt. Ich sollte darin warmes Wasser mit einem Esslöffel Backpulver mischen und Malia damit waschen. Anschließend müsse ich sie abspülen und dann ein paar Minuten an der Luft trocknen lassen, bevor ich sie anzog.

Erleichtert folgte ich dem Rat des Arztes und eilte nach Hause, um meine neue Wickelstation auf dem Fußboden des Wohnzimmers einzurichten. Ich holte eine Decke, einige Gästehandtücher, die Pumpflasche, Backpulver, eine naturbelassene fettende Babysalbe und den Föhn. Alle zehn oder zwanzig Minuten entfernte ich den Durchfall, föhnte Malia auf der ersten Stufe (weil Winter war und ich nicht wollte, dass sie sich erkältete), trug die Creme auf und zog sie dann wieder an. Und die ganze Zeit dachte ich: *Wie konnte ich nur zulassen, dass so etwas passiert?*

Ich erzähle Ihnen diese Geschichte, um Ihnen deutlich zu machen, dass eine Mutter nicht immer versteht, was ihr Baby ihr sagen will. Ich war so erschöpft, dass ich Malia nachts bei schummrigem Licht immer wieder wickelte und nicht merkte, was mit ihrem kleinen Popo geschah. Ich will Ihnen Mut machen, die Sprache Ihres Babys verstehen zu lernen, damit Sie ein glücklicheres Familienleben haben.

Weinen ist die einzige Sprache, die ein Neugeborenes kennt. Wenn Babys nicht weinen würden, könnten einige von ihnen nicht überleben; es ist also gut, dass sie das Weinen nicht erst lernen müssen. Am Anfang haben Babys *viele* Bedürfnisse, und sie haben nur eine Möglichkeit, darauf aufmerksam zu machen. Wenn ein Baby weint, müssen die Eltern herausfinden, was es braucht.

Wie Sie einem weinenden Baby helfen

Ein Baby weint unterschiedlich, je nachdem, was es braucht, und wenn Sie erst einmal gelernt haben, die unterschiedlichen Laute zu deuten, ist es viel einfacher, Ihr Kind zufriedenzustellen. Hier sind acht Fragen, die Sie sich stellen sollten, um herauszufinden, was Ihr Baby braucht.

Hat mein Baby Hunger?

Das ist der offensichtlichste Grund, warum ein Baby weint. Ein Neugeborenes muss oft essen, also empfehle ich, jegliche Zeitpläne wegzuwerfen, vor allem, wenn Sie stillen. Dann muss Ihr Baby wahrscheinlich häufiger gefüttert werden, als wenn Sie ihm die Flasche geben, weil Muttermilch schneller verdaut wird. Aber wenn Sie wissen, dass Ihr Baby keinen Hunger haben kann, sehen Sie sich den Rest der Liste an, um festzustellen, was ihm fehlen könnte.

Ist mein Baby müde?

Wenn das Weinen Ihres Babys zuerst so ähnlich wie ein Gähnen klingt und der Mund o-förmig geöffnet ist, muss Ihr Kleines vielleicht schlafen. Ich habe meine Kinder in diesem Alter für gewöhnlich in den Schlaf gestillt, aber Sie können auch versuchen, Ihr Baby in einem Tragetuch auf dem Bauch herumzutragen oder es einfach auf dem Arm in den Schlaf zu wiegen.

Muss mein Baby ein Bäuerchen machen?

Wenn Sie Ihr Kind gerade gefüttert haben und es kein Bäuerchen gemacht hat, können Sie es noch einmal versuchen. Manchmal ist ein sich wiederholender, stakkatoartiger Schrei ein Code für „Ich muss ein Bäuerchen machen". Viele Leute sagten mir, ich sollte meinen Kindern feste auf den Rücken klopfen, um die Luft herauszulassen, aber es gibt eine bessere Methode. Meine Freundin Betty, die Massagetherapeutin und selbst Mutter von drei Kindern ist, schlug vor, ich solle im Uhrzeigersinn über Micahs Rücken streichen und dabei bei der Aufwärtsbewegung sanft drücken. Das funktionierte jedes Mal und war für ein Neugeborenes angemessener.

Braucht mein Baby eine frische Windel?

Eine nasse oder schmutzige Windel kann Ausschlag verursachen, weshalb Sie darauf achten sollten, dass der Popo Ihres Babys trocken und angenehm ist. Bei Micah hatte ich das aus eigener Erfahrung gelernt, und ich wünschte, ich hätte mich bei Malia daran erinnert. Aber ihr Zustand, zu dem noch der Magen-Darm-Virus kam, war selten, und ihr Hautproblem verschwand durch die Wasser-Backpulver-Mischung und die natürliche Fettcreme schnell.

Hat mein Baby Schmerzen?

Babys bekommen Blähungen, und das tut weh. Wenn Bäuerchen nicht helfen, versuchen Sie es mal damit, Ihr Kind auf den Bauch zu legen und sanft seinen Rücken zu reiben. Wenn das auch nicht hilft, versuchen Sie es mit Bewegung, zum Beispiel mit einer Babyschaukel, Wiegen oder Herumlaufen mit dem Baby auf dem Arm. Manchmal bekommen Säuglinge auch Bauchkrämpfe oder Verstopfung. Hier sind einige Ideen, die Sie ausprobieren können:

Bauchmassage: Reiben Sie sanft im Uhrzeigersinn über den Bauch Ihres Babys. Legen Sie Ihre Hände auf den Bauchnabel des Kindes und massieren Sie in kreisenden Bewegungen, indem sie die Hände von der Mitte des Bauches nach außen bewegen. Das habe ich bei meinen beiden Kindern gemacht und es hat ihnen sehr gut getan.

„*Fahrradfahren*“: Legen Sie Ihr Baby auf den Rücken und halten Sie seine Beine in einer halb gebeugten Stellung. Fangen Sie dann vorsichtig an, die Beine auf und ab zu bewegen, als würde Ihr Kind Fahrrad fahren. Wechseln Sie „Fahrradfahren“ und Bauchmassage ab. Diese Übung hilft auch gegen Blähungen.

Ein warmes Bad: Manche Fachleute empfehlen ein warmes Bad, wenn Ihr Baby Verdauungsprobleme hat. Der Gedanke ist, dass das Kind sich entspannt und „die Dinge in Bewegung kommen“. Auch während des Bades oder beim Abtrocknen können Sie eine Bauchmassage machen.

Ist meinem Baby zu warm oder zu kalt?

Dies ist einfach zu beheben. Kleiden Sie Ihr Baby immer in mehreren dünnen Schichten. So können Sie ganz leicht eine Schicht nach der anderen ausziehen, wenn Sie merken, dass Ihr Kind schwitzt. Micah mochte es immer kuschelig warm mit vielen Decken, aber Malia wollte nicht zugedeckt werden. Bis heute liegt sie jeden Abend, wenn ich nach ihr sehe, in der Embryohaltung und ohne Decke da und fühlt sich eiskalt an, aber es gefällt ihr so. Oft decke ich sie zu, nur um zwanzig Minuten später festzustellen, dass sie die Decke wieder weggestrampelt hat.

Liegt mein Baby unbequem?

Eine Mutter erzählte mir, dass sie nicht herausfinden konnte, warum ihr Baby weinte. Der Kleine war frisch gewickelt und gefüttert, hatte sein Bäuerchen gemacht und alles schien in Ordnung zu sein. Dann legte sie ihn anders hin und er hörte sofort auf zu weinen. Sie weiß noch, dass sie zu ihm sagte: „Wenn ich gewusst hätte, was du willst, hätte ich dich schon früher umgedreht."

Malia ließ mich nie im Ungewissen darüber, dass sie es hasste, im Autositz zu sitzen. Jedes Mal, wenn wir irgendwohin fuhren, schrie sie wie am Spieß. Dadurch war es in ihrem ersten Jahr ausgesprochen anstrengend für mich, mit ihr zu fahren. Der Arzt sagte, die Position, in der sie sich befand, müsse ihrem Bauch wehtun und ein saures Aufstoßen verursachen. Dies war eine Sache, die ich nicht ändern konnte; die Sicherheit ging vor. Ich kann Ihnen gar nicht sagen, wie glücklich ich war, als sie so alt war, dass ich ihren Babysitz umdrehen konnte und sie aufhörte zu weinen. Gott sei Dank!

Braucht mein Baby etwas liebevolle Zuwendung?

Babys brauchen jede Menge liebevolle Zuwendung. Vielleicht können Sie Ihr Baby schon glücklich machen, indem Sie es auf den Arm nehmen oder es Ihre Stimme hören kann. Ein Baby erkennt die Stimme seiner Mutter sogar schon vor der Geburt. Machen Sie sich keine Sorgen darüber, Sie könnten Ihr Baby „verwöhnen", indem Sie es zu oft auf dem Arm tragen, denn das ist im Säuglingsstadium gar nicht möglich. Berührt und umarmt zu werden, ist ein echtes Bedürfnis, und wenn Sie dieses Bedürfnis stillen, kann das Baby später im Leben besser Beziehungen zu anderen Menschen aufbauen. Kinderärzte sagen, dass man einen Säugling gar nicht verwöhnen kann; Ihr Baby kann Sie nicht „kontrollieren", und Studien haben gezeigt, dass übermäßiges Weinen für das Herz-Kreislauf-System und die Atemwege Ihres Kindes schädlich sein kann.[6]

Es kann verwirrend sein herauszufinden, warum Ihr Baby weint, aber halten Sie durch, dann werden Sie bald wissen, wann Ihr Kleines Hunger, eine nasse Windel, Schmerzen oder einfach das Bedürfnis nach Nähe hat.

---

6 William Sears/Martha Sears, *The Complete Book of Christian Parenting & Child Care*, Broadman & Holman, Nashville, TN, 1997, S. 211.

Omas Tagebuch

Ich weiß noch, wie ermüdend es sein kann, wenn man eine junge Mutter ist, deshalb versuche ich, meiner Tochter oder Schwiegertochter zu helfen, wenn ein Neugeborenes in der Familie ist.

Ich erinnere mich daran, dass meine eigene Mutter nach der Geburt meiner Kinder zu Besuch kam. Ich war unglaublich dankbar dafür, dass sie die Küche aufräumte und die Wäsche faltete. Also versuche ich diese Hilfe auch meinen eigenen Kindern zu geben.

Natürlich halte ich gerne mein neues Enkelkind im Arm, und ich glaube, das trägt zu einer guten Beziehung zwischen Enkeln und Großeltern bei. Es ermöglicht der frischgebackenen Mama auch zu duschen oder ein Nickerchen zu machen, ohne Angst zu haben, dass das Baby etwas braucht, weil sie weiß, dass ich da bin und mich liebevoll um das Kleine kümmere.

Außerdem gibt es in unserer Gemeinde Hilfe für junge Mütter. Freiwillige kochen und bringen der Familie in den ersten Tagen nach der Geburt etwas zu essen. Das ist konkrete Hilfe für Bedürftige, wie sie in 1. Korinther 12,28 als Aufgabe der Gemeinde genannt wird, und für die Familie ist es ein wahrer Segen.

Carolyn Warren

Das Geheimnis der Kolik wird gelüftet

Kolik ist ein bequemer Begriff für „unerklärliches Weinen". Zum Glück hatten weder Micah noch Malia Koliken, aber als ich Nachforschungen zu diesem Thema anstellte, fand ich zwei körperliche

Ursachen und eine emotionale Ursache dafür. Folgendes hat die moderne Medizin dazu zu sagen:

Erstens: *Es könnte sein, dass Ihr Baby empfindlich auf eine Substanz in Ihrer Muttermilch oder einer bestimmten Babynahrung reagiert oder sogar eine Unverträglichkeit hat.* Einige weit verbreitete Allergene, die Sie dann meiden sollten, sind Milchprodukte, blähende Gemüse, Zitrusfrüchte und -säfte, Koffein, Eier, schleimlösende Mittel und bestimmte Medikamente.

Um genau festzustellen, wogegen Ihr Baby allergisch sein könnte, sollten Sie bestimmte Lebensmittel weglassen, eins nach dem anderen. Wenn ich Krabben aß, war Micah die ganze Nacht auf und völlig unruhig. Das fand ich heraus, indem ich eine ganze Zeitlang auf Krabben verzichtete und sie dann wieder versuchte – und wir beide bezahlten einen hohen Preis dafür! Wir waren die ganze Nacht wach: Micah hat geschrien und ich bin mit ihm herumgetanzt, um ihn zu beruhigen.

Wenn Sie Ihrem Kind die Flasche geben, sollten Sie eine Säuglingsnahrung ausprobieren, die speziell für Babys mit empfindlichem Verdauungstrakt hergestellt wird. Die meisten Marken haben Nahrung für solche Fälle (sehen Sie auf den Internetseiten der Hersteller nach).

Zweitens: *Vielleicht hat Ihr Baby die gastroösophageale Refluxkrankheit oder GERD.* Babys können diese Erkrankung bekommen, wenn ihr Magendarmtrakt nicht so gut funktioniert. Sie hat schmerzhaftes Schreien und Spucken zur Folge. Mit einem einfachen PH-Wert-Test für die Speiseröhre können Sie herausfinden, ob Ihr Baby Refluxprobleme hat.

Drittens: Ihr Baby ist vielleicht sehr sensibel oder temperamentvoll und hat einen unregelmäßigen Biorhythmus. Wenn dies der Fall ist, versuchen Sie am besten, eine ruhige, stressfreie Atmosphäre zu schaffen. Nehmen Sie Ihr Baby so oft wie möglich auf den Arm. Spielen Sie langsame, beruhigende Musik und tanzen Sie mit Ihrem Baby in verschiedene Richtungen. Sie können Ihr Baby auch in ein Tragetuch binden, so dass Sie es tagsüber so viel wie möglich bei sich tragen können. Zusätzlich sollten Sie grelle Laute – Rufen, Streiten und lautes Fernsehen – aus Ihrem Haus verbannen. Während ich dieses Kapitel über das Trösten eines weinenden Babys schrieb, musste ich an Psalm 57,2-3 denken: „Zu Gott, dem Höchsten, schreie ich, zu ihm, der meine Not wendet und alles zu einem guten Ende führt. Vom Himmel her wird er mir seine Hilfe schicken ... Ja, Gott wird zu mir halten, er ist treu." Für mich ist das ein perfektes Beispiel dessen, wie unser himmlischer Vater auf unser Schreien reagiert. Was macht er? Er sendet Liebe und Treue, und so können wir auch auf das Schreien unserer Babys reagieren. Mit liebevoller Fürsorge stillen wir die Bedürfnisse unserer Babys.

Elterngebet

Lieber Gott,
Danke für mein kostbares neugeborenes Baby. Danke für die Liebe, die ich für (Name des Kindes) empfinde. Danke, dass du mir durch das Elternsein zeigst, wie tief deine eigene Liebe ist. Inzwischen verstehe ich deine bedingungslose Liebe, wie ich sie nie zuvor verstanden habe. Offenbare mir diese Liebe auch in Zukunft.

Hilf mir zu verstehen, was mein Baby braucht, wenn es weint. Gib mir gute elterliche Instinkte, um zu wissen, was ich tun muss. Ich will nicht, dass ich echte Bedürfnisse übersehe. Mach mich ruhig, damit ich meinem Kind diesen Frieden weitergeben kann.

Gott, ehrlich gesagt bin ich manchmal einfach zu müde. Bitte schenke mir tiefen und friedvollen Schlaf in der Nacht, damit ich erfrischt aufwachen kann. Hilf meinem Baby, nachts zu schlafen, wenn ich selbst schlafen muss, aber hilf mir auch, gelassen zu sein, wenn ich für das nächtliche Trinken meines Kindes aufwachen muss.

In Jesu Namen, Amen.

Bibelaussagen zum Nachdenken und Beten

Kommt alle her zu mir,
die ihr euch abmüht und unter eurer Last leidet!
Ich werde euch Ruhe geben.
Matthäus 11,28

Macht euch keine Sorgen! Ihr dürft Gott um alles bitten. Sagt ihm, was euch fehlt, und dankt ihm! Und Gottes Friede, der all unser Verstehen übersteigt, wird eure Herzen und Gedanken im Glauben an Jesus Christus bewahren.
Philipper 4,6-7

Mein Tagebuch

Als du ein Baby warst und geweint hast, habe ich Folgendes getan, um dich zu beruhigen:

Was ich von meinem Baby bis jetzt über die Liebe gelernt habe:

5

Mama-Burnout verhindern: Fürsorge für Seele, Leib und Geist

Jennifers Tagebuch

Micah ist dreieinhalb Monate alt. Es ist halb sechs am Nachmittag und ich habe immer noch nicht geduscht. Er will heute nur gestillt werden. Ich frage mich, ob es ihm vielleicht nicht gut geht oder ob er Zähne bekommt, weil er wirklich ziemlich viel sabbert. Bei uns sieht es aus wie bei Hempels unterm Sofa, und ich bin völlig erschöpft. Außerdem waren wir die halbe Nacht auf. In letzter Zeit habe ich kaum Sport gemacht, aber wenigstens laufe ich viel herum und trage ein sechs Kilo schweres Baby den ganzen Tag durch die Gegend. Micah hat sein Gewicht schon beinahe verdoppelt. Unsere Ärztin ist sehr zufrieden und sagte, sie kann nicht fassen, dass er jemals auf der Säuglingsintensivstation war.

Ich vermisse mein tägliches Kraft- und Fitnesstraining, also bin ich mit Micah zum Sportzentrum gefahren, um eine halbe Stunde Gewichte zu stemmen. Er sitzt schon so schön in seinem Kinderwagen, dass ich es für eine gute Idee hielt. Das war es auch, bis die Trainer sagten, Kinder dürften nicht in den Geräteraum. Na gut, ich kann auch zu Hause trainieren.

Ich kann nicht glauben, dass nächsten Monat Weihnachten ist. Gestern haben wir unseren großen Baum aufgestellt. Vielleicht bin ich deshalb so müde. Wir haben drei Tage gebraucht, um das Haus nur von innen zu schmücken. Aber Dan ist ganz vernarrt in Weihnachten, und es ist uns wichtig, dass Micah die wahre Bedeutung dessen versteht, warum wir die Geburt Jesu feiern … Aber ich glaube, ich sollte vielleicht etwas langsamer machen und mir bald etwas Zeit für mich gönnen.

Mama-Burnout zu vermeiden ist schwierig, wenn Sie so sind, wie ich war: ganz allein mit einem neugeborenen Baby und wenig Hilfe. Da meine Eltern in Hawaii wohnen, meine Geschwister auf der ganzen Welt verstreut sind und Dans Familie in einem anderen Bundesstaat wohnt, hatten wir keine Verwandten in der Nähe, und wir konnten es uns nicht leisten, ein Kindermädchen oder eine Haushaltshilfe einzustellen. Dan war die ganze Zeit fort, weil er drei Jobs hatte, also war es Micah und mir überlassen zu kochen, zu putzen, Wäsche zu waschen und Windeln zu wechseln. Es ist erstaunlich, wenn ich daran denke, wieviel Freizeit ich hatte, bevor er geboren wurde; mir war nie bewusst, wieviel Zeit ich früher auf Fernsehen, Einkaufen oder übermäßiges Fitnesstraining verschwendet habe.

Als frisch gebackene Mütter brauchen wir umfassende Unterstützung: an Seele, Körper und Geist. Also werde ich als Nächstes alle drei Bereiche behandeln.

Für Ihre Seele sorgen: Schließen Sie sich einer Gruppe an

Ich empfehle Ihnen, sich einer Gruppe christlicher Mütter anzuschließen, die wie Sie ein Baby oder Kleinkind haben und Unterstützung brauchen. Die Organisation MOPS (*Mothers of Preschoolers* – Mütter von Vorschulkindern) bietet überall in den USA solche Gruppen an; welche Gemeinden Krabbelgruppen anbieten, können Sie bei den Kirchen in Ihrer Umgebung erfragen.

Ich wünschte, ich hätte von MOPS gewusst, als Micah geboren wurde. Als er vier Jahre alt war und Malia eineinhalb, schloss ich mich einer Müttergruppe an. Die Frauen dort waren nett, hatten Verständnis und unterstützten einander. Unsere Gruppe trifft sich zweimal im Monat in den Räumen unserer Gemeinde. Das Angebot besteht aus Kinderbetreuung, Brunch, Vorträgen und natürlich aus der Möglichkeit, sich mit anderen Mamas kurzzuschließen, die das gleiche tägliche Drama erleben. Ich kann diese Art der Unterstützung gar nicht genug loben, und so lasse ich einfach Leiterinnen der Gruppen zu Wort kommen.

Papas Blog

Ich muss sagen, dass ich keine große Hilfe für Jen war, um einen Burnout zu verhindern. Einerseits verstand ich das Problem nicht, andererseits fiel es ihr nicht leicht, ihre Bedürfnisse zu kommunizieren.

Wie die meisten Männer wollte ich ihr sagen: „Augen zu und durch!“, was sie normalerweise auch macht, aber diesmal war es anders. Schließlich ist es das, was wir Kerle tun, aber ich werde immer wieder daran erinnert, dass Frauen anders ticken. Wenn ich die Uhr zurückdrehen könnte, würde ich Folgendes anders machen:

- Ich würde mehr Windeln wechseln.
- Ich würde ihr das Baby jeden Tag für eine halbe Stunde abnehmen, damit sie duschen oder baden kann.
- Ich würde anbieten, eine Haushaltshilfe einzustellen, die bei der ganzen Arbeit hilft. (Wenn Sie sich das nicht leisten können, haben Sie vielleicht selbst etwas Zeit, um Hausarbeiten zu erledigen.)
- Ich würde ihr sagen, dass sie schön ist und ich sie liebe. (Ich weiß, was Sie jetzt denken: Das habe ich ihr doch gesagt, als wir geheiratet haben; wenn sich daran etwas ändert, werde ich es ihr mitteilen. Leider ist dieser alte Witz nicht hilfreich für eine erfolgreiche Ehe.)
- Ich würde ihr eine Nachricht schicken oder texten, um ihr zu sagen, dass sie eine großartige Mutter ist und ihre Sache hervorragend macht.

Und zu guter Letzt: Manche Frauen müssen einfach reden und können schon dadurch einen Burnout vermeiden. Ich habe den Fehler gemacht, dass ich zugehört habe und dann versuchen wollte, das Problem zu lösen. So schwer das zu begreifen ist, aber Frauen wollen oft gar nicht, dass wir ihr Problem lösen. Sie wollen nur, dass wir ihnen zuhören. Warum das so ist, werde ich erst im Himmel verstehen, aber glauben Sie mir, es ist eine Tatsache.

Alexandra Kuykendall, Mutter und Programmleiterin

Alexandra Kuykendall, die sich selbst als Windelwechslerin, Essenszubereiterin, Tränentrocknerin, Wäschehasserin, Familienliebhaberein und MOPS-Werbefrau bezeichnet, hat gesagt: „Zu allererst sollen die Mütter, die in eine unserer Gruppen kommen, wissen, dass das, was sie durchmachen, ganz normal ist und nicht einzigartig.

Wenn eine Mutter sich unserer Gruppe anschließt, lernt sie andere Frauen kennen, die ganz in ihrer Nähe die gleichen Dinge mitmachen wie sie, und diese Frauen können Bewältigungsstrategien bieten, auf die sie selbst vielleicht gar nicht kommen würde.

Außerdem gibt es in jeder Gruppe Mama-Mentorinnen, wie wir sie nennen. Das sind Frauen, die die ersten Jahre der Kindererziehung bereits hinter sich haben. Sie helfen den Müttern mit kleineren Kindern mit neuen Ideen, die uns helfen, die schwierigen Tage zu überstehen, und versichern uns, dass das Leben leichter werden wird. Es wird nicht immer so sein wie jetzt, mit Windeln und Wäsche auf dem Boden in jedem Zimmer des Hauses."

Ich musste lachen, weil es den Nagel wirklich auf den Kopf traf. Ich bat Alexandra, ihre persönliche Erfahrung mit ihrer Müttergruppe zu beschreiben, und hier ist ihre Geschichte:

> Als ich vor zehn Jahren nach Denver zog, kannte ich keinen einzigen Menschen dort. Ich war im fünften Monat schwanger und fühlte mich isoliert und ganz allein gelassen. Als mein Baby schließlich neun Monate alt war, schloss ich mich der Müttergruppe in meiner Gemeinde an. Das hat mich gerettet! Diese Gruppe bot mir Freundschaft und einen Lebensinhalt jenseits des Wickeltischs. Ich übernahm schnell eine Leitungsfunktion und konnte dadurch Facetten meiner Persönlichkeit nutzen, die beim Muttersein nicht gebraucht wurden.
>
> Ich hatte das Gefühl, an Gottes Reich mitzuarbeiten, indem ich meine anderen Begabungen einsetzte. Und mit das Beste an der Gruppe war, dass ich dort Ermutigung, praktische Hilfe und echte Freundinnen fand – Freundinnen, die ich zu jeder Zeit anrufen konnte, wenn ich Schwierigkeiten hatte.

Eine christliche Gruppe unterstützt Frauen auch auf ihrem geistlichen Weg. Wenn eine Mutter zu einer unserer Gruppen kommt und vorher noch nie gebetet hat, findet sie dort Vorbilder in anderen Frauen, die in der gleichen Situation sind wie sie. Wir hoffen, dass wir jede Mutter einen Schritt näher zu Jesus bringen können, unabhängig davon, an welchem Punkt sie sich auf ihrem Glaubensweg befindet. Unser Ziel ist es, ihren Glauben zu stärken. Und wenn sie noch nie etwas von Jesus gehört hat, beten wir, dass sie sich dafür interessiert, wer er ist. Wenn sie aber selbst einen starken Glauben hat, wird sie bald die Gelegenheit bekommen, Leitungsverantwortung zu übernehmen.

MOPS ist für jede Mutter. Unsere Gruppenerfahrung und der Kern unserer Arbeit ist es, anderen Frauen zu dienen. Dabei lernt man wirklich, die Nächste wie sich selbst zu lieben und diese Nächstenliebe ganz praktisch auszudrücken. Selbst wenn Sie erschöpft sind, können Sie auf andere zugehen, die noch erschöpfter sind als Sie selbst.

Interview mit Elisa Morgan

Ehemalige Vorsitzende von MOPS International; Verlegerin und Referentin des Jahres 2012 der Organisation „Women of Faith" (Frauen des Glaubens)

JP: *Würden Sie unseren Leserinnen und Lesern bitte erzählen, wie Sie die Mütter von heute sehen?*

EM: Ich benutze gerne die Metapher einer Safttüte. Anstelle eines Strohhalms haben Mütter heutzutage fünfzehn Strohhalme. Den ganzen Tag lang kommen alle und holen sich etwas bei ihr zu trinken. Mütter sind ständig damit beschäftigt, anderen etwas zu geben, sie zu „füllen". Aber das können sie nicht, wenn sie selbst ausgesaugt sind. Es ist nicht egoistisch, für sich selbst zu sorgen – es ist eine Notwendigkeit. Man kann anderen nicht geben, was man selbst nicht hat. Also, Mütter: Sie müssen daran denken, sich zuerst um sich selbst zu kümmern.

JP: *Im Moment scheint es, als wären viele frisch gebackene Mütter völlig überfordert mit der Aufgabe, ihre Kinder großzuziehen, ihren Haushalt zu versorgen und in vielen Fällen auch noch berufstätig zu sein – in Teilzeit oder sogar ganztags. Was können diese Frauen, die das erleben, was ich „Mama-Burnout" nenne, tun, um sich selbst zu helfen?*

EM: Ich würde sagen, sie sollten durch Gebet und Selbstprüfung herausfinden, wozu sie in dieser Phase ihres Lebens wirklich berufen sind. Sollen sie alles machen oder sollen sie von etwas anderem in ihrem Leben eine Auszeit nehmen? Die Folge einer Selbstprüfung ist, dass man einige Dinge sein lässt und andere Dinge anfängt. Mütter müssen sich fragen: „Wie viel Zeit und Kraft soll ich investieren, und in was soll ich sie investieren?"

JP: *Das ist ein guter Rat! Und was kann eine Mutter tun, um für ihre Seele zu sorgen?*

EM: Die Zeit mit kleinen Kindern ist immer noch eine Zeit, in der Mütter oft vergessen, dass sie selbst sich auch noch entwickeln. Es gibt verschiedene Phasen im Leben, wenn Mütter besonders offen für ihre geistlichen Bedürfnisse sind, und die Mutterschaft ist eine solche Zeit, weil die Frauen sich ihrer Verantwortung bewusst werden. Dies ist eine Zeit der Entwicklung, in der Mütter ihren Glauben definieren und entdecken können. Ich ermutige Mütter, dies auch zu tun, weil ihre Kinder sich darauf verlassen werden, dass sie ihnen Antwort und Hoffnung geben. Also kann eine Mutter sich fragen: Was muss ich ihnen weitergeben? Gott will nicht, dass Mütter Einzelkämpferinnen sind. Wir müssen uns folgende Fragen stellen: Erlaube ich Gott, mich durch mein Elternsein zu führen? Bezeuge ich Jesus in meiner Familie, indem ich Mutter bin? Es herrscht immer noch das riesige Missverständnis, dass wir Mütter das allein schaffen sollen; aber wir brauchen Gott, der uns in dieser Zeit begleitet.

JP: *Ja, es ist unglaublich wichtig, dass wir Mütter Gott um seinen Beistand bitten. Haben Sie noch weitere Ratschläge für unsere*

Leserinnen, wie sie in dieser herausfordernden und doch so schönen Zeit in ihrem Leben für sich sorgen können?

EM: Ich möchte Ihnen sagen, dass Sie nicht aufhören, eine Frau zu sein, nur weil Sie Mutter sind! Achten Sie auf die andauernde Entwicklung Ihrer eigenen Persönlichkeit. Was sind Ihre Stärken, Ihre Schwächen und Ihre Begabungen? Welche Erfahrungen haben Sie, und was wollen Sie in Zukunft machen? Was wollen Sie nicht machen? Erlauben Sie sich selbst zu träumen und Ihre anderen Seiten aufzubauen. Mütter sind Mütter – aber sie sind auch noch so viel mehr … und das vergessen wir oft.

Fragen Sie in Ihrer Gemeinde nach einer Müttergruppe oder einem Bibelkreis für Frauen, denen Sie sich anschließen können. Wenn Ihre Gemeinde klein ist und keine eigene Gruppe hat, finden Sie vielleicht eine bei einer größeren Kirche in der Nähe. Dort wird man Sie willkommen heißen, auch wenn Sie woanders in den Sonntagsgottesdienst gehen.

Ich empfehle Ihnen dringend, den Kontakt mit anderen Müttern zu halten. Mein größter Fehler war, dass ich glaubte, alles allein bewältigen zu können. Am Anfang dachte ich, ich würde nicht in eine solche Frauengruppe passen, aber meine Freundin überredete mich, es auszuprobieren, und ich bin heilfroh, dass sie es getan hat.

Die Weisheit der Bibel lehrt uns: „Zwei haben es besser als einer allein, denn zusammen können sie mehr erreichen. Stürzt einer von ihnen, dann hilft der andere ihm wieder auf die Beine. Doch wie schlecht steht es um den, der alleine ist, wenn er hinfällt! Niemand ist da, der ihm wieder aufhilft!" (Prediger 4,9-10) Wenn Sie zu einer Gruppe Gleichgesinnter gehören, haben Sie Freundinnen, die Sie auffangen können, wenn Sie zu fallen drohen. Als Mütter können wir die Gefühle anderer nachempfinden und sensibel füreinander sein.

Der Apostel Paulus sagt, wir sollen „dem anderen helfen, seine Last zu tragen. Auf diese Weise erfüllt ihr das Gesetz, das Christus uns gegeben hat" (Galater 6,2). Gott will ganz offensichtlich nicht, dass wir diese besondere Zeit in unserem Leben allein bewältigen. Er sagt ganz klar, dass wir soziale Wesen sind, die einander brauchen. Ich liebe Römer 12,15, wo es heißt: „Freut euch mit den Fröhlichen! Weint aber auch mit den Trauernden!" Wir brauchen Freunde, die gute und schlechte Zeiten mit uns teilen und die mit uns lachen und weinen.

Für Ihren Körper sorgen: Die richtige Ernährung

Im Prolog zu diesem Buch erwähnte ich, dass ich seit mehr als zwanzig Jahren Ernährungs- und Fitnessberaterin bin. Es ist mir ein Anliegen, Müttern die Bedeutung von Lebensmitteln nahe zu bringen und ihnen zu erklären, wie sie den Körper beeinflussen – und auch den ihres Babys – wenn sie stillen. In diesem Buch werde ich keinen detaillierten Ernährungs- und Trainingsplan erstellen, aber ich möchte die Dinge, die ich als hilfreich empfunden habe, gerne weitergeben. Sie können meine Ideen gerne übernehmen.

Eine gesunde Ernährung muss keine Last sein, wenn sie zum Lebensstil wird. Als Gott die Erde und den Menschen erschuf, aßen die Leute keine Fertiggerichte mit hohem Fructoseanteil, Chemikalien, Konservierungsstoffen, Farbstoffen und anderen ungesunden Zutaten. Es war eine schlichtere Zeit, als Gott noch die Pflanzen und Samen und gesundes Fleisch und Fisch zur Verfügung stellte. Wenn wir uns auf die Grundlagen der Ernährung besinnen und gesunde, vollwertige Nahrung zu uns nehmen, die Proteine und Nährstoffe enthält, geht es uns besser. Das weiß ich aus eigener Erfahrung, weil ich während meiner Zeit am College nicht immer gesund gegessen habe.

Nach meinem Studium beschloss ich, meine Ernährung zu ändern, und ich fing an, Sport zu treiben. Die Folge war, dass ich gleich vierzig Pfund abnahm. Die habe ich jetzt seit mehr als zwanzig Jahren nicht wieder zugenommen, und ich versuche immer zu essen, was für meinen Körper gut ist. Dann habe ich mehr Kraft und ein gesundes Gewicht. Für eine frisch gebackene Mama ist die richtige Ernährung wichtiger Teil einer Strategie, um sich gut zu fühlen und übermäßige Erschöpfung und schließlich den Burnout zu verhindern.

Eine mögliche Hürde bei der gesunden Ernährung ist es, wenn wir zu beschäftigt und zu müde sind. Wenn Sie nachts aufwachen, um Ihr Baby zu füttern, ist es ganz normal, dass Sie tagsüber müde sind. Dann ist die Versuchung groß, zu Fastfood oder Schokoriegeln zu greifen, auch wenn Sie wissen, dass sie voller Fett und leerer Kalorien sind. Wie vermeiden Sie also diese Fallen und verhindern schlechte Angewohnheiten und ungesunde Heißhungerattacken?

Hier sind meine besten Geheimnisse für Gesundheit und Energie, selbst als viel beschäftigte Mutter. Man braucht nicht viel Zeit dafür – versuchen Sie nur, so konsequent wie möglich zu sein und gut zu planen, wann immer es geht. Dann werden Sie schon bald gesünder leben.

Jennifers zehn beste Tipps für gesunde, dynamische Mütter

1. Drei bis fünf Mal die Woche Sport

Für mich gehörten dazu so einfache Dinge, wie mit Micah einen zwanzigminütigen Spaziergang zu machen. Ich packte ihn in seinen Buggy, wann immer das Wetter so war, dass wir nach draußen konnten. (An die frische Luft zu kommen, ist an sich schon belebend.) Oder ich saß auf dem Wohnzimmerfußboden und machte Yogadehnungen und Bauchmuskelübungen, zum Beispiel Rumpfbeugen. Abwechselnd trainierte ich mit einfachen Hanteln, während Micah in der Nähe in seinem Körbchen schlief.

2. Spezial-Smoothies

Zweimal täglich meine Spezial-Smoothies zu machen, war eine der einfachsten Maßnahmen, um die Pfunde aus der Schwangerschaft zu verlieren und mich gut zu fühlen. Damit dauert es nur fünf Minuten, eine komplette Mahlzeit zuzubereiten, die sowohl nahrhaft als auch lecker ist.

Jennifers gesunder Smoothie
1-2 Tassen Milch (Reismilch, Mandelmilch oder Magermilch – Soja sollten Sie wegen Ihrer Hormone im Moment lieber meiden)
1-2 Esslöffel Reis-, Ei- oder Molkepulver
1 gefrorene Banane
1-2 Tassen gefrorene Früchte (probieren Sie Mango, Pfirsich, Erdbeeren, Ananas, Blaubeeren oder jedes andere Obst, das Sie mögen – ich empfehle dabei Bio-Produkte, um Chemikalien zu vermeiden)
Pürieren Sie alles zusammen im Mixer und gießen Sie den Smoothie in ein großes Glas.
Reste können als Eislollies eingefroren werden.

3. Kombi-Kardio-Spaziergang

Dies ist die beste Art der Bewegung für Mütter, während sie ihr Baby in einem Tragetuch vor der Brust tragen. Das Gewicht Ihres Babys ersetzt die Hanteln, und für dieses wirksame Training brauchen Sie keine Mitgliedschaft in einem Fitnessstudio und keine teure Ausrüstung. Sie werden erfreut feststellen, dass dadurch ungeliebte Pfunde verschwinden und Sie sich wunderbar fühlen.

Jennifers Outdoor-Kombi-Training
Schritt 1: Fünf Minuten schnelles Gehen mit dem Baby im Tragetuch vor dem Bauch

Schritt 2: 10-20 Ausfallschritte auf ebenem Untergrund, zum Beispiel einem Weg. Achten Sie nur auf Ihre Haltung und darauf, dass die Zehen beim Ausfallschritt mit den Knien in einer Linie sind.
Schritt 3: Erhöhen Sie den Puls, indem sie noch einmal fünf Minuten gehen.
Schritt 4: Bleiben Sie stehen und machen Sie 10-20 Kniebeugen. Dabei können Sie sich an einem Baum festhalten. Wiederholen Sie alle Schritte zwei oder drei Mal.

Wenn ich nach diesem Training nach Hause kam, machte ich drei Mal fünfzehn Liegestütze (auf den Knien geht auch, bis Sie richtige Liegestütze können) und fünf Minuten Bauchübungen und Dehnungen. Wenn Sie vor der Geburt Ihres Babys keinen Sport gemacht haben, müssen Sie sich wahrscheinlich langsam steigern, bis sie dieses Programm durchziehen können. Auf einer Skala von 1 bis 10 sollte Ihre gefühlte Anstrengung zwischen 4 und 6 liegen. Befolgen Sie wie immer natürlich den Rat Ihres Arztes, vor allem, wenn Sie einen Kaiserschnitt oder andere medizinische Komplikationen hatten.

4. Bewegung im Haus

Bei extremem Winterwetter oder Hitze absolvierte ich viele meiner Übungen drinnen. Micah war zu klein, als dass ich mit ihm in der Eiseskälte hätte hinausgehen können, also legte ich eine Entspannungs-Kassette ein oder lief im Haus herum und machte Ausfallschritte, dann machte ich Kniebeugen und Liegestütze und anschließend ungefähr fünf Minuten Bauchmuskeltraining. Manchmal hörte ich dabei auf meinem iPod einen christlichen Radiosender oder andere Musik, oder ich spielte sie laut ab und sang Micah etwas vor, während ich trainierte. Wenn man Sport durch Musik ergänzt, vergeht die Zeit wie im Flug.

5. Wasser, Wasser, Wasser!

Ich weiß, dass Sie das schon tausendmal gehört haben, aber man kann es gar nicht oft genug wiederholen. Wasser ist nicht nur wichtig, damit der Körper nicht dehydriert, sondern es spült auch Giftstoffe heraus. Wenn Sie stillen, ist Wassertrinken erst recht ein Muss. Vermeiden Sie Limonade und andere zuckerhaltige Getränke, weil sie ungesund sind, keine Vitamine oder wichtigen Nährstoffe enthalten, dafür aber leere Kalorien. Viele Leute glauben, wenn sie dehydriert sind, dass sie Zucker oder Koffein brauchen, aber eigentlich schreit ihr Körper nach Wasser. Also holen Sie sich jetzt gleich ein Glas!

6. Kräutertees trinken

Um morgens wach zu werden, trinke ich manchmal eine oder zwei Tassen Kräutertee mit einem Teelöffel meines Lieblingshonigs. Ich bin überhaupt kein Morgenmensch, aber ich trinke keinen Kaffee oder irgendein anderes koffeinhaltiges Getränk, um mich wach zu machen. Stattdessen genieße ich Kräutertees mit Pfefferminze, Blaubeere, Kirsche, Pfirsich oder andere fruchtige Geschmacksrichtungen und rühre einen Teelöffel Lehua-Honig hinein. Ich finde, das ist der beste Honig der Welt. Er kommt von Bienen in Hawaii, die ihren Nektar fast ausschließlich von Ohia-Lehua-Blüten holen. In den Wintermonaten trinke ich den Tee heiß, im Sommer eisgekühlt.

7. Schnelle und gesunde Snacks zu Mittag

Mittags mag ich gerne eine Handvoll geröstete Mandeln, Cashewnüsse oder Walnüsse. Oder ich esse einen Naturjoghurt mit ungezuckertem Müsli.

8. Auf Hunger eingestellt sein

Wenn ich nicht zu Hause bin und Hunger bekomme, habe ich Nüsse, Trockenobst und Wasser im Auto, so dass ich immer eine nahrhafte Stärkung dabei habe. Es gibt auch Müsliriegel aus naturbelassenen Zutaten ohne Zuckerzusatz und Salz. Fragen Sie in Ihrem Bioladen oder Reformhaus danach – und machen Sie einen Bogen um das Zeug, das sie einem an der Supermarktkasse als Lebensmittel verkaufen wollen.

9. Zu Hause Versuchungen vermeiden

Ich finde, am besten kann man das Essen falscher Dinge vermeiden, wenn man gesunde Lebensmittel vorrätig hat (gewaschene Erdbeeren oder Gemüsestifte, in kleinen Frischhaltebeuteln verstaut). Diese Dinge bewahre ich im Kühlschrank in Augenhöhe auf, so dass mein Blick als Erstes darauf fällt, wenn ich die Tür aufmache. Außerdem kaufe ich keine ungesunde Fertigkost, also habe ich sie auch gar nicht im Haus. Wenn mein Mann ein Eis braucht, muss er es woanders essen. Und jetzt, wo wir Kinder haben, isst er erst dann etwas Süßes, wenn sie im Bett sind. Unser Geheimcode lautet: „Ich gehe zur Bank“, was in Wirklichkeit bedeutet, dass er in die Eisdiele geht.

10. Ein schnelles und gesundes Abendessen

Ein gutes Beispiel für ein schnelles Essen nach einem hektischen Tag ist eine leckere, aber gesunde Pizza. Alle in unserer Familie essen die gerne, vor allem die Kinder.

Jennifers einfache gesunde Pizza

Eine Tortilla aus Vollkornweizen oder -dinkel (30 cm Durchmesser), belegt mit:
2 Esslöffel Pesto
½ Tasse geraspelte Zucchini, Oliven, getrocknete Tomaten, Pilze oder Gemüse Ihrer Wahl
½ Tasse Spinatblätter, gehackt
1 Tasse gekochtes Hühnchen (Reste)
1 Tasse Käse

Alle Zutaten in der angegebenen Reihenfolge auf der Tortilla verteilen. Bei 180°C auf dem Rost etwa 8 bis 10 Minuten backen. (Hinweis: Als meine Kinder sehr klein waren, habe ich manchmal sechs Tortillas ausgebreitet und mehrere Pizzen auf einmal gebacken. Die übrigen habe ich in Alufolie und einem großen Gefrierbeutel eingefroren. So hatte ich zwei zusätzliche Mahlzeiten für eine andere Gelegenheit, wenn das Baby einen schlechten Tag hatte oder ich einfach zu müde war um zu kochen.)

Außerdem ist hier eine Einkaufsliste, die ich für mich und meine Klientinnen zusammengestellt habe. Haken Sie ab, was Sie brauchen, bevor Sie einkaufen gehen. Das hilft ungemein dabei, auf Kurs zu bleiben, während Sie im Laden sind. Wenn Sie beim Einkaufen die richtige Wahl treffen, können Sie zu Hause kaum anders als Nahrungsmittel zu sich zu nehmen, die Ihren Körper mit Energie, Nährstoffen und gute Gesundheit bescheren.

Einkaufsliste

Hinweis: Die Anzahl der Portionen bezieht sich auf einen Tag. Nahrungsmittel, die zu hundert Prozent organisch, aus Freilandhaltung, ohne Antibiotika und Hormone und nicht genetisch manipuliert sind, sind am besten!

Milchprodukte

1-2 Portionen; fettreduziert oder ohne Fett (Proteine)

- ☐ Eiklar
- ☐ Joghurt (am besten natur)
- ☐ Milch (am besten fettarme, Reis-, Kokos- oder Mandelmilch)
- ☐ Hüttenkäse
- ☐ Ricotta
- ☐ Fettreduzierte Margarine
- ☐ Saure Sahne
- ☐ Tofu (der feste ist besser)
- ☐ Hartkäse
- ☐ Ziegenmilch oder Ziegenkäse

Fleisch, Fisch und Proteine

4-6 Portionen (Proteine)

- ☐ Hähnchenbrust
- ☐ Putenbrust
- ☐ Mageres Hackfleisch
- ☐ Roastbeef
- ☐ Sirloin-Steak
- ☐ Elch oder Strauß
- ☐ Meeresfrüchte (Hummer, Scampi, Jakobsmuscheln, Krabben)
- ☐ Frischer Fisch (Lachs, Roter Schnapper, Kaiserbarsch, Heilbutt, Thunfisch, Kabeljau, Schellfisch, Zackenbarsch, Schwertfisch, Forelle, Schnapper, Makrele)
- ☐ Proteinpulver aus Molke, Soja, Reis oder Ei

Obst

2-3 Portionen (Kohlehydrate)

- ☐ Äpfel
- ☐ Bananen
- ☐ Beeren
- ☐ Grapefruit
- ☐ Weintrauben
- ☐ Zitronen und Limetten
- ☐ Melone
- ☐ Orangen und Mandarinen
- ☐ Birnen
- ☐ Papayas
- ☐ Mangos
- ☐ Aprikosen
- ☐ Nektarinen
- ☐ Kiwis
- ☐ Pflaumen

Gemüse

7-9 Portionen (Kohlehydrate)

- ☐ Brokkoli
- ☐ Karotten
- ☐ Sellerie
- ☐ Tomaten
- ☐ Artischocken
- ☐ Aubergine
- ☐ Knoblauch und Zwiebeln
- ☐ Pilze
- ☐ Kartoffeln
- ☐ Grünkohl und Spinat
- ☐ Zucchini (grüne und gelbe)
- ☐ Kohl
- ☐ Blumenkohl
- ☐ Gurke
- ☐ Spargel
- ☐ Rosenkohl
- ☐ Erbsen
- ☐ Blattsalat (kein Eisberg)
- ☐ Paprika
- ☐ Rettich
- ☐ Süßkartoffeln
- ☐ Rote Bete

Brot

1-2 Portionen (Kohlehydrate)

- ☐ Tortillas (Vollkornweizen, Mais oder Dinkel)
- ☐ Mehrkornbrot
- ☐ Vollkorn-Pitabrot
- ☐ Vollkornbrot
- ☐ Dinkel-, Hafer oder Reisbrot

Haltbare Lebensmittel

1 Portion (Kohlehydrate oder Fett)

- ☐ Müsli (mit viel Ballaststoffen und wenig Zucker)
- ☐ Haferflocken
- ☐ Bohnen, Linsen oder Erbsen
- ☐ Weizenkeime
- ☐ Vollkorn-Kräcker
- ☐ Reiskräcker
- ☐ Walnüsse
- ☐ Vollkorn-, Soja- oder Reisnudeln
- ☐ Quinoa
- ☐ Vollkorn-Weizenmehl
- ☐ Maischips
- ☐ Vollkorn-Couscous
- ☐ Erdnussbutter (natur)

- ☐ Rapsöl
- ☐ Olivenöl
- ☐ Trockenobst (zum Beispiel Rosinen, Mango oder Ananas ohne Zuckerzusatz)
- ☐ Brauner Reis (Basmati-, Jasmin- oder Wildreis)
- ☐ Mandeln (roh, geröstet oder als Mandelmus)
- ☐ Gemahlener Leinsamen oder Leinsamenöl
- ☐ Kochspray (Raps oder Olive)

Dosen (nur, wenn keine frischen Zutaten erhältlich)

- ☐ Ungesüßtes Apfelmus
- ☐ Suppen
- ☐ Thunfisch
- ☐ Kichererbsen
- ☐ Lachs
- ☐ Tomatensauce
- ☐ Erbsen, Spinat, grüne Bohnen, dicke Bohnen
- ☐ Hühnerbrühe oder Gemüsebrühe (natriumarm)
- ☐ Schwarze oder Pinto-Bohnen

Getränke

- ☐ Kräutertee (ohne Koffein, 3-4 Tassen pro Tag)
- ☐ Mineralwasser (3,5 Liter pro Tag)
- ☐ 100% frischer Frucht- oder Gemüsesaft (200 ml)

Saucen und Gewürze

- ☐ Senf
- ☐ Salatsaucen
- ☐ Salsa
- ☐ Essig
- ☐ Verschiedene Gewürze
- ☐ Hummus
- ☐ Mayonnaise (Raps oder Soja)

Tiefkühlprodukte (für den Notfall)

- ☐ Obst
- ☐ Brokkoli und Spinat
- ☐ Sojabohnen
- ☐ Gemüse
- ☐ Scampi, Fisch oder Huhn
- ☐ Gesunde Tiefkühlgerichte

Für Ihren Geist sorgen: sich beleben lassen

Wann immer ich Micah auf dem Arm hatte oder auch nur an seinem Bettchen stand und ihm beim Schlafen zusah, staunte ich über dieses neue Leben, das Gott mir anvertraut hatte. Als Eltern würden wir alles für unsere Kinder tun. Und doch müssen wir uns auch die Zeit nehmen, für uns selbst zu sorgen. Sehen Sie es einmal so: Es wird Ihrem Baby nicht guttun, wenn Sie einen Nervenzusammenbruch erleiden. Selbst Jesus zog sich aus seinem Dienst an den Menschen, die ihn so dringend brauchten, zurück, indem er noch vor Tagesanbruch aufstand, um der Menge zu entfliehen und an einem ungestörten Ort zu beten (siehe Markus 1,35).

Hier ist eine ermutigende Verheißung aus Jesaja 40,31:

Aber alle, die ihre Hoffnung auf den Herrn setzen, bekommen neue Kraft. Sie sind wie Adler, denen mächtige Schwingen wachsen. Sie gehen und werden nicht müde, sie laufen und sind nicht erschöpft.

Wie genau setzt man nun seine Hoffnung auf den Herrn, um diese adlergleiche Energie zu bekommen? Eine Möglichkeit ist, Anbetungslieder zu spielen, während man sich hinlegt und ausruht. Hören Sie der Musik zu, lassen Sie den Lobpreis ihren Geist erfüllen und sagen Sie: „Ja, Herr, ich lobe und preise dich. Komm, Heiliger Geist.“ Schon nach einer Viertelstunde kann sich das auf Ihr Befinden auswirken.

Eine andere Möglichkeit ist, über Bibelaussagen nachzudenken und zu beten. Denken Sie an einen bestimmten Vers, beten Sie ihn laut und erinnern Sie sich im Laufe des Tages immer wieder daran. Vielleicht wollen Sie ihn auch aufschreiben und an Ihren Badezimmerspiegel kleben. Zu diesem Zweck haben wir am Ende jedes Kapitels Bibeltexte aufgeführt.

Eine dritte Methode, sich von Gott beschenken zu lassen, besteht darin, um Fürbitten zu bitten. Gibt es Großeltern in Ihrer Gemeinde? Diese Menschen haben eine Menge Lebenserfahrung. Wenn Sie von diesen gottesfürchtigen Geschwistern jemanden um seine Gebete bitten, kann das enorme Auswirkungen auf Sie und Ihre Familie haben.

Jeder Mensch ist einzigartig, deshalb ist alles, was Ihnen den Heiligen Geist näher bringt, gut. Und denken Sie daran: Wenn Sie sich Auszeiten mit Gott gönnen, um Ihren Geist zu erfrischen, wird das letzten Endes auch für Ihr Baby gut sein.

Elterngebet

Lieber himmlischer Vater,
heute geht es in meinem Gebet um mich. Herr, ich möchte eine gute Mutter/ein guter Vater für mein Baby sein. Manchmal ist mir alles zu viel, und dann brauche ich deine Hilfe. Bitte umgib mich mit Freunden, die mich unterstützen und mir Rat geben können, wenn ich diese Hilfe am meisten brauche. Und hilf mir, für andere eine solche Freundin zu sein.

Gib mir den Wunsch, gesunde Lebensmittel zu essen und einen Bogen um alles Ungesunde zu machen. Gib mir die Kraft, jeden Tag Sport zu treiben. Ich weiß, dass es in deinem Sinne ist, wenn ich gesund lebe und das auch meinem Baby beibringe. In deinem Wort steht, dass mein Körper dein Tempel ist (siehe 1. Korinther 6,19); hilf mir, ihn zu einem Ort zu machen, an dem du leben möchtest.

Und ich bitte dich, Jesus, dass du meinen Geist erneuerst, wenn ich jeden Tag Zeit mit dir verbringe. Ich möchte, dass unsere Freundschaft wächst und ich dich wirklich kennenlerne. Du bist meine Stärke und mein Trost. Herr, danke dafür, dass du mein Freund bist.

Das bete ich in deinem mächtigen Namen. Amen.

Bibelaussagen zum Nachdenken und Beten

Duftendes Öl und Weihrauch erfreuen das Herz,
aber noch angenehmer und wertvoller ist der gute Rat
eines Freundes.
Sprüche 27,9

Kommt alle her zu mir,
die ihr euch abmüht und unter eurer Last leidet!
Ich werde euch Ruhe geben.
Matthäus 11,28

Mein Tagebuch

Zu meinem Ernährungsprogramm gehören (z. B. viel Obst, Gemüse, Hühnchen):

Mein Trainingsplan beinhaltet:

6

Die „ersten Male“ Ihres Babys

Jennifers Tagebuch

Ich bin ganz aufgeregt. Micah hat gerade seinen ersten Zahn bekommen. Er ist jetzt viereinhalb Monate alt, und ich wusste, dass in den letzten paar Wochen irgendetwas mit ihm los war. Es ist so niedlich, wenn er sich die ganze Faust in den Mund schiebt.

Er bringt mich ständig zum Lachen, so dass ich es kaum aushalte. Außerdem fängt er an, im Haus herumzurutschen. Und ich weiß, bald wird er auf der Straße hinter einem Fußball herlaufen. Es kommt mir vor wie gestern, dass er zum ersten Mal richtig gelächelt hat, als wir in Hawaii waren und meine Eltern besucht haben. Da war er gerade einmal dreieinhalb Wochen alt, und ich habe mindestens zehn Fotos gemacht, weil ich nicht wollte, dass Dan es verpasst; er war zu dem Zeitpunkt noch in Denver.

Ich kann nicht fassen, wie schnell die Zeit vergeht. Herr, hilf mir, kein „erstes Mal“ meines Babys zu verpassen. Ich weiß, dass diese Gelegenheiten dein Geschenk an mich sind, und ich will dir für die Freude danken, die sie mir machen. Am liebsten würde ich die Zeit anhalten, damit er nicht größer wird.

Wäre es nicht nett, wenn wir die Zeit anhalten und unsere Kinder ein bestimmtes Alter behalten könnten? Micahs erstes Jahr fand ich einfach wunderbar. Ich kann ehrlich sagen, dass es das beste Jahr meines Lebens war. Während ich dies schreibe, ist Micah beinahe sieben Jahre alt, und es gibt Zeiten, in denen ich mich nach diesem ersten Jahr zurücksehne. Bitte verstehen Sie mich nicht falsch: Ich bin sehr glücklich und reich beschenkt, weil wir jetzt auch Malia haben, aber dieses nagelneue erste Jahr des Mutterseins war ein besonderer Segen von Gott, und den werde ich immer in Ehren halten.

Eines der lustigsten „ersten Male“ fand im Krankenhaus statt. Wir warteten auf Micahs ersten Stuhlgang. Können Sie sich das vorstellen? Vorher durften wir das Krankenhaus nicht verlassen, also war es ein einschneidendes Erlebnis. Ich erinnere mich auch gerne an das erste Mal, als ich ihn gestillt habe. Ich staunte und bewunderte den kleinen Kerl ungemein und war überglücklich, weil ich ihm geben konnte, was er an Nahrung brauchte.

Ich lade Sie ein, die ersten Male Ihres Babys zu feiern – die besonderen Augenblicke, wenn er oder sie etwas zum ersten Mal tut. Am Ende dieses Kapitels können Sie diese Ereignisse festhalten. Wenn Ihr Kind älter ist, wird es ein besonderes Erlebnis sein, Ihr Tagebuch gemeinsam zu lesen.

Das erste Lächeln Ihres Babys

Micah lächelte zum ersten Mal richtig, als ich mit ihm bei meinen Eltern in Hawaii war. Während meiner Schwangerschaft hatte ich dafür gebetet, dass er ein fröhliches Kind sein möge, erfüllt von der Freude des Herrn. Als ich sah, dass er alle anlächelte, war eines der ersten Zeichen, an denen ich gesehen habe, dass Gott meine Gebete erhört hatte. Es war ein Augenblick wie der, von dem wir in Psalm 126,3 lesen: „Ja, der Herr hat große Taten für uns vollbracht! Wir waren außer uns vor Freude."

Egal, wie jung oder alt Ihr Baby im Moment ist, Sie können es segnen. Sie können Freude und andere Gaben für Ihr Kleines in Anspruch nehmen. Sie können einen Geist der Fröhlichkeit und Zufriedenheit in Ihre Familie holen, indem Sie Gott loben und Psalmen beten, während sie Windeln wechseln und Wäsche waschen und all die anderen nötigen Alltagsarbeiten verrichten. Wenn Sie Gott bitten, im Leben Ihres Sohnes oder Ihrer Tochter gegenwärtig zu sein und Ihr Baby mit der Freude des Heiligen Geistes zu erfüllen, dann glaube ich fest daran, dass er es tun wird.

Der erste Zahn Ihres Babys

Sowohl Micah als auch Malia bekamen ihren ersten Zahn mit viereinhalb Monaten. Aber wussten Sie, dass manche Babys mit Zähnen geboren werden? Ist es nicht interessant, dass Gott alle unsere Babys so einzigartig erschaffen hat? Für Gott ist jeder noch so kleine Teil unseres Babys wichtig – sogar ihre Zähne. Ich ermutige Sie, schon früh für die Zähne Ihres Babys zu beten; es könnte spätere Komplikationen verhindern.

Eine Frage, die junge Eltern oft stellen ist: „Wann sollte ich mit meinem Kind zum ersten Mal zum Zahnarzt gehen?" Allgemein empfehlen Krankenkassen einen ersten Zahnarztbesuch im Alter von zwei bis drei Jahren, wenn die Milchzähne komplett sind. Zahnärzte raten jedoch, Kinder bereits dann zum Zahnarzt mitzunehmen, wenn der erste Zahn da ist, um sie an die Praxis zu gewöhnen und Tipps für die Mundhygiene zu erhalten. Es kann sein, dass Ihr Zahnarzt vorschlägt, die Zähne Ihres Babys mit Fluor zu putzen. Das habe ich nicht getan; stattdessen habe ich darauf geachtet, dass ihre kleinen Münder immer blitzeblank sauber waren. Das heißt, Sie können noch etwas warten, es sei denn, dem Arzt fällt etwas auf, das besonderer Aufmerksamkeit bedarf.

Ihr Baby dreht sich zum ersten Mal um

Als meine Kinder zum ersten Mal beschlossen sich umzudrehen, war ich baff. Wir saßen auf dem Boden im Wohnzimmer, als Micah mit einem Mal auf dem Rücken lag. Unsere kleine Malia war sogar noch entschlossener, schnell groß zu werden, denn sie wollte mit ihrem großen Bruder spielen. Die meisten Babys fangen im Alter von vier bis sieben Monaten an, sich umzudrehen. Diese Übung gehört zur Entwicklung ihrer grobmotorischen Fähigkeiten, und ich rate Ihnen, schon vom zweiten Lebensmonat an mit Ihrem Baby zu arbeiten und ihm „Bauchzeiten" auf dem Boden zu geben. Dadurch werden Hals und Rückenmuskulatur Ihres Babys gestärkt, und die braucht es, um sich umzudrehen und irgendwann aufzustehen und zu laufen.

Wenn Ihr Baby sich nachts umdrehen kann, hat es auch die nötigen Fähigkeiten, den Kopf zu drehen, um zu atmen. Also brauchen Sie sich keine Sorgen über den plötzlichen Kindstod zu machen, wenn Sie Ihr Kind auf den Rücken legen und es sich im Schlaf selbstständig umdreht. Fachleute empfehlen eine feste Matratze, während Sie alle weichen Decken und Kissen sowie Überhitzung oder zu festes Einpacken vermeiden sollten.

Die ersten Worte Ihres Babys

Eines der größten Geschenke, die Sie Ihrem Kind machen können, sind ein umfangreicher Wortschatz und später gute Kommunikationsfähigkeiten. Je mehr Sie mit Ihrem Baby sprechen, desto eher wird es lernen, mit Ihnen zu reden. Wo immer ich mit Micah war – und das heißt überall –, benannte ich die Dinge, die wir sahen. Es spielte keine Rolle, ob wir einkaufen waren oder hinter unserem Haus spazieren gingen; ich nannte alles beim Namen. Ich trug Micah so vor dem Bauch, dass er nach vorne sehen konnte, und erklärte ihm alles. „Das sind ein Apfel, eine Banane, eine Papaya und eine Orange", sagte ich, während ich auf jeden Gegenstand zeigte. Oder: „Sieh mal die schönen rosafarbenen und gelben Blumen", wenn wir an einem Beet vorbeigingen.

Sie werden als Eltern nicht immer ein gutes Vorbild sein, aber wir sollten alle unser Bestes geben, Worte zu sprechen, die unseren Kindern helfen und ein Segen sind. Angenehme, fröhliche Worte werden für den Geist Ihres Kindes Wunder wirken, während herzlose Worte die Seele Ihres Kindes verwunden und zermalmen. Sprüche 16,24 besagt, dass freundliche Worte wie Honig sind – tröstlich für die Seele und gesund für den Leib. Unabhängig davon, wie alt Ihr Kind ist, ermutige ich Sie, ihm Worte des Lebens zu sagen.

Während meine Kinder älter werden, will ich negatives Reden und garstige Sprache vermeiden. Mein Mann und ich beten, dass Gott uns dazu befähigen wird, gute Vorbilder zu sein, indem wir sagen, was lobt und erbaut. Wir wollen so leben wie der Psalmist: „Darum will ich dich vor anderen loben, Tag für Tag will ich dich rühmen" (Psalm 71,8).

Sehen Sie einmal nach, was in Psalm 71,17 steht: „Gott, du hast mich von Jugend auf gelehrt, und noch jetzt verkündige ich deine Wunder." Wenn wir unsere Kinder lehren, „Gottes Sprache" zu sprechen, wird es für sie ein lebenslanger Segen sein.

Omas Tagebuch

Ich wollte mein Wohnzimmer streichen und bat meine Tochter zu kommen und mich bei den Farben zu beraten.

Als wir mit einem Stapel Farbmuster im Wohnzimmer saßen, nahm meine einjährige Enkelin, fasziniert von all den hübschen Farben, eine der Karten und ging zum ersten Mal alleine quer durchs Zimmer, um sie ihrer Mutter zu zeigen.

Wir waren natürlich außer uns vor Freude, umarmten sie und schickten sie zur anderen Seite des Zimmers, um noch eine Farbkarte zu holen.

Die nächsten zwanzig Minuten werde ich nie vergessen – ich genoss die ersten Schritte meines ersten Enkelkindes auf dem Boden meines Wohnzimmers, während sie meiner Tochter und mir Farbmuster brachte.

Carolyn Warren

Die ersten Schritte Ihres Babys

Der Tag, an dem Ihr Baby zum ersten Mal aufsteht, ist ein aufregender Tag. Sie wissen, dass Ihr kleiner Wonneproppen bald seine ersten Schritte machen wird. Malia hatte sehr kräftige kleine Beine und stand schon mit vier Monaten auf meinem Bauch. Sie fand das herrlich! Also ließ ich sie ihre kleinen Baby-Kniebeugen machen, um ihre Muskeln zu stärken. Im Dezember hatten wir das Glück, meine Familie zu besuchen, und sie machte in Hawaii ihre ersten Schritte. Es war schön, diese besonderen Augenblicke mit meinen Eltern zu teilen.

Die meisten Babys fangen im Alter von etwa 9 bis 12 Monaten an zu laufen, aber manche warten auch, bis sie 16 oder 17 Monate alt sind. Ob Ihr Baby früh oder spät mit dem Laufen beginnt, ist nicht wichtig. So oder so wird es bald den Übergang in eine neue Welt der Unabhängigkeit schaffen.

Andererseits hat Ihr Kleines vielleicht bestimmte Einschränkungen, wie das Baby einer Freundin von mir. Der kleine Kerl brauchte viel länger, um krabbeln, sprechen und laufen zu lernen – und das ist in Ordnung. Er hat seinen eigenen Zeitplan, und seine Eltern freuen sich über jeden Meilenstein.

Ich glaube, wir können etwas für unser geistliches Leben lernen, wenn wir zusehen, wie unsere Kleinen ihre ersten Schritte machen. Als Christen fangen wir damit an, dass wir uns an den Händen von anderen festhalten – Freunden, Bibellehrern, Pastoren. Wir sind wackelig und unsicher, wohin wir treten sollen. Wie bei einem Baby ist das zuerst süß; aber wir wollen nicht, dass unsere Kinder sich immer noch an uns festhalten müssen, um das Gleichgewicht zu halten, wenn sie zehn Jahre alt sind. Und so ist es mit unserer Entwicklung als Christen auch. Wir müssen danach streben, erwachsen zu werden, täglich in Gottes Wort nach geistlicher Nahrung zu suchen und unsere „geistlichen Beine" durch das Gebet zu stärken.

Als Eltern beten wir dafür, dass unsere Kinder stark und gesund werden; Ich bete auch, dass wir – als ganze Familie – im Herrn wachsen und stark und gesund werden. Ein guter und nicht so einfach zu befolgender Rat steht in Galater 5,16-17: „Darum rate ich euch: Lasst euer Leben von Gottes Geist bestimmen. Wenn er euch führt, werdet ihr allen selbstsüchtigen Wünschen widerstehen können. Denn, selbstsüchtig wie wir sind, wollen wir immer das Gegenteil von dem, was Gottes Geist will. Doch der Geist Gottes duldet unsere Selbstsucht nicht. Beide kämpfen gegeneinander, so dass ihr das Gute, das ihr doch eigentlich wollt, nicht ungehindert tun könnt."

Elterngebet

Lieber Gott und Vater,
ich weiß, dass du die ersten Male meines Babys genauso genießt wie ich. Ich stelle mir vor, wie du gelächelt hast, als Jesus seine ersten Schritte machte. Ich danke dir von Herzen für diese besonderen Augenblicke meines Babys. Sie bescheren mir so viel Freude und Glück, während ich sehe, wie mein Kind wächst und gedeiht, so wie du es dir vorgestellt hast. Hilf mir, mein Kind nie mit anderen Kindern zu vergleichen, egal, ob es langsamer oder schneller ist; stattdessen will ich für jeden erreichten Meilenstein dankbar sein. Hilf mir, mein Baby zu ermutigen und im Gebet treu zu bleiben.

Herr, hilf meinem Partner und mir, jeden Tag im Heiligen Geist zu wandeln. Hilf uns, unser Haus mit Zufriedenheit und Freude zu füllen, mit Gesang und Lobpreis. Halte uns nahe bei dir, damit die Fallen des Bösen uns nicht in Versuchung führen. Führe uns auf dem Weg der Rechtschaffenheit. Und Herr, zeige uns, wo wir geistlich wachsen müssen. Lass dein Wort in unserem Leben wirken und mach uns stark in dir. Danke für deine Wahrheit, die uns jeden Tag geistliche Orientierung ist. In Jesu Namen. Amen.

Bibelaussagen zum Nachdenken und Beten

Diesen Tag hat er zum Fest gemacht,
lasst uns fröhlich sein und jubeln!
Psalm 118,24

Wer Gott gehorcht, der lebt im Licht, und Freude erfüllt jeden, der aufrichtig ist. Ja, freut euch über den Herrn und dankt ihm! Erinnert euch, was der heilige Gott für euch getan hat!
Psalm 97,11-12

Mein Tagebuch

Notieren Sie hier die ersten Male Ihres Babys:

- Das erste Lächeln ________________________________.
- Du wurdest zum ersten Mal gebadet am _____________.
- Du hast dich zum ersten Mal selbstständig umgedreht am ____.
- Dein erster Zahn war da am _______________________.
- Du hast die Nacht durchgeschlafen, als du ____________ warst.
- Du hast mir zum Abschied gewinkt am _____________.
- Du hast dich ohne Hilfe aufgesetzt am ______________.
- Die erste feste Nahrung hast du gegessen, als du ________ warst und es war ________________________________.
- Du hast dich zum ersten Mal hochgezogen am _________.
- Deinen ersten Haarschnitt hast du bekommen am ____.
- Du hast „Papa“ gesagt, als _________________________.
- Du hast „Mama“ gesagt, als ________________________.
- Du bist mit einem Bobbycar gefahren am ____________.
- Du bist zum ersten Mal ganz alleine gelaufen am ____.
- Dein erster Geburtstag war am _____________________.

Weitere denkwürdige „erste Male“ waren:

7

Die erste feste Nahrung Ihres Babys

Jennifers Tagebuch

Micah ist gerade sechs Monate alt geworden, und ich kann nicht fassen, dass er schon durchs Haus krabbelt. Er hat herausgefunden, dass er einige der Küchenschränke öffnen kann – die, an denen keine Kindersicherung angebracht ist. Er liebt den Schrank mit den Tupperdosen, mit denen er spielt, indem er sie stapelt und zusieht, wie sie umfallen.

Diese Woche können wir anfangen, ihm zusätzliche Beikost zu geben. Ich habe recherchiert, welche Lebensmittel sich dafür am besten eignen. Ich achte sehr darauf, alle allergieauslösenden Nahrungsmittel zu vermeiden, weil ich selbst Allergien habe. Ich glaube, die gebe ich ihm erst, wenn er etwas älter ist. Diese Woche werden wir Bananen ausprobieren, nächste Woche Avocados und in der dritten Woche Süßkartoffeln. Ich hoffe nur, dass er Gemüse mag, denn in dieser Familie wird er davon eine Menge zu essen bekommen!

Die Einführung fester Nahrung ist für Ihr Kleines ein ziemlicher Meilenstein. Ich weiß, dass es bei uns zu Hause eine große Sache war.

Ich empfehle Ihnen, damit zu warten, bis Ihr Baby mindestens fünf Monate alt ist, so wie viele Experten es auch empfehlen. Wenn Ihr Baby noch nicht so weit ist, drängen Sie es nicht. Irgendwann gibt es Anzeichen dafür, dass Ihr Kind mehr braucht als nur Muttermilch oder Säuglingsmilchnahrung. Indem Sie ein paar einfache Fragen beantworten, können Sie besser einschätzen, wann es Zeit für solidere Nahrung ist.

Wann mit fester Nahrung beginnen?

Hier sind sieben Indikatoren, die darauf hinweisen können, dass Ihr Baby bereit ist für richtiges Essen (die ersten vier beziehen sich auf die körperliche Entwicklung, die anderen sind zusätzliche Anzeichen):

1. Hat ihr Baby sein Gewicht verdoppelt?
2. Hat Ihr Baby den Reflex verloren, die Zunge nach vorne zu schieben? (Ihr Baby schiebt die Zunge automatisch nach vorne anstatt zurück. Im Alter von vier bis sechs Monaten verliert sich dieser Reflex allmählich, so dass der Löffel Bananenmus auch tatsächlich gegessen und nicht auf den Boden gespuckt wird!)
3. Kann Ihr Baby Ihnen mitteilen, dass es von einer „Mahlzeit" genug hat, indem es den Kopf von Flasche oder Brust wegdreht?
4. Kann Ihr Baby sitzen und den Kopf selbstständig hochhalten?
5. Interessiert Ihr Baby sich für die Dinge, die Sie essen?
6. Wacht Ihr Baby oft mitten in der Nacht auf, nachdem es bereits gut durchgeschlafen hat? (Hier gibt es Ausnahmen.

Zum Beispiel könnte Ihr Kind auch Zähne bekommen. Als Micah zahnte, wachte er nachts oft auf, weil er Schmerzen hatte, und nicht, weil er hungrig war.)

7. Macht Ihr Baby gerade einen Wachstumsschub durch? Wachstumsschübe treten normalerweise im Alter von 3 bis 4, 6 bis 7 und 9 bis 10 Monaten auf. Während einer Wachstumsphase will Ihr Baby vielleicht ständig gefüttert oder gestillt werden. Auch wenn der Eindruck entsteht, als wäre es für feste Nahrung bereit, kann es trotzdem sein, dass Ihr Baby noch etwas länger Brust oder Flasche braucht.

Jennifers hilfreiche Tipps

Wenn Sie und Ihr Baby bereit sind für feste Nahrung, habe ich einige Empfehlungen, die meinen Babys sehr geholfen haben. Achten Sie zunächst einmal darauf, dass Sie die feste Nahrung nach und nach zufüttern. Geben Sie Ihrem Baby etwas zum Probieren, dann warten Sie, was passiert. Sie können die ersten Portionen der Beikost auch mit Muttermilch oder Säuglingsnahrung mischen.

Sagen wir zum Beispiel, Sie haben sich entschieden, Ihrem Baby Banane als erste Beikost zu geben. Sie können Sie mit ein wenig Milch verdünnen und verrühren, damit die Banane cremiger wird. Am Anfang wird Ihr Baby wahrscheinlich nur einen halben oder einen Teelöffel davon essen. Zwingen Sie Ihr Baby nie, mehr zu essen, als es möchte, denn Studien zeigen, dass dadurch das Fundament für Übergewicht gelegt wird.

Achten Sie darauf, dass Sie saubere Hände haben, und benutzen Sie Ihre Finger als ersten Babylöffel; so merken Sie, wenn das Essen zu heiß oder zu kalt ist. Und denken Sie daran, langsam vorzugehen, indem Sie nur ein Nahrungsmittel pro Woche zufüttern, damit Sie sehen, ob Ihr Baby auf irgendetwas, das es isst, allergisch reagiert. (Im nächsten Kapitel finden Sie nähere Informationen zum Thema Allergien.)

Dies ist *nicht der Zeitpunkt*, um mit dem Stillen oder dem Fläschchen aufzuhören. Experten empfehlen, weiter zu stillen – wie lange, hängt von Mutter und Kind ab.[7] Ich habe meine beiden Kinder gestillt, bis sie über zwei Jahre alt waren, zum Schluss nur noch einmal tagsüber und meistens nachts.

Die beste Beikost für den Anfang

Nach meinen umfangreichen Recherchen, welche Beikost im Laufe des ersten Jahres für Babys am besten ist, erstellte ich die folgende praktische Tabelle. All diese Lebensmittel können gedünstet, gekocht oder in der Mikrowelle zubereitet und dann püriert oder zerdrückt werden, bis sie weich sind. Bananen und Avocados brauchen nicht gegart zu werden.

Geburt bis 6 Monate	Nur Muttermilch oder mit Eisen angereicherte Säuglingsmilchnahrung
6 Monate	Bananen, Avocados, Birnen, Apfelmus (ohne Zucker), Süßkartoffeln, Zucchini, Reis und Gerstenflocken
7 bis 9 Monate	Pfirsiche, Karotten, Trockenpflaumen, Stampfkartoffeln, Pflaumen, Kürbis, grüne Bohnen, Haferflocken
9 bis 12 Monate	Spinat, Reiswaffeln, Eigelb, Milch, Naturjoghurt, Geflügel, Lamm, Kalb

Manche Babys reagieren allergisch auf übliche „Babynahrung". Das ist ein wichtiges Thema, deshalb habe ich ihm ein ganzes Kapitel gewidmet (siehe Kapitel 8).

7 Siehe dazu die Empfehlungen der Deutschen Gesellschaft für Ernährung: https://www.dge.de/ernaehrungspraxis/bevoelkerungsgruppen/saeuglinge/update-saeuglingsernaehrung/

Babynahrung selbst herstellen

Wenn Sie Ihre eigene Babynahrung herstellen wollen, ist das einfach, wirtschaftlich, umweltschonend und gesünder für Ihr Baby. Ich glaube, es ist sehr wichtig, biologisch angebaute Lebensmittel zu verwenden, wann immer es geht, um Pestizide zu vermeiden. Die erste Liste hilft Ihnen dabei zu bestimmen, welche Obst- und Gemüsesorten am meisten mit Pestiziden belastet sind und deshalb bevorzugt aus biologischem Anbau stammen sollten. Wenn Sie biologisch angebaute Lebensmittel kaufen oder die zwölf am meisten belasteten Sorten weglassen – man nennt sie manchmal auch das „dreckige Dutzend" – und Ihrem Baby stattdessen die am wenigstens belasteten Produkte geben, können Sie viel dazu beitragen, dass Ihr Kind möglichst wenige Chemikalien in sich aufnimmt. Die zweite Liste zeigt die am wenigsten belasteten Lebensmittel, so dass es bei diesen Gemüse- und Obstsorten nicht ganz so entscheidend ist, sie aus biologischem Anbau zu kaufen.

Das dreckige Dutzend

(wenn möglich, aus biologischem Anbau kaufen)

- ☐ Äpfel
- ☐ Salat
- ☐ Spinat
- ☐ Weintrauben
- ☐ Erdbeeren
- ☐ Kartoffeln
- ☐ Nektarinen
- ☐ Paprika
- ☐ Sellerie
- ☐ Pfirsiche
- ☐ Blaubeeren
- ☐ Grünkohl

Bitte erkundigen Sie sich bei der Verbraucherzentrale und anderen kompetenten Einrichtungen, es lassen sich keine allgemeingültigen Aussagen machen, die für alle Länder und Zeiträume gelten.

Ich hatte für die Zubereitung von Babynahrung den Magic Bullet Mixer, mit dem man genau die richtige Menge Brei für mein Baby herstellen konnte. Inzwischen gibt es davon auch eine Variante mit

BPA-freiem (also ungiftigem) Plastik, die es leider damals noch nicht gab. Sie können natürlich auch einen Pürierstab oder eine normale Küchenmaschine benutzen.

Einer meiner Lieblingstipps ist, mehrere Portionen herzustellen und die Reste dann in Eiswürfelbehältern einzufrieren, eingewickelt in Frischhaltefolie. So erhalten Sie praktische Portionen für Gelegenheiten, in denen Sie keine Zeit haben, den Brei frisch zuzubereiten.

Meistens verbrachte ich am Sonntagnachmittag eine oder zwei Stunden damit, Lebensmittel für Babynahrung zu dünsten und zu pürieren. Jede Sorte fror ich getrennt in Eiswürfelbehältern ein. (Als meine Kinder etwas größer waren, mischte ich zwei Zutaten, zum Beispiel Banane und Pfirsich oder Süßkartoffeln und Brokkoli.) Am nächsten Tag holte ich die gefrorenen Portionen heraus und füllte sie in wiederverschließbare Gefrierbeutel, weil sie dann frischer blieben und besser in meinen Gefrierschrank passten. Wann immer ich eine Mahlzeit für Micah oder Malia brauchte, nahm ich einfach eine Portion aus dem Beutel und verstaute den Rest wieder im Tiefkühlfach. Dadurch sparte ich eine Menge Zeit.

Weil meine Kinder uns eigentlich überall hin begleiteten, hatte ich auch immer eine Portion dieser Babymahlzeiten bei mir. Wenn wir in einem Restaurant oder bei Freunden waren, bat ich um eine kleine Schüssel und eine Tasse heißes Wasser. Ich füllte den Brei in die Schüssel und rührte etwas heißes Wasser hinein – voilà! – alles fertig. Sie können die Portionen auch einige Sekunden lang in der Mikrowelle erhitzen. Achten Sie nur darauf, die Temperatur zu überprüfen, bevor Sie Ihr Baby füttern.

Papas Blog

Als Micah so weit war, feste Nahrung zu sich zu nehmen, war das für mich eine gute Nachricht. Endlich konnte ich mehr Zeit mit meinem Sohn verbringen, denn in den ersten Monaten, wenn Babys noch so abhängig von ihrer Mutter sind, ist das gar nicht so einfach.

Ich weiß noch, wie ich das erste Mal mit Micah ausessen ging, nur wir beide. Er war noch nicht so weit, dass er das Essen im Hacienda-Restaurant essen konnte, also packte Jen seine Nahrung ein und ich aß à la carte. Ich holte sein kleines blaues Schüsselchen mit Reis und gestampftem Gemüse aus der Wickeltasche und gab es der Kellnerin, damit sie es warm machte. Es spielte eigentlich keine Rolle, was wir aßen, es ging mehr darum, dass ich längere Zeit mit ihm unterwegs sein konnte, ohne dass ich nach Hause zurück eilen musste, damit Jen ihn füttern konnte.

An diesem Tag war ich furchtbar stolz, meinen Sohn bei mir zu haben. Mir ist klar, dass es manchem als unbedeutendes Ereignis erscheinen wird, aber mir bedeutete es eine Menge. Es war für mich eine Gelegenheit zu sagen: „Ich bin dein Papa; ich liebe dich; du bist mein Ein und Alles und ich möchte Zeit mit dir verbringen."

Nachdem wir fertig gegessen hatten, begleitete Micah mich bei einigen Einkäufen. Wir lachten, kicherten und alberten in den Geschäften herum. Es war ein guter Tag.

Babynahrung unterwegs

Micah hat in seinem ersten Lebensjahr 36 Flüge absolviert! Das lag daran, dass Dan viele Vorträge hatte und wir eingeladen wurden mitzukommen. Durch diese Reisen hatten unsere Verwandten die Gelegenheit, das neue Baby zu sehen. Als wir mit der Beikost begannen, wollte ich sicher sein, dass ich für diese langen Flüge gut gerüstet war. Mit sechs Monaten wurde er natürlich noch gestillt, und das machte das Reisen einfacher. Aber bald wollte er mehr, also nahm ich die richtigen Mahlzeiten für ihn mit. Ich stellte fest, dass Bananen für unterwegs besonders praktisch sind. Birnen und Pflaumen funktionierten auch gut. Ich nahm immer eine kleine Kühltasche mit meiner selbst zubereiteten eingefrorenen Babynahrung in verschließbaren Gefrierbeuteln mit, außerdem Gabeln, Löffel und Messer aus Plastik, einen kleinen Teller und jede Menge Feuchttücher.

Egal, ob wir im Flieger oder im Auto waren, mit einem seiner kleinen Plastiklöffel konnte ich ihm die angerührte Nahrung geben. Außerdem hatte ich eine Schnabeltasse und eine Flasche Wasser dabei. (Die Fluggesellschaften erlauben Müttern mit Babys, diese Gegenstände mit an Bord zu nehmen, und auch hier empfehle ich die gefrorenen Portionswürfel, die Sie vorbereitet haben.)

Als Micah beinahe ein Jahr alt war, entdeckte ich ein wundervolles Produkt: gefriergetrocknetes Obst. Beim Start oder bei der Landung des Flugzeugs, wenn ich ihn nicht dazu bringen konnte, an der Brust zu trinken, gab ich ihm ein winziges Stück dieser dehydrierten Früchte, damit er saugte. Gleichzeitig reduzierte das den Druck auf seinen Ohren. Außerdem gab ich ihm kleine Schlucke Wasser aus seiner kleinen Tasse, damit er schluckte.

Während ich dieses Kapitel schrieb, fragte ich mich, wie lange Maria Jesus wohl gestillt haben mag und was seine erste Beikost war. Von Historikern wissen wir, dass es zur Zeit der Bibel normal war zu stillen, bis das Kind zwei bis vier Jahre alt war. Wer selbst nicht stillen konnte, engagierte in der Regel eine Amme. Königliche Hoheiten taten das gelegentlich auch, und als Miriam (Moses Schwester) sich anbot, eine Amme für ihn zu finden, nachdem die Tochter des Pharaos ihn im Schilf in einem Korb gefunden hatte, war das kein ungewöhnlicher Vorschlag (siehe 2. Mose 2,1-10).

Die erste feste Nahrung Jesu könnte gut Dattel oder Feige gewesen sein. Beide Früchte gab es in Palästina im Überfluss. Andere Lebensmittel, die von Familien selbst angebaut wurden oder auf den Feldern des Dorfes wuchsen, waren Melonen, Kürbis, Granatäpfel, Bohnen, Linsen, Erbsen, Löwenzahn, Gurke, Salat und Zwiebeln; wir können also davon ausgehen, dass Jesus diese Lebensmittel sowohl als Kind als auch im Erwachsenenalter aß.

Feigen und Weintrauben waren beliebte Früchte in Palästina, und Traubensaft wurde zu einem dicken, süßen Sirup eingekocht, den man auf Brot aß. Die süße Banane, wie wir sie heute essen, wurde erst 1836 von einem Jamaikaner angebaut; wir wissen also, dass der kleine Jesus diese Leckerei nicht genossen hat. Wäre es nicht nett, wenn wir Maria irgendwann fragen könnten, was sie Jesus zu essen gegeben hat?

Elterngebet

Lieber himmlischer Vater,
danke für diesen besonderen Meilenstein im Leben meines Babys. Es ist so aufregend, ihm die erste feste Nahrung zu geben. Du hast uns so viele köstliche Lebensmittel gegeben, die wir essen können, und dafür danke ich dir.

Bitte hilf mir zu wissen, Herr, welche Nahrung für mein Baby am besten ist und ihn mit den nötigen Nährstoffen versorgt, und lass mich richtig entscheiden, wann ich sie ihm gebe. Hilf uns, gesunde und nahrhafte Lebensmittel zu wählen, wenn mein Kind größer wird, und der Versuchung von Fertigkost zu widerstehen, die für den menschlichen Körper nicht gut ist. Ich bitte dich, mich zu einem guten Vorbild zu machen, indem ich gesund esse und gute Entscheidungen treffe.

Erhalte uns an Leib und Seele kräftig und gesund. Hilf mir, die „Bibelaussagen zum Nachdenken und Beten" zu verinnerlichen, damit ich sie im Alltag anwenden kann und mich an dein heiliges Wort erinnere.

Danke für deine Gnade und dein Erbarmen. Amen.

Bibelaussagen zum Nachdenken und Beten

Schmeckt und seht, wie freundlich der Herr ist;
wohl dem, der auf ihn traut!
Psalm 34,8 (SLT)

Denn es ist ein Geschenk Gottes, wenn jemand isst und trinkt
und sich über die Früchte seiner Arbeit freuen kann.
Prediger 3,13 (NLB)

Mein Tagebuch

Deine erste feste Nahrung war:

Du hast darauf so reagiert:

8

Allergien

Jennifers Tagebuch

Micah hat gerade seine erste Beikost bekommen. So weit, so gut. Ich habe mir Sorgen gemacht, dass er die gleichen Allergien haben könnte wie ich, aber Gott sei Dank ist derzeit noch alles in Ordnung. Er entdeckt und schmeckt voller Begeisterung jedes neue Lebensmittel, das ich ihm gebe, und bislang hat er sich noch nicht über irgendetwas beschwert. Am liebsten isst er Bananen, Avocados und Birnen.

Ich weiß noch, dass ich schwere Allergien hatte, als ich schwanger war. Dies war eine große Sorge für mich, also betete ich unaufhörlich darum, dass Micah keine Allergien haben möge, und ich glaube, Gott hat mich erhört. Ich danke dir schon jetzt dafür, dass du mir ein Kind ohne schwere Allergien geschenkt hast, Herr.

Die ersten paar Wochen, nachdem Sharons Baby geboren worden war, vergingen wie im Flug. Sharon war vollauf mit Wickeln, Stillen und einem Kleinkind beschäftigt und versuchte auch noch den Haushalt zu erledigen, so dass sie kaum einmal zum Luftholen kam. Zum Glück hatte sie Verwandte, die helfen konnten!

Als ihr neues Baby dreizehn Tage alt war, fuhren Ray und Sharon mit ihrer Familie nach Wisconsin. Sie genossen die Zeit und beschlossen, auf dem Rückweg anzuhalten und ein Eis zu essen. Das Baby wurde etwas quengelig, also ließ Sharon die Kleine von der kalten, sahnigen Leckerei probieren – nur ein winziges bisschen auf der Zungenspitze. Beinahe augenblicklich war das Gesicht ihres Babys von Pusteln übersät.

„Ach, du liebe Güte, sie muss allergisch darauf reagieren!", sagte Sharon. Es dauerte nicht lange, und Ihr Neugeborenes schrie aus vollem Hals. Es war nicht einfach, das Baby zu beruhigen, aber irgendwann trank es an der Brust und schlief ein.

Monate vergingen, und Weihnachten stand vor der Tür. Sharon machte eine Zitronen-Baiser-Torte, und die größeren Kinder durften ihr in der Küche helfen. Sie hatten viel Spaß, leckten die Teigquirle ab und küssten dann das jüngste Familienmitglied. Wenige Minuten später war das Gesicht des Babys mit lippenförmigem Ausschlag bedeckt.

Ray und Sharon dämmerte es allmählich, dass ihre kleine Tochter mit schweren Allergien geboren worden war. Sie gingen mit ihr zu einem angesehenen Kinderallergologen, Dr. E. Robbins Kimball. Tests ergaben, dass sie nicht nur gegen Milchprodukte und Eier allergisch war, sondern auch gegen Soja, Weizen, Hühnerfleisch, Rindfleisch, Erdnüsse und Fisch. Zusätzlich hatte sie Allergien gegen Katzen, Hunde, Pferde und die meisten anderen Tiere, die Schuppen oder Fell hatten, und hinzu kamen noch saisonale Allergien.

Wenn das keine Herausforderung für Eltern ist! Aber Sharon ließ sich nicht entmutigen. Sie las jedes Buch über Allergien und den Umgang mit ihnen, das sie finden konnte. Bei ihren Nachforschungen lernte sie, dass Ernährung und ein gesunder Lebensstil eine wichtige Rolle bei der Entwicklung eines Kindes spielen. Sie beschloss, ihr Möglichstes zu tun, damit ihr kleines Mädchen ein glückliches, gesundes und erfülltes Leben führen konnte, trotz dieser Herausforderung.

Als gläubige Frau betete Sharon inständig für ihr Baby. Und wissen Sie was? Gott hörte ihre Gebete und öffnete die richtigen Türen. Er ließ Sharon die richtigen Leute treffen. Mary Lofton und Diane Kruz von der La-Leche-Liga waren eine Riesenhilfe und ermutigten Sharon, ihre Tochter so lange wie möglich zu stillen. Sie erklärten, welche Vorteile das Stillen bei einem Kind mit Allergien hat und warum es Länder gibt, in denen Kinder üblicherweise gestillt werden, bis sie drei oder vier Jahre alt sind. Sharon folgte ihrem Rat, und ihre Tochter wuchs und gedieh.

Ja, dieses kleine Mädchen war ich. In all den Jahren waren meine Allergien eine ganz schöne Herausforderung; aber Gott hat in seiner Gnade viele von ihnen geheilt. Und ich selbst habe immer das Bedürfnis gehabt, anderen zu helfen, die ebenfalls Allergien oder andere Hürden zu nehmen haben, indem ich sie über eine gesunde Ernährung und Sport aufkläre – und über die Macht des Gebets.

Mit meiner lebenslangen Allergieerfahrung war ich vorsichtig, als ich anfing, meinen Kindern ihre erste feste Nahrung zu geben. Ich glaube, dass Vorsicht besser ist als Nachsicht, wenn es um Allergien geht und darum, in diesen ersten Monaten und Jahren fragwürdige Lebensmittel auszuprobieren. Wenn Sie Allergiker in der Familie haben, seien auch Sie vorsichtig, wenn sie Ihrem Baby diese Nahrungsmittel geben, auch wenn sie auf der Liste geeigneter Beikost stehen.

Omas Tagebuch

Als meine Nichte anfing, täglich heftige Bauchschmerzen zu bekommen, gingen mein Bruder und meine Schwägerin mit ihr zum Arzt. Doch die gründlichen

Untersuchungen ergaben nichts. Trotzdem hielten die Krämpfe an. Daraufhin überwies der Arzt sie an einen Spezialisten, der 160 Kilometer weit entfernt praktizierte.

Sobald ich davon erfuhr, fragte ich sie nach der Art ihrer Bauchschmerzen. War es eine heftige Übelkeit ohne Erbrechen? Hielten die Schmerzen ungefähr zehn Stunden an? Beide Male lautete die Antwort Ja.

Traten die Bauchschmerzen zufällig dann auf, wenn sie eine Banane gegessen hatte?

Stimmt, sie hatte jeden Tag eine Banane in ihrem Lunchpaket. Ich erzählte meiner Nichte von meiner eigenen Bananenallergie und schlug vor, sie solle keine Bananen mehr essen und abwarten, wie sich das auswirkte.

Bingo – keine Banane, keine Schmerzen! Das Geheimnis war gelüftet und ein ärztliches Eingreifen nicht notwendig.

Es ist schon merkwürdig, dass eine Allergie jahrelang schlummern kann, um dann plötzlich auszubrechen.

Carolyn Warren

Wie Sie eine allergische Reaktion bemerken

Die meisten allergischen Reaktionen erfolgen wenige Minuten bis einige Stunden nach dem Verzehr – oder der Berührung – des allergenen Gegenstandes, wie in meinem Fall, also seien Sie besonders aufmerksam, wenn Sie Ihrem Baby ein neues Lebensmittel zu essen gegeben haben.

Wenn bei Ihrem Baby nach dem Essen eines der folgenden Symptome auftritt, könnte das ein Zeichen für eine mögliche Allergie oder Unverträglichkeit sein. Hier sind einige übliche Anzeichen: plötzlicher, flüssiger Durchfall und/oder Erbrechen; plötzlicher Ausschlag auf der Haut und am Popo; eine laufende Nase; Pusteln; Reizbarkeit; Blähbauch und/oder Blähungen nach einem neuen Lebensmittel; unregelmäßige Atmung oder andere Atembeschwerden nach neuer Nahrung; Anschwellen des Gesichts, der Lippen und/oder der Zunge; Verengung oder Verschluss der Kehle. (Unverträglichkeit ist nicht das Gleiche wie Allergie. Bei einer Unverträglichkeit gibt es in der Regel Probleme im Verdauungstrakt.)

Ich habe eine Liste mit Lebensmitteln erstellt, die besonders häufig Allergien auslösen. Am besten, Sie meiden diese Nahrungsmittel, wenn Sie anfangen, Ihrem Baby Beikost zu geben. Denken Sie daran, *langsam anzufangen* und Ihrem Baby nur *ganz kleine Mengen* zu geben, vielleicht einen Viertel Teelöffel, und nur ein neues Nahrungsmittel auf einmal. Warten Sie vier Tage oder länger, bis Sie das nächste Lebensmittel einführen.

Meiden Sie die Nahrungsmittel, die besonders häufig Allergien auslösen

1. *Meeresfrüchte oder Krustentiere* lösen oft Allergien aus. Deshalb ist es besser, damit zu warten, bis Ihr Baby mindestens ein bis zwei Jahre alt ist. Oder meiden Sie sie ganz, wie es Menschen tun, die sich an die Essensvorschriften in 3. Mose 11 halten.
2. *Honig* ist an sich nicht allergieauslösend, kann aber in Kindern, die noch kein Jahr alt sind, Botulismus verursachen.
3. *Erdnüsse und Erdnussbutter:* Weil sie einen hohen Anteil Allergene enthalten, ist es besser, damit zu warten, bis Ihr Baby ein oder zwei Jahre alt ist. Manche Kinderärzte empfehlen es sogar erst ab dem siebten Lebensjahr, wenn Nussallergien in der Familie vorkommen.

4. *Andere Nussfrüchte* sind Mandeln, Paranüsse, Cashewnüsse, Kastanien, Haselnüsse, Macadamianüsse, Pekannüsse, Pinienkerne, Pistazien und Walnüsse. Bei manchen Menschen rufen diese Früchte schwere allergische Reaktionen hervor oder es besteht Erstickungsgefahr, deshalb sollten Sie damit am besten warten, bis Ihr Kind ein Jahr alt ist oder auch zwei. Auch hier gilt der Rat, bei Nussallergien in der Familie bis zum siebten Lebensjahr zu warten.
5. *Zitrusfrüchte und anderes saures Obst* können wegen ihrer Säure allergische Reaktionen wie Hautausschlag, Schwellung des Rachens oder Verdauungsprobleme auslösen, so dass es besser ist, Grapefruit, Orangen, Zitronen, Limetten, Ananas und Tomaten erst zu verwenden, wenn Ihr Baby ein Jahr alt ist.
6. *Beeren*: Rohe Erdbeeren, Himbeeren und Brombeeren besser erst nach dem ersten Geburtstag probieren. (Blaubeeren und Cranberries gehören nicht zu den Beeren, die Babys besser meiden sollten.)
7. *Mais* ist ein potenzielles Allergen und nicht sehr reich an Nährstoffen, also warten Sie auch damit am besten, bis Ihr Baby ein Jahr oder älter ist.
8. *Eiweiß*: Die meisten Kinderärzte empfehlen auch hier ein Mindestalter von einem Jahr.
9. *Milchprodukte/Vollmilch*: Viele Kinderärzte empfehlen ein Mindestalter von einem Jahr auch für den Verzehr von Vollmilch. Lactose und Milcheiweiße können allergische Reaktionen hervorrufen und außerdem Bauchschmerzen verursachen. Milchprodukte und Kuhmilch sind schwer verdaulich (Joghurt und Käse ausgenommen). Milch verhindert auch die Aufnahme von Eisen, und Eisen ist im ersten Jahr äußerst wichtig. Reismilch ist möglicherweise die bessere Wahl für erste Milchmahlzeiten, wobei ich die ungesüßte Variante empfehle.

10. *Weizen, Buchweizen und Hefe*: Warten Sie damit, bis Ihr Baby ein Jahr alt ist, denn Weizen enthält starke Allergene.
11. *Weintrauben* lösen zwar nicht oft Allergien aus, sie könnten aber eine Erstickungsgefahr bedeuten; deshalb sollten Sie größte Vorsicht walten lassen, wenn Sie Ihrem Baby oder Kleinkind Trauben geben. Es ist ratsam, dies erst im Alter von zehn bis zwölf Monaten zu tun, und achten Sie darauf, die Trauben zu schälen und in kleine Stücke zu schneiden, so wie ich es bei meinen Kindern getan habe.
12. *Kokosnuss*: Kinder, die gegen Nüsse allergisch sind, könnten es auch gegen Kokosnüsse sein.
13. Verwenden Sie niemals *Salz, Soja* oder *Zucker*, wenn Sie Nahrung für Ihr Baby zubereiten. Meiden Sie auch *Zimt, Senf und Kakao.*
14. *Erbsen* gehören zur Familie der Hülsenfrüchte, so wie Erdnüsse. Es kann trotzdem sein, dass ein Kind gegen Erdnüsse allergisch ist, aber nicht gegen Erbsen, oder umgekehrt.
15. *Schweinefleisch* enthält Parasiten, Würmer und Giftstoffe. Ich empfehle Ihnen, Ihrem Baby kein Schweinefleisch zu geben. Wenn Sie darüber hinaus glauben, dass 3. Mose 11,1-8 uns als Anleitung für ein gesundes Leben gegeben wurde, werden Sie als Familie ganz darauf verzichten wollen.

Erstaunlich viele Mütter, mit denen ich gesprochen habe, erzählten mir, dass eine verzögerte körperliche Entwicklung ihres Kindes auf Allergien gegen Gluten, Soja oder Eier zurückzuführen ist. Wenn Ihr Baby in irgendeinem Bereich weit hinter die übliche Entwicklung zurückfällt und Sie den Verdacht haben, dass es mit einer Allergie zusammenhängen könnte, sollten Sie einen Spezialisten zu Rate ziehen, damit er einen Allergietest machen kann.

Der hoch angesehene Dr. William Sears schrieb: „Selbst das Gehirn kann von einer allergischen Reaktion beeinträchtigt werden. Ein neues Forschungsgebiet namens ‚Hirnallergie' beschreibt die Verhaltensreaktionen des Gehirns, wenn es von bestimmten Nahrungsmitteln geplagt wird.“[8]

Umweltallergien

Es gibt noch andere Allergien. Umweltallergien können Ihrem Kind sehr zu schaffen machen. Es gibt saisonal bedingte Allergien wie Pollenallergien; oder Ihr Kind kann auf Staub, Schimmel, Zigarettenrauch, Haustiere, Gras oder Kosmetika wie Haarspray, Parfüm, Babypuder und stark duftende Deos allergisch reagieren, oder auch auf Staubmilben, so wie ich. All diese Dinge beeinträchtigen mich selbst heute noch. Wenn Sie den Übeltäter erst einmal ausfindig gemacht haben, versuchen Sie am besten, diese Allergene so weit wie möglich zu meiden, indem Sie Ihr Haus sauber halten. Sich von Plüschtieren, Teppichen, Haustieren oder Körperpflegeprodukten zu trennen, kann das Befinden Ihres Babys sehr verbessern. Wenn Sie in einer Region leben, wo die Wintermonate mit viel kalter, trockener Luft einhergehen, ist es eine gute Idee, einen Luftbefeuchter zu benutzen, wenn die Heizung läuft. Ein Salzwasserspray für Babys kann auch helfen, wenn die Luft in Ihrem Haus während dieser langen kalten Monate sehr trocken ist.

Ob Sie es glauben oder nicht – in Minnesota gibt es ein Kind, das allergisch gegen Kälte ist. Ja genau, gegen Kälte. Wenn der Junge von einer warmen in eine kalte Umgebung kommt, zum Beispiel in kaltes Wasser oder einen Raum mit Klimaanlage, bekommt er Hautausschlag.

Die Informationen, die ich Ihnen an dieser Stelle gebe, können natürlich nur Empfehlungen sein. Sprechen Sie immer mit Ihrem Kinderarzt, wenn Sie einen Verdacht auf Allergien haben, und befolgen Sie seinen Rat.

---

8 „What are Food Allergies?“ AskDrSears, 2007. http://www.askdrsears.com/topics/feeding-infants-toddlers/food-allergies/what-are-food-allergies (Zugriff November 2011)

Ich glaube immer an die Macht des Gebets, und ich habe viele Stunden damit verbracht, dafür zu beten, dass meine Kinder nicht die Allergien bekommen, mit denen ich geboren wurde. Es ist sehr schwer, wenn man als Kind so viele Allergien hat, und vor allem wenn man so viele Dinge nicht essen darf. Bis jetzt haben Micah und Malia nur sehr wenige Allergien, von denen wir wissen, und dafür danke ich Gott.

Wenn Ihr Baby Allergien hat, dann will ich Ihnen Mut machen: Wenn sie die Lebensmittel, Tiere oder Umweltallergene meiden, auf die sie reagieren, kann es gut sein, dass diese Allergien sich wieder verlieren. Ich habe selbst vor wenigen Wochen erst einen Test machen lassen, und viele meiner Lebensmittelallergien sind verschwunden! Gott sei gepriesen – es hat 42 Jahre gedauert, aber ich bin unglaublich froh darüber, dass ich jetzt nicht mehr so sehr aufpassen muss, was ich esse. Was für eine Erleichterung! Ich bete immer noch zu Gott, dass er meine Hundeallergie heilt, denn die Kinder wünschen sich so sehr ein Hündchen!

Elterngebet

Lieber Gott,
du bist ein guter und gerechter Gott. Ich weiß, wie sehr du mich liebst, und ich weiß auch, dass du (Name Ihres Kindes) liebst. Ich bitte dich, sie/ihn vor ernsthaften Allergien zu bewahren. Aber wenn sie/er allergisch gegen etwas ist, dann zeig es mir bitte heute, Jesus, damit ich ihr/ihm helfen kann, diese Gefahren zu meiden. Bitte gib mir das Wissen, das ich brauche, um mein Baby so wenigen Allergenen wie möglich auszusetzen. Ich möchte, dass mein Kind sicher ist, und dazu brauche ich deine Hilfe, Herr.

Bitte sende die richtigen Fachleute in unser Leben, die sich mit Allergenen auskennen, damit ich Unterstützung habe, um die richtigen Entscheidungen für mein Baby zu treffen. Gib mir die Kraft und Geduld, ihm die richtigen Lebensmittel zu geben und unsere Umgebung sauber und gesund zu halten.

Jesus, ich danke dir für deine Gnade und dein Erbarmen. Amen.

Bibelaussagen zum Nachdenken und Beten

Aber zu dir sage ich, der Herr:
Ich will dich wieder gesund machen und deine Wunden heilen.
Jeremia 30,17

Der Herr hat mir Kraft gegeben und mich froh gemacht;
nun kann ich wieder singen. Er hat mich gerettet!
Er ist mein Gott, ihn will ich preisen!
2. Mose 15,2

Mein Tagebuch

Mein Baby hat allergisch oder empfindlich reagiert auf:

Mein Baby hatte eine Reaktion auf ____________________
____________________________ und das ist passiert:

9

Impfungen

Jennifers Tagebuch

Ich bin diesen Monat etwas gestresst, weil mein Mann und ich uns nicht einig sind, welche Impfungen wir bei Micah vornehmen lassen sollen. Als ich ein Baby war, konnte ich nicht geimpft werden, weil das Serum in Eiern inkubiert wurde, gegen die ich hochgradig allergisch war.

Als frischgebackene Mutter macht mich die Kontroverse in Bezug auf Impfungen ganz nervös. Es macht mir Angst zu denken, dass ich Micah durch all die Impfungen schaden könnte. Herr, das ist etwas, das ich dir überlassen muss. Ich weiß nicht, was ich tun soll. Ich weiß, dass du mein Baby liebst, und ich brauche deinen Rat. Bitte hilf meinem Mann und mir, uns in dieser Sache zu einigen.

Eine der größten Entscheidungen, die Sie treffen werden, ist die, ob Sie Ihr Kind impfen lassen oder nicht. Natürlich können Sie sich auch für bestimmte Impfungen entscheiden und gegen andere. Dies ist eine große Verantwortung und Sie sollten sich Zeit nehmen, alle Seiten dieses Themas zu beleuchten. Lassen Sie uns zuerst hören, was die Fachleute sagen:

- „Da es derzeit zwölf Impfungen gibt, die zum Impfplan für Kinder gehören, müssen Eltern zwölf separate Entscheidungen treffen.“ (Dr. Robert W. Sears, M.D.)
- „Die Impfung ist eine der erfolgreichsten Formen der Präventivmedizin und hat geholfen, in der ganzen Welt ehemals tödliche Krankheiten auszumerzen. Der dauerhafte Erfolg hängt jedoch von dem gewissenhaften Einhalten des Impfplans in der Gesellschaft ab, und alle Eltern sind dafür verantwortlich, dass ihre Kinder umfassend geschützt sind.“ (Dr. Miriam Stoppard, M.D.)
- „Wir müssen uns ernsthaft mit dem, wie mir scheint, offensichtlichen Zusammenhang zwischen der Welle von Entwicklungsstörungen und Autoimmunkrankheiten und der zunehmenden Zahl von Pflichtimpfungen beschäftigen. Alle Eltern sollten die positiven und negativen Folgen kennen, wenn Sie die Impfung Ihres Kindes ablehnen, und sie sollten wissen, wie Sie eine Freistellung erreichen können.“ (Dr. Stephanie Cave, M.D.) [9]
- „IHRE Entscheidung hat Folgen für UNSERE Kinder.“ (Denise Fields und Ari Brown, M.D.)

Ich rate Ihnen, sich mit den Argumenten aller Seiten vertraut zu machen, bevor Sie Ihre Entscheidung treffen. Schließlich geht es um *Ihr* Baby und nicht das Ihres Arztes oder des Internets. Letzten Endes müssen Sie bei Ihrer Entscheidung ein gutes Gefühl haben. Sie müssen nachts in dem Wissen schlafen können, die beste Entscheidung für Ihr Kind getroffen zu haben.

Für mich war es wichtig, meine Entscheidungen auf der Grundlage von Informationen zu treffen und nicht aus Angst. Angst ist nicht von Gott, und Gott will nicht, dass wir aus Angst reagieren:

9 In Deutschland gibt es keine Pflichtimpfungen.

Denn Gott hat uns keinen Geist der Furcht gegeben,
sondern sein Geist erfüllt uns mit Kraft, Liebe und Besonnenheit.
(2. Timotheus 1,7)

Sie kennen bestimmt die Redensart „Wissen ist Macht". Ich bete, dass Sie das Wissen benutzen können, um die Angst zu vertreiben und dann eine gute Entscheidung für Ihre Familie zu treffen.

Hier sind die üblichen Impfungen:[10]

1. Rotaviren
2. Wundstarrkrampf (Tetanus)
3. Diphtherie
4. Keuchhusten (Pertussis)
5. Kinderlähmung (Poliomyelitis)
6. Hepatitis B
7. Haemophilus influenzae Typ b (Hib)
8. Pneumokokken
9. Meningokokken
10. Masern, Mumps, Röteln (MMR)
11. Windpocken (Varizellen)
12. Humane Papillomviren (PV)
13. Influenza

Papas Blog

Es wird Zeit, dass Micah geimpft wird. Jen will die Kinder nicht impfen lassen, ich schon. Sie hat sich trotz ihrer eigenen Überzeugung

10 http://dgk.de/gesundheit/impfen-infektionskrankheiten/impfschutz-fuer/saeuglinge-kinder-und-jugendliche.html

meinen Wünschen gefügt, und wir fahren zur Arztpraxis. Ich habe meine übliche stoische Miene aufgesetzt, als wollte ich sagen: „Tut mir leid, aber das muss sein, und alles wird gut.“ Schließlich hat es mein Vater auch so gemacht.

Dr. Hall ist sehr nett. Er beruhigt Jennifer, beantwortet alle unsere Fragen und fängt an, Micah zu impfen. Die Nadel verschwindet in seinem Bein und die Reaktion ist ein wenig verzögert, aber der Ausdruck in seinem kleinen Gesicht, gefolgt von Schreien und Tränen, macht mir mehr zu schaffen, als ich erwartet hatte. Jennifer stillte Micah während der Prozedur, und das schien ihn schnell zu beruhigen; ansonsten hätte ich ihn auf dem Arm gehalten.

Alles ging gut, aber ich spürte einen Schmerz, den ich noch nie zuvor empfunden hatte. Mit einem Mal war mir bewusst, was meine Mutter all die Jahre gesagt hatte: „Wenn deine Kinder Schmerzen haben, fühlst du als Elternteil den Schmerz auch.“ Ich hatte das für eine moderne Legende oder „Müttergeschwätz“ gehalten, aber es tat mir tatsächlich körperlich weh, als man ihm wehtat.

Argumente pro und kontra Impfungen in Kurzfassung

Das Hauptargument gegen Impfungen sind mögliche Nebenwirkungen und/oder negative Reaktionen. Manche Menschen haben auch das Gefühl, weil die Impfungen bestimmte Krankheiten so erfolgreich beseitigt haben, seien sie nicht mehr (so) nötig. Ende der 1990er Jahre kam Panik auf, als eine Studie in Großbritannien einen Zusammenhang zwischen thiomersalhaltigen Impfstoffen und Autismus vermutete. Natürlich waren Eltern entsetzt und wollten nichts tun, was dem Gehirn ihres Kindes Schaden zufügen könnte. Eine spätere Studie bewies, dass die angebliche Beziehung zwischen Impfungen und Autismus falsch und unbegründet war. Andere wissenschaftliche Untersuchungen zeigten außerdem keine Häufung von Autismus bei Kindern, die geimpft worden waren. Zusätzlich werden inzwischen die meisten Impfstoffe – vor allem für Säuglinge und Kleinkinder – in den USA und in Europa nicht mehr mit Thiomersal konserviert. Das Hauptargument für Impfungen ist, dass sie Krankheiten aus der Welt schaffen und die Nebenwirkungen minimal und/oder selten sind.

Inzwischen fragen Sie sich wahrscheinlich, wie Dan und ich uns entschieden haben. Zunächst einmal ist klar, dass man lernen muss, Kompromisse einzugehen, wenn man jemanden heiratet, der andere Ansichten hat als man selbst. Es gibt Zeiten, in denen ich nicht das Gefühl habe, etwas tun zu sollen, aber Dan sieht es ganz anders. Wir verbrachten viele lange Nächte damit, darüber zu reden, und recherchierten bis in die frühen Morgenstunden, damit wir so viel wie möglich über Impfungen erfuhren. Schließlich trafen wir die bestmögliche Entscheidung – eine, mit der wir beide leben konnten.

Ich hätte weniger Impfungen bevorzugt, wenn überhaupt welche, und ich hätte gerne etwas länger gewartet, bis Micah älter war; aber Dan wollte alle Impfungen sofort erledigen. Also schlossen wir einen Kompromiss. Ich ließ bei unserem Sohn immer nur eine Impfung vornehmen, es sei denn, sie waren unmöglich voneinander zu trennen. Dann warteten wir, so lange es ging, damit Micah sein Immunsystem wieder aufbauen konnte. Genauso machten wir es auch bei Malia.

Ich wünschte, ich könnte sagen, dass meine Kinder nie auf die Impfungen reagiert haben, aber Micah vertrug zwei seiner Impfungen wirklich nicht gut. Beim ersten Mal war er ungefähr sechs Monate alt. Wir kamen vom Arzt nach Hause und im Laufe des Nachmittags wurde er immer quengeliger. Am Abend weinte er nur noch. Ich war erschöpft und mit meinem Latein am Ende, also tanzte ich mit ihm die halbe Nacht durchs Wohnzimmer und sang ihm ungefähr tausendmal „Wie groß ist unser Gott" vor. Ich flehte Gott an, und er hörte mich. Am Morgen ging es Micah besser.

Die zweite negative Reaktion hatte Micah, als er 18 Monate alt war. Er hatte zwei Injektionen in sein stämmiges kleines Bein bekommen, und an den Einstichstellen bekam er riesige Beulen. Sie hielten mehrere Tage an und er klagte, das Bein tue ihm weh. Außerdem hatte er leichtes Fieber. Ich betete über ihm und salbte ihn mit Öl. Am fünften Tag gingen die Schwellungen und das Fieber zurück. Danach war alles wieder in Ordnung. Gott sei gelobt!

Im Wesentlichen entwickelte ich einen Plan für jede Gelegenheit, bei der eines meiner Kinder geimpft wurde:

1. Zuerst und vor allem bete ich. Ich zitiere Bibelverse und bete über den Kindern, dass die Impfungen ihnen nur helfen und niemals in irgendeiner Weise schaden.
2. Ich stille sie (wenn sie noch nicht abgestillt sind), während die Injektion verabreicht wird, denn das hilft gegen die Schmerzen. Wenn sie nicht mehr gestillt werden, halte ich sie im Arm, damit sie wissen, dass sie nicht allein sind und dass Mama (und Papa, wenn er bei uns ist) immer für sie da sein wird.
3. Wir kühlen die Stelle, an der die Impfung erfolgen soll, mit Eis, oder unser Kinderarzt benutzt ein Kältespray, damit der Schmerz erträglich ist.
4. Ich achte darauf, dass meine Kinder sich hundertprozentig gesund fühlen, keine laufende Nase, kein Kratzen im Hals, keine allergischen Reaktionen und kein Fieber haben. Wenn ihr Immunsystem geschwächt ist, dann ist das nicht der richtige Zeitpunkt für eine Impfung.

Der Körper ist nicht bei jedem Kind gleich, und man kann unmöglich genau vorhersagen, wie ein Kind reagieren wird. Niemand kann Ihnen sagen, was für Ihr Kind das Beste ist. Als Eltern machen Sie sich schlau, Sie beten und folgen dann Ihrem Bauchgefühl.

Als liebevolle Eltern verteidigen wir unsere Entscheidungen oft leidenschaftlich, aber wir müssen auch respektieren, dass andere Familien ebenso leidenschaftlich *ihre* Entscheidungen für ihre Kinder vertreten. Die Bibel sagt uns nicht, ob wir impfen sollen oder nicht. Aber sie sagt uns sehr wohl, dass wir einander nicht richten sollen (siehe Matthäus 7,1), dass Tratsch pervers ist und gute Freunde auseinander bringt (siehe Sprüche 16,28) und dass wir nicht respektlos sein und einen Freund oder eine Freundin Dummkopf oder Idiot nennen sollen (siehe Matthäus 5,22).

Aber wie wäre es, wenn es eine Impfung gegen die Sünde gäbe? Wäre das nicht großartig? Was, wenn wir der ganzen Familie eine Spritze geben könnten, die alle Versuchung, stolz, unehrlich, egoistisch, hasserfüllt oder starrsinnig zu sein, einfach wegwischt? Das wäre doch fantastisch! So einen Impfstoff hat Gott uns nicht gegeben, aber er hat uns etwas gegeben, das fast genauso gut ist: sein heiliges Wort. Ich bete, dass wir als Eltern – Mütter und Väter gleichermaßen – unser Bestes tun werden, um unsere geliebten Kinder mit einer täglichen Dosis dieses Wortes gegen geistliche Dunkelheit zu impfen. Wie es in Psalm 119,11 heißt: „Ich bewahre dein Wort in meinem Herzen, damit ich nicht gegen dich sündige." (SLT)

Elterngebet

Lieber Gott,
du hast den Körper meines Kindes erschaffen und weißt alles über sie/ihn. Hilf mir, die richtige Entscheidung zu treffen, wenn es um

Impfungen und Impfstoffe geht. Schenk mir Weisheit und gib mir den Frieden des Heiligen Geistes, damit ich weiß, dass ich die richtige Entscheidung fälle.

Pass auf (Name des Kindes) auf und beschütze sie/ihn. Lass niemals eine schwere Krankheit ihren/seinen Körper angreifen. Bewahre die Gesundheit meines Kindes. Im Namen Jesu nehme ich eine gute Gesundheit und Schutz für meine Familie in Anspruch.

Und Herr, hilf mir, nach deinem Wort zu leben. Gib mir mehr Verlangen nach deinem Wort. Hilf mir, die Zeit zu finden, damit ich regelmäßig darin lese. Verbessere meine Fähigkeit, Bibelverse auswendig zu lernen. Lass mich dein Wort vorbildlich in meinem Herzen bewahren, damit ich nicht gegen dich sündige. Hüte meine Lippen, damit ich nicht über andere lästere oder sie herabsetze. Ich möchte nie den Fehler begehen, andere zu verurteilen.

Danke für mein geliebtes Kind. Hilf mir, die beste Mutter/der beste Vater zu sein, der ich sein kann.

In Jesu Namen, Amen.

Bibelaussagen zum Nachdenken und Beten

Halte dich nicht selbst für klug;
gehorche Gott und meide das Böse!
Das heilt und belebt deinen ganzen Körper,
du fühlst dich wohl und gesund.
Sprüche 3,7-8

Es ehrt einen Menschen, wenn er sich auf keinen Streit einlässt;
nur ein törichter Streithahn wettert sofort los.
Sprüche 20,3

Mein Tagebuch

Meine Entscheidung in Bezug auf Impfungen und wie ich zu dieser Entscheidung gekommen bin:

Zwei Möglichkeiten, wie ich mehr Zeit für Gottes Wort finden und es in meinem Herzen bewahren kann:

TEIL 2

Die Kleinkinderjahre – das zweite und dritte Lebensjahr

Du beschenkst mich mit Freude, denn du bist bei mir.

Psalm 16,11

10

Kleinkinder – Verhalten und Grenzen

Jennifers Tagebuch

Was ist los? Mein süßer kleiner Junge hört nicht mehr auf mich. Er ist jetzt in seinem zweiten Lebensjahr und fängt an, „Nein!“ zu sagen. Ich kann nicht fassen, dass mein unschuldiger, glücklicher Sohn anfängt, einen Koller zu kriegen und nicht mehr hört. Was ist mit meinem lieben Baby passiert? Ich will es wiederhaben!

Ich erinnere mich noch daran, wie ich als Kind war; ich war ein bisschen älter, aber ich verbrachte viele Stunden in meinem Zimmer, um mich zu beruhigen, und später als Teenie hatte ich des öfteren Hausarrest. Und ja, ein paarmal bekam ich auch den Hintern versohlt. Aber rückblickend muss ich sagen, dass ich es meistens verdient hatte. Ich versuche herauszufinden, worauf Micah reagieren wird und was die angemessenen „Konsequenzen“ für sein Alter sind. Ich lese viele Bücher, und die Informationen darin sind ziemlich widersprüchlich, so dass die Entscheidung gar nicht so einfach ist.

Als Micah zwei bis drei Jahre alt war, fing er an, ungezogen zu sein, und ich wusste nicht, was ich tun sollte. Ich sprach mit meiner Mutter, mit meiner jüngeren Schwester, die vier Kinder hat, und mit anderen Müttern über Sanktionen für schlechtes Betragen, und vor allem darüber, ob ich ihm einen Klaps auf den Hintern geben sollte oder nicht. Die Meinungen waren ziemlich ausgewogen, wobei meine Verwandtschaft mehrheitlich für den gelegentlichen Klaps war. Also gab ich Micah, als er das nächste Mal ungezogen war, einen kleinen Klaps auf den Popo.

Zuerst schien das gut zu funktionieren; aber nachdem einige Monate vergangen waren, konnte ich sehen, dass sich etwas an seinem sonst sehr gutmütigen Wesen verändert hatte. Wenn es Zeit für eine Strafe war, reagierte er offen aggressiv, und schon bald brachte der Klaps auf den Hintern gar nichts mehr.

Im Nachhinein glaube ich inzwischen, dass es vor allem mein Fehler war, weil ich die Strafen nicht richtig anwendete. Ich bin ein sehr emotionaler Mensch und manchmal geht die Wut mit mir durch. Als Micah beinahe drei Jahre alt war, fuhren wir zu Dans Mutter und Stiefvater nach Utah. Micahs Benehmen war so inakzeptabel geworden, dass wir nicht mehr wussten, was wir machen sollten. Es war mir unendlich peinlich, dass Micah ein ungezogenes Balg war, während wir bei seiner Oma waren. Ich fühlte mich schrecklich, aber niemand konnte mir einen guten Rat geben.

Daraufhin ging ich online und fand Bücher von Ärzten und Psychologen, die jahrelang Studien mit Tausenden Kindern und ihren Familien durchgeführt hatten – diese Leute waren außerdem Christen, die nach der Bibel lebten und Kinder liebten. Mit diesen Informationen bewaffnet verstand ich, welche Methoden in verschiedenen Lebensphasen meines Sohnes funktionieren konnten. Schon bald hatte ich meinen süßen kleinen Jungen wieder. Danke, Herr!

Was ich über verschiedene Erziehungsstile in Erfahrung brachte, kann man so ziemlich auf vier verschiedene Philosophien reduzieren.

Vier Erziehungsstile bei Kindern

Ich glaube, dass jede Familie das Recht und die Verantwortung hat zu entscheiden, welchen Erziehungsstil (oder welche Kombination aus Erziehungsstilen) für sie am besten funktioniert. Was Kinder betrifft, gibt es keine Patentlösung. Ein Kind ist vielleicht sensibel und gehorcht schnell, während ein anderes Kind einen starken Willen hat – durchaus auch in derselben Familie. Deshalb braucht man viel Weisheit und Gebet, um herauszufinden, was für jedes einzelne Kind das Beste ist. Meiner Meinung nach sind dies die vier Stile:

Autoritäre Erziehung

Die Eltern sind starke Autoritätspersonen, und das Kind *muss* immer gehorchen. Strafen für Fehlverhalten erfolgen unmittelbar und konsequent und beinhalten auch Schläge. Ich wurde in diesem Stil erzogen, und ich habe Mühe, ihn bei meinen eigenen Kindern nicht nachzuahmen. Ich glaube, dass einige meiner Probleme als Teenager mit diesem Erziehungsstil zusammenhingen. So muss ich mir zum Beispiel die Frage stellen, warum ich solche Angst hatte, meine Schwester in Schwierigkeiten zu bringen, weil sie mich zum Haus ihres Freundes mitgenommen hatte, sodass ich meinen Eltern anschließend nicht erzählte, dass eine Gruppe Jungen mich dort belästigt hatte. Ich wünschte, ich hätte meine Eltern um Hilfe gebeten, aber ich wollte ihnen nicht von der Party erzählen, weil ich Angst hatte, dass meine Schwester Ärger bekommen würde. (In Kapitel 23 können Sie mehr über mein persönliches Zeugnis lesen.)

Kommunikation

Der Schlüssel hierbei ist es, Dinge auszudiskutieren, und die Philosophie lautet „Kommunikation anstatt Bestrafung“. Das klingt gut, aber haben Sie schon mal versucht, mit einem Zweijährigen zu diskutieren, der einen Koller kriegt? Diese Methode funktionierte bei mir nicht immer.

Verhaltenskorrektur

Eltern verändern die Umgebung, um negatives Verhalten in Richtung positives Verhalten zu beeinflussen. Auch das erschien mir nicht immer sinnvoll. Zum Beispiel brüllte Micah im Auto, und ich konnte die Umgebung bzw. die Umstände in dieser Situation einfach nicht verändern.

„Attachment Parenting"

Die Eltern sind äußerst aufmerksam und immer ansprechbar. Es wird viel Wert auf Bindung gelegt, sowohl körperlich als auch emotional, um angemessene Grenzen festzulegen. Dies ist der Stil, der in unserer Familie am besten funktioniert, vor allem, wenn ich konsequent bin. Dieser Stil wurde von Dr. William Sears und Martha Sears entwickelt und ist in dem Buch *Das Attachment Parenting Buch: Babys pflegen und verstehen* erläutert.

Omas Tagebuch

Mir scheint, wir leben in einem neuen Zeitalter des Anspruchsdenkens.

Warum meinen Kinder, ihre Eltern schuldeten ihnen eine Belohnung?

Warum glauben Kinder, Vergünstigungen seien Rechte, die sie sich allein dadurch verdient haben, dass sie geboren sind?

Bin ich die Einzige, die diese neue Einstellung beunruhigend findet?

Neulich war ich in einem Lebensmittelladen, als ich hörte, wie ein kleines Mädchen zu seinem Vater sagte: „Kauf die hier." Sie ließ die Packung in seinen Einkaufswagen fallen.

„Warte mal", sagte er. „Bittest du mich oder sagst du mir, dass ich das kaufen soll?"

„Ich sag es dir", antwortete sie.

„Leg es wieder zurück. So sprichst du nicht mit mir", sagte der Vater und drückte ihr die Packung in die Hand.

Sein Tonfall war ruhig, aber es war klar, dass er es ernst meinte. Dann schob er den Wagen ohne den Artikel weiter.

Carolyn Warren

Konsequenz ist entscheidend

Unabhängig davon, für welchen Erziehungsstil oder welche Erziehungsstile Sie sich entscheiden – Ihr Kind muss wissen, was es zu erwarten hat, wo die Grenzen sind und was die Folgen sein werden. Konsequenz ist der Schlüssel in jeder Erziehung.

Jede Form der Maßregelung wird unwirksam sein, wenn die Eltern inkonsequent sind und das Kind damit verwirren. Es macht mich zum Beispiel traurig, wenn ich im Geschäft bin und sehe, dass eine Mutter nachgibt und ein Spielzeug oder eine Süßigkeit kauft, weil das Kind gejammert und gequengelt und gebettelt hat. Damit bringt sie ihrem Nachwuchs bei, dass ihr „Nein" kein richtiges Nein ist und das Kind ihren Erziehungsstil ändern kann, indem es frech ist. Auf der anderen Seite war ich beeindruckt, als ich hörte, wie eine Mutter sagte: „Frag nicht noch einmal. Immer wieder zu fragen, ändert nichts an meiner Meinung." Sie gab ihrem Kind eine Lektion in Sachen Respekt und ersparte sich selbst jede Menge emotionalen Stress.

Ich habe gelernt, dass ich vom ersten Tag an ein Gespür für die Bedürfnisse meines Kindes haben muss, wenn ich eine Beziehung und Bindung herstellen möchte. Wenn Ihr Kind älter wird, ist es wichtig für Sie zu wissen, welches Verhalten für das jeweilige Alter angemessen ist. Bei einem Kleinkind können wir Humor einsetzen, um Zusammenarbeit zu fördern. Wenn wir erfolgreich ein geistlich gesundes Kind großziehen wollen, ist es wichtig, ihm zu helfen, Autoritäten anzuerkennen, indem wir Grenzen setzen, eine Struktur schaffen und Gehorsam erwarten.

Zum „Attachment Parenting" gehört außerdem, das Selbstwertgefühl eines Kindes zu stärken, sein Verhalten zu prägen, ihm Moral und Verantwortungsbewusstsein beizubringen und ihm einfach zuzuhören und mit ihm zu reden.

Unsere Kinder werden tolle Menschen, wenn wir ihnen Gnade erweisen, so wie unser himmlischer Vater es bei uns getan hat. In seinem Buch *Eine auf Gnade basierende Erziehung* empfiehlt Dr. Tim Kimmel, Gottes Liebe in vier Schlüsselbereichen im Leben unserer Kinder anzuwenden: 1.) indem wir eine tägliche Atmosphäre der Gnade schaffen; 2.) indem wir uns darauf konzentrieren, die inneren Bedürfnisse zu stillen; 3.) indem wir starke Charaktere fördern; 4.) indem wir wahre Größe anstreben und nicht weltlichen Erfolg. Meiner Meinung nach ist dies ein wunderbarer Ansatz für die Kindererziehung.

In *Parenting with Love and Logic*[11] schreiben Foster Cline und Jim Fay darüber, wie wir unsere Kinder lehren können, motiviert, selbstbewusst und dazu in der Lage zu sein, ihre Probleme selbst zu lösen. Ihre wichtigste Methode ist, dem Kind eine Aufgabe zu geben und ihm zu erlauben, eigene Entscheidungen zu treffen – egal, ob sie gut oder schlecht ausfallen – und Fehler zu machen, während die Folgen der Fehler noch relativ harmlos sind.

Das Buch *Die 1-2-3-Methode für Eltern: Konsequent fördern und zum Lernen motivieren* von Thomas Phelan und Chris Webb half uns sehr, als wir von unserem Besuch bei Oma zurückkamen. Wir hatten Probleme, weil Micah nicht hörte und Wutanfälle bekam. Diese einfache Zählmethode wirkte in unserer Familie Wun-

---

11 Bislang nicht auf Deutsch erschienen.

der und war für sein Alter angemessen. Dieser Ansatz hilft, ungezogenes Verhalten unter Kontrolle zu bringen, ermutigt angemessenes Verhalten und stärkt die Eltern-Kind-Beziehung. Ich empfehle Ihnen, mehr zu diesem Thema zu lesen, wenn Ihr Kind Verhaltensweisen an den Tag zu legen beginnt, die Sie korrigieren möchten.

Wenn Ihre Kinder so sind wie meine, werden in verschiedenen Phasen ihres Lebens verschiedene Ansätze fruchten. Aber zuerst und vor allem sollten Sie Gott bitten, Sie zu führen und zu leiten. Er liebt Ihre Kinder und will Ihnen helfen, wenn Sie ihn nur darum bitten.

Betende Eltern zu sein, ist der Schlüssel, um schreckliche Fallen zu vermeiden, zum Beispiel Reaktionen aus Wut. Jesus verlor nie die Beherrschung. Was auch immer unsere Kinder tun – wir müssen versuchen, uns die Liebe Jesu Christi zum Vorbild zu nehmen und nie aus Wut heraus zu reagieren. Ich weiß, dass das manchmal nicht einfach ist, und deshalb müssen wir den ganzen Tag mit unserem Herrn durch Gebet und Gemeinschaft in Verbindung stehen. Wenn schlechtes Verhalten Folgen hat, ist das für das Kind gut, aber diese Folgen dürfen nie eine Ausrede für Eltern sein, auszurasten. Wenn Sie diesbezüglich Schwierigkeiten haben, rate ich Ihnen, Hilfe in Anspruch zu nehmen. Fragen Sie sich, ob es jemanden in Ihrem Leben oder in Ihrer Vergangenheit gibt, dem Sie nicht vergeben haben. Manchmal zeigt sich unverarbeitete Wut zur falschen Zeit und gegenüber dem falschen Menschen – Ihrem Kind. Das weiß ich aus eigener Erfahrung.

Hier sind zwei Zitate, die es wert sind, aufgeschrieben und am Kühlschrank oder Spiegel befestigt zu werden:

1. „Wenn wir ein Kind berichtigen, tun wir das am besten mit Licht und nicht mit Hitze.“ (Woodrow Wilson)
2. „Lobe laut, tadele leise.“ (Katharina die Große)

Es gab Zeiten, in denen ich mein Kleinkind brüllen lassen, in mein Zimmer gehen und die Tür für einige Minuten schließen musste, bis ich mich beruhigt hatte. Wir sind uns alle einig darüber, dass jede Bestrafungsmethode zur Kindesmisshandlung wird, wenn wir zu weit gehen, und das darf nicht sein.

Wenn Sie das Gefühl haben, dass Sie die Kontrolle verlieren, bitten Sie sofort jemanden um Hilfe. Reden Sie darüber, nehmen Sie sich eine Auszeit, hören Sie Ihre Lieblingsmusik und verbringen Sie Zeit mit Gott.

Sehen wir mal, wie Jesus Kinder ehrte:

„Hört, was ich euch sage:
Wer sich die neue Welt Gottes nicht wie ein Kind schenken lässt,
dem bleibt sie verschlossen.“ (Lukas 18,17)

„Wer aber so klein und demütig sein kann wie ein Kind,
der ist der Größte in Gottes neuer Welt.
Und wer solch ein Kind mir zuliebe aufnimmt,
der nimmt mich auf.“ (Matthäus 18,4-5)

Die Grundlage unserer Erziehung ist, um Gottes Hilfe zu bitten und dann aktiv unser Bestes zu tun, damit unsere Kinder erfolgreich sind.

Vor Kurzem fuhren Dan und ich zu der Wohltätigkeitsorganisation *Denver Rescue Mission*, um zu sehen, was wir als Familie tun können, um wohnungslosen Menschen zu helfen. Als wir zur Tür hinauseilten, packte ich ein paar getrocknete, ungesüßte Mangos, Brezeln ohne Salz, geröstete Nüsse und Popcorn ohne Zuckerzusatz. Wir haben eigentlich immer gesunde Snacks und Wasser im Auto, egal, wohin wir fahren. Es war Mittagszeit, aber ich wusste, dass ich die Kinder damit über Wasser halten konnte, bis wir bei der Obdachlosenunterkunft fertig waren. Im Auto gab ich den Kindern Anweisung, was für ein Verhalten ich von ihnen erwartete – dass sie gute Manieren und Respekt zeigten.

Vor Ort sprachen wir zwei Stunden lang mit Dans Freund Paul. Wir sahen uns das Gelände an und nahmen die Kinder auf den Arm, wenn sie eine Pause brauchten. Dan trug Micah, obwohl er schon sechs Jahre alt war. Als der Rundgang beendet war, setzten wir uns noch einmal eine halbe Stunde hin und redeten weiter, und ich holte Stifte und Papier aus meiner Tasche, damit die Kinder beschäftigt waren.

Die beiden benahmen sich vorbildlich, und Paul machte sogar eine Bemerkung darüber, wie wohlerzogen sie waren. Ich erzähle diese Geschichte, um zu zeigen, wie Eltern ihre Kinder auf einen guten Weg führen können. Wir bringen unseren Kindern bei, gute Zeugen für ein Leben als Christen zu sein.

Hunger, Müdigkeit und Langeweile sind übliche Ursachen für schlechtes Benehmen eines Kindes. Als Eltern wollen wir, dass unsere Kinder auf bestimmte Weise handeln, also müssen wir ihnen helfen, das zu lernen. Um ein Uhr ohne Mittagessen von zu Hause loszufahren, war nicht der beste Zeitplan; aber da es sich nun einmal so ergab, griff ich zur zweitbesten Lösung. Gegen den Hunger nahm ich gesunde Snacks mit auf die Fahrt. Gegen die Müdigkeit trugen Dan und ich sie einen Teil des Weges. Und gegen Langeweile hatte ich Papier und Buntstifte eingepackt. (Im nächsten Kapitel werden Sie mehr dazu lesen, wie sinnvoll es ist, immer eine „Spaßtasche“ zur Hand zu haben.)

Ich versuche vorbereitet zu sein, wo auch immer wir hingehen, sei es in ein Restaurant, zu Freunden oder einkaufen. Deshalb kann ich meine Kinder überall mit hinnehmen, ohne mir Sorgen machen zu müssen, dass sie sich daneben benehmen oder einen Wutanfall bekommen. Damit will ich nicht sagen, dass das noch nie passiert ist; aber ich versuche, aus meinen Fehlern zu lernen und dann beim nächsten Mal einen Weg zu wählen, der mehr Erfolg verspricht.

Ich habe Ihnen von Zeiten erzählt, in denen meine Kinder sich gut benommen haben, und von solchen, in denen sie ungezogen waren, und beide sind für mich Gelegenheiten, mit Jesus zu sprechen. Ich danke ihm, wenn sie auf mich hören. Wenn nicht, bitte ich ihn um Rat.

Als Malia zwei Jahre alt war, saß sie zwei Stunden lang neben mir in ihrem Kinderwagen, ohne einen Laut von sich zu geben, während ich eine umfangreiche Behandlung beim Zahnarzt über mich ergehen ließ. Das Entscheidende war, dass ich sie darauf vorbereitet hatte, indem ich ihr vorher erzählt hatte, was ich erwartete. Außerdem sorgte ich dafür, dass sie keinen Hunger bekam und etwas hatte, womit sie sich beschäftigen konnte. Dann betete ich.

Elterngebet

Herr Jesus,
ich möchte meine Entscheidung, dir (Name des Kindes) zu weihen, neu bestätigen. Sie (fügen Sie hier im ganzen Gebet die zutreffende Form ein) ist zuerst deine Tochter und dann erst meine. Ich danke dir für das Vorrecht, mein Kind großziehen zu dürfen.

Ich bitte dich, ihr einen Geist der Liebe zu anderen zu schenken. Mach ihr, wenn sie älter und selbstbewusster wird, klar, dass andere Menschen genauso wichtig sind, und hilf ihr, auch deren Gefühle zu sehen. Beschütze sie davor, gemein oder tyrannisch zu werden. Ich bitte dich um ein gottesfürchtiges Kind, dessen Herz für dich offen ist.

Und Herr, ich weiß, dass ich auch meinen Teil dazu beitragen muss. Hilf mir, meine Tochter liebevoll – und niemals wütend – zu erziehen und ihr die Früchte des Geistes vorzuleben. Aber hilf mir auch, in der Erziehung nicht lasch zu sein, sondern (Name) den richtigen Weg zu zeigen. Gib mir die Weisheit, die besten Übungsmethoden zu wählen. Hilf mir, schlechtes Benehmen auf eine Weise zu sanktionieren, die wirkungsvoll ist und das Wesen meines Kindes nicht unterdrückt. Hilf mir, konsequent zu sein und nicht faul oder selbstsüchtig, und mir die Zeit zu nehmen, die nötig ist, um Konsequenz zu üben, die so wichtig ist.

Herr Jesus, ich verlasse mich in jedem Bereich meines Lebens auf dich, und dazu gehört auch, eine gute Mutter/ein guter Vater zu sein. Vor allem möchte ich meiner geliebten Tochter deine himmlische Liebe nahebringen, so wie du es von mir erwartest.

Darum bitte ich in Jesu Namen. Amen.

Bibelaussagen zum Nachdenken und Beten

Erziehe dein Kind schon in jungen Jahren –
es wird die Erziehung nicht vergessen, auch wenn es älter wird.
Sprüche 22,6

Nur ein Dummkopf lässt seinem Zorn freien Lauf,
ein Verständiger hält seinen Unmut zurück.
Sprüche 29,11

Mein Tagebuch

Die Methode(n), die ich gewählt habe, um mein Kind zu erziehen, ist/sind:

Am meisten dabei geholfen, dich zu erziehen und zu prägen, hat:

11

Spielen mit Ihrem Kleinkind

Jennifers Tagebuch

Micah ist gerade in einem wunderbaren Alter. Ich genieße es, dass wir mehr miteinander spielen können. Wir haben jede Menge Spaß, wenn wir den Ball hin und her werfen, wenn wir durchs Haus marschieren, während wir mit Kochlöffeln auf Töpfen und Pfannen trommeln, beim Basteln und Malen, beim Bau unserer eigenen Arche Noah und sogar dabei, unsere eigenen Kazoos herzustellen!

Er ist ungeheuer kreativ und lernt gerne neue Dinge. Ich versuche wirklich, ihn so gut zu beschäftigen, wie ich kann. Heute basteln wir eine Kette aus Nudeln und gehen anschließend zum Spielen in den Park. Das wird ihm bestimmt gefallen. Ich lasse nicht zu, dass er den ganzen Tag fernsieht, weil ich weiß, dass es nicht gut für ihn ist. Zum Glück macht er sich nicht viel aus Fernsehen, und ich werde alles dafür tun, dass das so bleibt.

Seit etlichen Jahren untersuchen Studien die Wirkung von pädagogischen Fernsehsendungen auf die sprachliche Entwicklung bei Kleinkindern. Einige Eltern werden von den Ergebnissen überrascht sein. Die Experten fanden nämlich heraus, dass Fernsehen – DVD-Spieler, Computerprogramme, Streamen von Videos und Tablets eingeschlossen – die Sprachentwicklung bei Kleinkindern *verzögert*.[12] Und für Kinder unter zwei Jahren fällt das Urteil noch verheerender aus. Die Amerikanische Akademie für Kindermedizin veröffentlichte am 18. Oktober 2011 einen Bericht, in dem es heißt, die sogenannten Bildungsmedien hätten potenziell negative und keinerlei bekannte positive Auswirkungen bei Kindern unter zwei Jahren. Weiter heißt es dort, diese Medien sollten nicht als pädagogisch angepriesen oder von Eltern so angesehen werden. Eine andere Studie der Universität von Kalifornien mit 96 Kindern zwischen 12 und 24 Monaten stellte fest, dass Säuglinge keine Wörter von Lern-DVDs zu lernen scheinen. Wenn es Ihnen so geht wie mir, dann mögen Sie keine irreführende Werbung. Ich habe selbst die „Baby Einstein"-Videos gekauft, in der Hoffnung, unserem Baby zu einem guten Start zu verhelfen.

Wir haben die Erfahrung gemacht, dass unsere Kinder umso mehr Zeit haben, Spiele zu spielen, die ihnen tatsächlich nutzen, je weniger Zeit sie vor einem Bildschirm verbringen. Zeit zum Spielen und Toben ist ein Ventil für kreative Entwicklung. Und wenn wir Mamas und Papas mitmachen, ist es gleichzeitig eine gute Gelegenheit fürs „Bonding".

Es gibt so viele Dinge, die Sie mit Ihren Kindern unternehmen können, die Spaß machen, nicht teuer sind und sie viel mehr lehren, als eine DVD es jemals könnte. Auf den folgenden Seiten habe ich Ideen aufgelistet, die Sie mit Ihrem Kleinkind umsetzen können, um ihm bei der Entwicklung seiner Kreativität und dem Ausdruck künstlerischer, musikalischer und sportlicher Fähigkeiten zu helfen. Das Material, das Sie benötigen, können Sie gut auf

12 Siehe http://www.starke-eltern.de/htm/archiv/artikel/05_2012/fernsehen.html

Flohmärkten, 1-Euro-Läden oder Secondhandkaufhäusern bekommen. Als meine Kinder in diesem Alter waren, hatten wir nicht viel Geld, und das haben wir immer noch nicht, deshalb gebe ich nicht viel für Bastelmaterial, Sportsachen oder Musikinstrumente aus. Und wissen Sie, was ich festgestellt habe? Sie brauchen überhaupt nicht viel Geld zu investieren, um jede Menge Spaß mit Ihren Kindern zu haben. (Auch wenn diese Ideen sich in einem Kapitel über Kleinkinder befinden, werden sie auch älteren Kindern gefallen. Micah ist jetzt sechs, und er macht bei allen diesen Dingen immer noch begeistert mit.)

Papas Blog

Wie viele andere Männer habe ich mir oft vorgestellt, wie es wohl sein würde, einen Sohn zu haben. Unzählige Male habe ich mir ausgemalt, welche Sportarten ich ihm beibringen würde, wie wir zusammen in den Park gehen und oft einfach nur herumalbern würden.

Wenn ich Micah frage, was er spielen will, dann sagt er in neun von zehn Fällen: „Ich will toben, Papa."

Ich bin immer fürs Toben zu haben, aber Jennifer ist davon nicht so begeistert. Ich habe versucht, ihr zu erklären, warum Jungs und ihre Väter toben müssen, aber sie begreift es irgendwie nicht. Machen wir uns nichts vor: Sie ist kein Kerl und wird wahrscheinlich nie verstehen, warum es für Männer und ihre Söhne gut ist, sich zu balgen.

Jungen haben jede Menge Energie und Aggressionen. Die müssen sie rauslassen. Selbst wenn ich zehn bis vierzehn Stunden bei der Arbeit verbracht habe, lege ich mich auf den Fußboden, damit mein Sohn mich boxen kann. Manchmal bin ich nicht sicher, ob ich es selbst verstehe. Ich weiß nur, dass es uns glücklich macht.

---

24 kreative, anregende und wertvolle Spielideen

Kreativität für Regentage

1. Noahs Arche

Ein Lieblingsspiel meiner beiden Kinder. Breiten Sie ein großes Laken über einige standfeste Stühle, um eine „Arche" zu bauen. Ich nehme normalerweise Haarklammern oder -krallen, damit das Tuch nicht rutscht. Sammeln Sie alle Plüschtiere im Haus ein, holen Sie dann Proviant und eine Taschenlampe. Entscheiden Sie, wer Noah ist, und kriechen Sie dann zusammen in die Arche, wo Sie darüber reden, wie es wohl in der Arche war, was die Tiere gefressen haben, wie dunkel es nachts gewesen sein muss und so weiter.

2. Lavalampe oder Wellenflasche

Diese Gegenstände faszinieren kleine Kinder. Füllen Sie eine saubere Flasche zu einem Drittel mit Wasser. Fügen Sie einige Tropfen Lebensmittelfarbe, Perlen, Glitzerstaub, Pailletten und kleine Muscheln hinzu (was immer zur Hand ist), und füllen Sie die Flasche dann mit Babyöl bis oben hin. Kleben Sie den Verschluss fest zu und genießen Sie die Wellen!

3. Eine Krawattenschlange basteln

Mein Sohn kam neulich mit einer solchen Schlange aus dem Kindergarten zurück. Nehmen Sie als Erstes einen Schlips, von dem Sie nicht wollen, dass Ihr Mann ihn jemals wieder trägt. Füllen Sie ihn mit Watte aus einem alten Kissen. Nähen Sie die Krawatte zu und lassen Sie Ihr Kind Knopfaugen und eine kleine Filzzunge ankleben (mit einer Kinderschere kann er die selbst ausschneiden). Stoffkleber funktioniert gut, oder auch eine Heißkleberpistole; aber wenn Sie letztere benutzen, achten Sie darauf, dass Sie Augen und Mund ankleben, damit Ihr Kleines sich nicht verbrennt. Jetzt kann Ihr Kind die Schlange mit Stiften oder aufgeklebten Dingen verschönern.

4. Tierewerfen

Hierbei gibt es keine Arbeit, sondern nur Spaß! Nehmen Sie die Lieblingskuscheltiere Ihres Kindes oder weiche Bälle und einen Wäschekorb. Lassen Sie Ihr Kind ziemlich dicht an dem Korb stehen, um zu sehen, wie gut es zielen kann, und wenn die Tiere meistens im Korb landen, geht das Kind nach jeder Runde zwei Schritte zurück.

Jede Menge Spaß an Schneetagen

5. Schneebilder

Füllen Sie Sprühflaschen mit Wasser. (Sie können billige Flaschen kaufen oder leere Flaschen von Kosmetika oder Putzmitteln auswaschen.) Fügen Sie 8 bis 10 Tropfen Lebensmittelfarbe in jede Flasche (oder mehr, je nach Größe der Flasche). Dies ist übrigens eine gute Gelegenheit, Ihren Kindern zu zeigen, dass blau und rot gemischt lila ergeben, gelb und rot orange und so weiter. Packen Sie, wenn die „Farb"-Flaschen fertig sind, Ihre Kinder warm ein und lassen Sie sie den Garten verzieren. Es macht richtig Spaß, und Sie werden den schönsten Garten im ganzen Viertel haben!

6. Einen Schneepanda bauen

Malias Lieblingstiere sind Pandabären. Also bauen wir nicht immer einen Schneemann, sondern Schneepandas. Dafür forme ich einen ovalen Schneeball als Rumpf und einen kleineren, runden als Kopf. Aus dünnem schwarzem Plastik (z.B. Blumentöpfen) kann man prima schwarze Augen, eine Nase und einen Mund ausschneiden, aber schwarzes Tonpapier geht auch. Wir nehmen außerdem schwarze Handschuhe als Arme und schwarze Socken als Beine. Das entlockt Malia immer ein Lächeln! So können Sie natürlich auch andere Lieblingstiere bauen.

7. Eis vom Himmel

Als ich in Hawaii aufwuchs, aß ich immer eine besondere Art von Wassereis, „*shave ice*" genannt. Dabei wird Eis zu feinen Splittern zerkleinert und mit Fruchtsaft übergossen. Wenn wir hier in Colorado viel Schnee haben, der frisch und sauber ist, schaufeln wir etwas davon von unserem Gartentisch in große Schüsseln, bringen es ins Haus und formen riesige Vulkane daraus. Dann gieße ich Fruchtsaft darüber.

„Das schmeckt so lecker, Mami!", sagt meine Dreijährige.

„Gott macht das beste Wassereis aller Zeiten", erkläre ich dann immer.

Damit es gesundes Eis ist, verwenden Sie bitte keine Lebensmittelfarbe oder Zucker. Reiner Fruchtsaft ist am besten.

8. Schatzsuche

Suchen Sie etwas Plastikspielzeug Ihres Kindes zusammen, das durch Nässe nicht beschädigt wird. Verstecken Sie die Sachen sorgfältig im Schnee, und sagen Sie Ihrem Kind dann, wie viele Schätze für ihn im Schnee vergraben sind. Ziehen Sie das Kind warm an und geben Sie ihm eine kleine Schaufel zum Graben. Wenn Sie die Gegenstände gut versteckt haben, kann es sein, dass Sie eine halbe Stunde Freizeit haben und lesen können, während Sie ihm bei der Schatzsuche zusehen.

Ihr kleiner Künstler

9. Schachtelzug

Schneiden Sie eine Seite von drei mittelgroßen Schachteln (von Taschentüchern, Cornflakes oder irgendwelche anderen kleinen Kartons) aus. Nehmen Sie dann eine etwa anderthalb Meter lange Schnur und schneiden Sie diese in vier Stücke – das erste Stück sollte etwa 60 cm lang sein, die anderen drei Stücke 30 cm. Bohren Sie zwei Löcher in die gegenüberliegenden kurzen Seiten der offenen Schachteln, ziehen Sie die Schnur durch ein Loch und nehmen sie einen Eisstiel, um den Knoten zu sichern, damit die Schnur nicht herausrutscht. Hängen Sie in gleicher Weise alle drei Schachteln hintereinander und nehmen Sie das längste Stück Schnur zum Ziehen. Lassen Sie Ihr Kleinkind die Schachteln mit Bunt- oder Wachsmalstiften verzieren. Füllen Sie die Lieblingsplüschtiere ihres Kindes in die Schachteln und es wird den Zug tagelang durchs Haus ziehen!

10. Federbild

Sie brauchen nur Papier, Federn und abwaschbare Farbe. Geben Sie Ihrem Kind ein Paar Federn und etwas Farbe und lassen Sie es Kunstwerke damit herstellen. Das Schönste können Sie dann einrahmen.

11. Tuchbild

Füllen Sie wie bei den Schneebildern kleine Pumpflaschen mit Wasser, fügen Sie acht bis zehn Tropfen Lebensmittelfarbe in jede Flasche (oder bei größeren Flaschen mehr). Hängen Sie ein altes weißes Laken draußen an einen Stuhl oder Grill. Mit den Sprühflaschen kann Ihr Kind das Laken bunt verzieren und seine eigenen Muster entwerfen. Ihre Kinder werden von den farbenfrohen Kunstwerken, die sie erschaffen haben, begeistert sein. (Die Farbe geht für gewöhnlich bei einer heißen Wäsche wieder raus.)

12. Nähkarton

Diese Idee hatte ich neulich, während ich dieses Kapitel in den Computer tippte und Malia unruhig wurde. Schneiden Sie zuerst ein etwa 40 cm großes Stück Pappe aus einem Karton. Malen Sie dann ein Tiergesicht darauf, z. B. von dem Lieblingstier Ihres Kindes. Sie haben es schon erraten: Malia wollte einen Panda. Stanzen Sie dann mit einem Locher oder Schraubenzieher große Löcher um die Kontur des Gesichts. Schneiden Sie anschließend einen 70 bis 80 cm langen Faden ab. Wickeln Sie an dem einen Ende einen Zahnstocher mit Tesafilm an dem Band fest, damit eine „Nadel" entsteht. Machen Sie dann in das andere Ende des Fadens einen dicken Knoten, damit der Faden nicht ganz durch die Löcher rutscht. Jetzt können Sie Ihrem Nachwuchs zeigen, wie man das Tier „näht". Fangen Sie auf der Rückseite an, fädeln Sie die Nadel durch ein Loch und ziehen Sie den Faden durch. Schieben Sie dann die Nadeln von oben durch das nächste Loch usw. Es macht Spaß zu sehen, wie das Projekt Gestalt annimmt, und es ist eine gute Übung für Auge-Hand-Koordination.

Ihr aufstrebender Musikus

13. Kazoo aus Klopapierrollen

Heben Sie die leeren Papprollen vom Toilettenpapier für dieses Projekt auf. Bohren Sie etwa in der Mitte der Röhre ein Loch hinein. Bedecken Sie dann ein Ende der Rolle mit einem Stück Zeitung und befestigen Sie es mit einem Gummiband. Lassen Sie dann Ihr Kind das „Kazoo" mit Stiften anmalen. Wenn Sie in die offene Seite der Rolle blasen, klingt das wirklich lustig.

14. Mit Gott tanzen

Hierfür müssen Sie nur tolle christliche Musik auflegen und sich von Ihrem Sofa erheben. Bei uns sind die Lieblingslieder auf dem iPod gespeichert, und wir stellen die Musik laut und tanzen herum, während wir Gott loben. Dabei macht sogar Papa mit.

15. Marschkapelle mit Töpfen und Pfannen

Als Micah fast zwei Jahre alt war, hat er unheimlich gerne mit Dosen und Tupperschüsseln gespielt. Irgendwann beschlossen wir, unsere eigene Marschkapelle zu gründen. Wir nahmen jeder einen Holzlöffel und einen Topf oder eine Blechdose und marschierten singend durchs Haus. Wir kicherten und hämmerten, wobei wir auch Plastiklöffel und Pfannenwender ausprobierten, um unterschiedliche Töne zu erzielen. Wir hatten eine Menge Spaß!

16. Dosenrassel

Füllen Sie eine ausgewaschene Kaffeedose mit getrockneten Linsen, Bohnen oder Maiskörnern. Kleben Sie den Deckel mit Tesafilm fest und lassen Sie das Instrument von Ihren Kindern verzieren. Sie werden begeistert ihre Rassel schütteln – wie lange Sie den Lärm aushalten, ist eine andere Frage. Bei schönem Wetter sollten Sie Ihren Nachwuchs also besser in den Garten schicken.

Sport für Kleinkinder

17. Darf ich, Mama?

Diese Idee stammt von Carolyn und sie ist zur Schlafenszeit Gold wert. Stellen Sie Ihre Kinder an einer „Startlinie“ im Wohnzimmer auf.

Mama sagt: „(Name des Kindes), bitte mach einen Riesenschritt und einen Hüpfer zu deinem Bett.“

Das Kind antwortet: „Darf ich, Mama?“

Mama sagt: „Ja, du darfst“, und das Kind macht den Schritt.

Dann gibt Mama dem nächsten Kind Anweisungen oder einem Einzelkind die nächste Anweisung. Sie können Kängurusprünge, Hasenhüpfer, Ballerinadrehungen, Babyschritte oder andere kreative Bewegungen nehmen, um das Ganze abwechslungsreich zu gestalten.

Wenn Ihr Kind vergisst, „Darf ich, Mama?“ zu sagen, muss es noch einmal von vorn anfangen. Ihre Kinder werden auf dem Weg ins Bett lachen und kichern, anstatt zu jammern oder zu weinen.

18. Seiltänzer

Dazu brauchen Sie nur ein langes Seil. Legen Sie es im Gras oder auf Ihrem Wohnzimmerboden im Zickzack, in Kurven und Schleifen aus. Ihr Kind muss dann auf dem Seil „balancieren“, bis es am Ende angekommen ist. Der Preis ist ein besonders dicker Kuss und eine Umarmung! Mit dieser Idee können Sie Ihren Nachwuchs prima beschäftigen, während Sie Wäsche zusammenlegen.

19. Völkerball

Wir spielen bei uns zu Hause gerne Völkerball, wobei wir einen Schaumstoffball nehmen, der niemandem wehtut. Lassen Sie Ihr Kind herumrennen, während Sie versuchen es mit dem Ball zu treffen, natürlich ohne zu fest zu werfen. Wir hören dabei auch gerne Musik. Sie können die Rollen auch vertauschen, so dass Ihr Kind Sie mit dem Ball treffen muss. Das macht ganz schnell gute Laune.

20. Bällewerfen

Für dieses Spiel sind Jonglierbälle besonders gut geeignet. Sie können welche kaufen oder auch selbst herstellen. Schneiden Sie bunte Stoffreste in einer Größe von ca. 15 cm im Quadrat aus und nähen Sie die Kanten dann bis auf ein 2 bis 3 cm großes Loch zusammen. Füllen Sie die Säckchen mit getrockneten Bohnen, Linsen oder Maiskörnern und schließen Sie dann das Loch. Holen Sie als Nächstes einen möglichst großen Karton und schneiden Sie große Löcher in die Oberseite. Beschriften Sie die Löcher „10 Punkte“, „20 Punkte“ usw., dann kann Ihr Kind lernen, Punkte zu zählen und zu addieren. Jetzt kann es versuchen, die Bälle in die Löcher zu werfen.

Spaß auf Reisen

21. Aufkleberkunst

Nehmen Sie auf Ihre nächste Reise buntes Tonpapier und viele verschiedene Aufkleber mit. Lassen Sie Ihr Kind eine Farbe aussuchen und das Papier mit den Aufklebern verzieren. Ich weiß, dass wir beim letzten Mal einige Aufkleber auf dem Flugzeugfenster hinterlassen haben, aber es sah hübsch aus.

22. Leckereien-Ratespiel

Wickeln Sie kleine Snacks in unterschiedlich buntes Seidenpapier und lassen Sie Ihr Kind raten, was in den Päckchen ist. Oder werfen Sie einfach alle Snacks in eine braune Papiertüte. Dann muss Ihr Kind, ohne zu gucken, raten, was es in der Hand hat, bevor es die Leckerei herausziehen darf. Und bitte nur gesunde Leckereien!

23. Papiertütenpuppen

Packen Sie kleine Papiertüten, Bastelpapier, einen Klebestift und eine Kinderschere ein. Helfen Sie Ihren Kleinen, Augen, Nase, Ohren und Mund aus dem bunten Papier auszuschneiden, die sie dann auf die Papiertüte kleben können. Für das Gesicht können Sie auch Filzstifte nehmen. Spielen Sie mit den Puppen, indem Sie jeder von ihnen eine andere Stimme geben. Erzählen Sie mit den Puppen Geschichten über den bevorstehenden Urlaub oder davon, worauf Sie sich freuen.

24. Kleine Geschenke

Kaufen Sie in der Woche, bevor Sie in den Flieger steigen oder sich auf eine lange Autofahrt begeben, mehrere kleine Spielfiguren, neue Buntstifte, Malbücher und Aufkleber in einem Billigladen. Packen Sie jedes kleine Geschenk ein, damit Ihr Kleinkind es auf dem Flug oder der langen Fahrt auspacken kann. Das habe ich für Micah gemacht, als er zweieinhalb war und mit mir nach Hawaii flog. Wenn der Flug Verspätung hatte oder Micah quengelig wurde, holte ich das nächste Geschenk heraus und seine gute Laune kehrte zurück. Da Sie wissen, was sich in den Päckchen befindet, können Sie die Reihenfolge und den Zeitpunkt für die kleinen Geschenke sinnvoll bestimmen. Mich hat es gerettet, da Malia gerade erst geboren war und viel gestillt wurde. Durch die Geschenke hatte Micah das Gefühl, besondere Beachtung zu bekommen.

Ein besonderes Glück beim Elternsein ist es, die Freude unserer Kinder beim Spielen mitzuerleben. Es macht Spaß, ihnen zuzusehen und die lustigen Dinge zu hören, die sie manchmal sagen. Ich stelle mir unwillkürlich vor, dass unser himmlischer Vater uns genauso sieht. Gott will uns nicht traurig, kummervoll, niedergeschlagen oder deprimiert sehen. Die Freude ist sogar eins der Hauptthemen in der Bibel und Gott freut sich, wenn wir uns freuen: „Mit Lachen wird er deinen Mund noch füllen, deine Lippen mit Jubel" (Hiob 8,21; EÜ).

Gott selbst wird unseren Mund mit Lachen füllen – das gefällt mir, und diese Art Fröhlichkeit wünsche ich mir in meiner Familie.

Eines meiner Hobbys ist Malen. Ich habe die Zimmer beider Kinder gestrichen und verziert, bei Malias Zimmer mit der Hilfe meiner Freundinnen. Jetzt, wo die Kinder älter werden, lasse ich sie helfen. Wir haben gerade auf Micahs Wänden einen Schaufellader und einen Betonmischer hinzugefügt und eine riesige Pandabärenmama mit Baby in Malias Zimmer, das von einem Dschungelthema bestimmt wird. Die Kinder helfen begeistert mit und fühlen sich in ihren ganz persönlich gestalteten Zimmern pudelwohl.

Ich mag Spiele, bei denen man seine Kreativität ausdrücken kann. Wenn ich in Kapitel 1 des ersten Buches Mose lese, wie Gott den Mond und die Sterne erschaffen hat und all die verschiedenen Pflanzen und Tiere und dann das große Finale – einen Mann und eine Frau –, fällt mir auf, dass Gott sich nach jedem Tag zurücklehnte, seine Arbeit betrachtete und sah, dass es gut war.

In 1. Mose 27 heißt es, dass wir alle nach Gottes Ebenbild erschaffen sind. Für mich bedeutet das, dass wir alle kreativ, künstlerisch, musikalisch und sportlich sein sollen – zur Ehre und zum Vergnügen unseres Schöpfers. Was für einen tollen Gott wir haben!

Elterngebet

Lieber Herr Jesus,
danke für die Freude und das Vergnügen, die du uns geschenkt hast. Danke für die Fröhlichkeit – und für die lustigen Spielzeiten –, die wir mit unseren Kindern erleben dürfen.

Hilf uns, die Freude des Kindseins nicht zu vergessen. Hilf uns, in unseren Terminkalendern Zeit zum Spielen zu finden und nie „zu beschäftigt" für unseren Sohn/unsere Tochter zu sein. Erinnere uns immer wieder daran, wie wertvoll die Zeit und die Bindung als Familie sind, denn wir wissen, dass die Familie von dir gewollt ist.

Segne unsere Familie mit einem Sinn für Humor. Segne uns mit Kreativität und sportlichen Fähigkeiten. Hilf uns zu entdecken, was unser Sohn/unsere Tochter gut kann, und diese Begabungen zu fördern. Gebrauche die Begabungen, die du uns gegeben hast, zu deiner Ehre. Und segne uns mit dem tiefen Glück, das daher kommt, dass wir Kinder Gottes sind. Lass uns nie vergessen, froh zu sein und dich zu loben.

Dies bete ich im herrlichen Namen Jesu. Amen.

Bibelaussagen zum Nachdenken und Beten

Lobt ihn mit Posaunen, lobt ihn mit Harfe und Zither! Lobt ihn mit Tamburin und Tanz, lobt ihn mit Saitenspiel und Flötenklang! Lobt ihn mit Zimbelschall und Paukenschlag!
Psalm 150,3-5

Ein fröhliches Herz fördert die Genesung.
Sprüche 17,22 (SLT)

Mein Tagebuch

Deine Lieblingsaktivitäten im Alter von zwei Jahren waren:

Im Alter von drei Jahren:

12

Manieren, bitte!

Jennifers Tagebuch

Micah ist jetzt ein nachdenklicher und fürsorglicher kleiner Mann, und er ist anderen gegenüber höflich. Ich bin unglaublich stolz auf ihn, wenn ich höre, wie er „Bitte“ oder „Danke“ sagt. Am besten ist es, wenn er versucht, mir die Tür aufzuhalten. Das liebe ich! Ich habe viel Zeit damit zugebracht, ihm beizubringen, dass gute Manieren in unserer Familie ein Muss sind.

Ich bin sicher, Maria hat sich auch die Zeit genommen, Jesus – und allen ihren Kindern – gute Manieren beizubringen. Ich glaube, Gott will, dass die Menschen gütig und freundlich miteinander umgehen.

Maura Graber, die seit fünfzehn Jahren Kindern und Erwachsenen Manieren beibringt und das R.S.V.P. Institut für Etikette leitet, sagt Folgendes, wenn es darum geht, wie wichtig gute Manieren für Kinder sind: „Historisch betrachtet brachten die Mütter ihren Kindern gutes Benehmen bei, aber die ganze Struktur der Familie in Amerika hat sich entscheidend verändert, und nicht nur, weil Mütter arbeiten gehen. In vielen Fällen gibt es nicht einmal mehr eine

Mutter in der Familie. Die grundlegenden Prinzipien guter Manieren sind einfach Selbstlosigkeit und Rücksicht."[13]

Die meisten Eltern träumen davon, höfliche und zuvorkommende Kinder zu haben. „Bitte", „Danke" und „Ich verzeihe dir" zu sagen, ist die Grundlage eines christlichen Geistes. Wussten Sie, dass Ihr zweijähriges Kind ein Zeugnis für Ihre christliche Familie sein kann?

Gut erzogene Kinder zu haben, bedeutet Arbeit. Manchen Kindern fällt es leicht, sich gut zu benehmen. Für andere kann es ein täglicher Kampf sein (der sich aber lohnt).

Von dem Augenblick an, in dem unserer Babys beobachten und zuhören können, bemerken sie, wie wir mit anderen Menschen umgehen. Im Kleinkindalter sind sie Experten darin, uns nachzuahmen. Sie registrieren, wenn wir freundlich und barmherzig zu anderen sind. Sie bemerken auch, wenn wir zu einem Bittsteller, der bei uns klingelt, oder einem Fahrer, der uns im Straßenverkehr schneidet, unhöflich sind. Das gute Vorbild fängt bei den eigenen Angehörigen an, in der eigenen Familie.

Eigentlich sollte es mich nicht wundern, wenn ich sehe, wie ein Kleinkind oder sogar ein älteres Kind sich seinen Eltern oder einem anderen Erwachsenen gegenüber respektlos verhält, ohne dass die Eltern etwas dagegen tun. Und trotzdem kann ich mich nicht daran gewöhnen, wie gleichgültig viele gegenüber Unhöflichkeit sind.

Ich habe gelernt, dass Kinder Phasen durchmachen, und es gibt Zeiten, in denen ein Kind ungeheuer höflich sein kann, nur um sich am nächsten Tag wie ein ganz anderer kleiner Mensch zu verhalten. Das habe ich bei Micah zweimal erlebt, und ich versuche, so gut ich kann, diese Anwandlungen im Keim zu ersticken. Das erste Mal war, als er etwa drei Jahre alt war und wir seine Oma besuchten (davon habe ich in Kapitel 10 erzählt); beim zweiten Mal

13 „How Does One Learn Good Manners?" http://www.essortment.com/one-learn-good-manners-36768.html (Zugriff November 2011).

war er fast sechs. Die Strafe, wenn er in sein Zimmer muss oder sein Lieblingsspielzeug verliert, scheint bei ihm am besten zu funktionieren.

Malia, die jetzt drei Jahre alt ist, beherrscht die Kunst der höflichen Konversation. Ich bin wahnsinnig stolz auf sie und finde es toll, wenn sie „Nein, danke, Mama“ oder „Oh ja, bitte“ sagt. Aber es hat Tage gegeben, in denen sie ihre Manieren zu Hause gelassen hat. Rückblickend glaube ich, dass es eine stressige Woche war und sie sich nicht besonders gut fühlte; aber auch das ist keine Entschuldigung für Unhöflichkeit.

Vor zwei Tagen waren wir im Kaufhaus, als Malia ein T-Shirt mit einem Panda darauf entdeckte, das sie unbedingt haben wollte. Meine Kinder wissen beide, dass ich ihnen nichts kaufe, wenn sie quengeln oder jammern. Ich hatte das T-Shirt selbst gefunden und im Einkaufswagen versteckt, weil ich es zu Weihnachten in ihren Strumpf stecken wollte, aber es dauerte nicht lange, bis sie es fand. Sie wollte es sofort haben und hörte einfach nicht auf, danach zu fragen. Ich sagte, sie solle bitte aufhören zu jammern oder ich würde es wieder zurückhängen; sie beschloss, stattdessen einen Wutanfall zu bekommen. Also verließ ich das Geschäft mit einem brüllenden Kind im Schlepptau – aber ohne T-Shirt! Ich glaube, der Schlüssel ist, nicht nachzugeben, wenn Ihre Kinder sich daneben benehmen oder unhöflich oder ungezogen sind. Bleiben Sie Ihren Prinzipien treu und ziehen Sie die Sanktionen durch. Ich hatte zu ihr gesagt: „Kein T-Shirt, wenn du nicht aufhörst, danach zu fragen“, und ich meinte es ernst.

Hätte ich ihr das T-Shirt gekauft, dann hätte sie daraus gelernt, dass ihr schlechtes Benehmen sich auszahlt und ich nicht meine, was ich sage. Also musste ich konsequent sein.

Höflichkeit, Entgegenkommen oder gutes Benehmen an den Tag zu legen, bedeutet schlicht, dass wir Freundlichkeit und Fürsorglichkeit walten lassen – also Rücksicht auf andere Menschen nehmen. Dafür ist Jesus unser bestes Vorbild. Er begegnete anderen mit Mitgefühl und Barmherzigkeit. In der Bibel wird von dem heranwachsenden Jesus gesagt: „Jesus nahm weiter zu an Weisheit und wuchs zu einem jungen Mann heran. Gottes Gnade war mit ihm, und die Menschen hatten Freude an ihm." (Lukas 2,52; NGÜ)

Der Apostel Petrus schrieb vom Heiligen Geist inspiriert: „Und noch etwas möchte ich euch sagen: Haltet fest zusammen! Nehmt Anteil am Leben des anderen, und liebt einander wie Geschwister! Geht barmherzig miteinander um, und seid nicht überheblich" (1. Petrus 3,8). Das ist für mich ziemlich eindeutig.

Wie können wir unseren Kindern also nun gute Manieren beibringen? Hier sind vier Grundsätze, an die Sie denken sollten.

Wie Kleinkinder gute Manieren lernen

1. Fangen Sie an, wenn die Kinder noch klein sind.
2. Unterstützen Sie sie.
3. Gehen Sie mit gutem Beispiel voran.
4. Hören Sie nicht auf. Es ist ein Prozess, der nie endet.

Eine Checkliste kann Ihnen dabei helfen, auf Kurs zu bleiben und immer daran zu denken, welches Verhalten Sie sich von Ihren Kindern wünschen, so dass sie wie Jesus Gott und Menschen Freude machen. Ich habe eine „Gute Manieren"-Checkliste erstellt, die ich austeile, wenn ich vor Gruppen referiere, aber sie ist auch für mich selbst eine gute Gedächtnisstütze – eine Art Zeugnis. Ich hoffe, Sie finden sie ebenfalls hilfreich.

Jennifers „Gute Manieren"- Checkliste für Kleinkinder

Sie können die Liste zusammen mit Ihren Kindern durchgehen und darüber sprechen, wie die Kinder sich selbst einschätzen.

- ❑ *Gebraucht mein Kind Wörter wie „bitte" und „danke", um Respekt und Dankbarkeit auszudrücken?* Eine gute Übung für Ihr Kleinkind ist es, mit Plüschtieren und Puppen „danke" und „bitte" zu üben. Kinder spielen gerne Rollenspiele, und wenn Sie Ihnen die „Zauberworte" spielerisch beibringen können, ist das eine einfache, aber wirkungsvolle Weise, ihnen höfliche Redewendungen beizubringen. Es ist auch schön, wenn Sie Ihr Kind lehren, ein Kompliment anzunehmen. Wenn jemand Ihr Kind lobt, dann bringen Sie ihm bei, sich für das Kompliment zu bedanken, anstatt das Lob herunterzuspielen oder auf eigene Fehler hinzuweisen. Damit hatte ich jahrelang Mühe, weil ich selbst so wenig Selbstwertgefühl hatte; aber ich möchte, dass meine Kinder lernen, ein Kompliment, das sie verdient haben, auch anzunehmen.

- ❑ *Sagt mein Kind „Es tut mir leid" und „Ich verzeihe dir"?* Dies sind die wirkungsvollsten Sätze, die Sie Ihren Kindern beibringen können. Wenn Sie um Verzeihung bitten und anderen verzeihen können, werden sie in ihrem Leben bessere Beziehungen führen. Vielen Erwachsenen fällt es schwer zuzugeben, dass Sie einen Fehler gemacht haben, weil sie es nicht gelernt haben, als sie jung waren. Sich bei Ihren Kindern zu entschuldigen, wenn Sie sie ohne Grund angebrüllt haben oder Ihre Wut an ihnen ausgelassen haben, ist die beste Art, ihnen zu zeigen, dass wir alle Fehler machen und niemand vollkommen ist. Und lehren Sie Ihre Kinder, dass es ebenso wichtig ist, anderen zu verzeihen.

- ❑ *Achtet mein Kind darauf, andere nicht zu unterbrechen?* Das ist in unserer Familie ein ständiges Thema. Wir sind keine sehr ruhige Familie, und wir haben alle viel zu sagen. Ich weiß, dass ich andere auch deshalb manchmal unterbreche, weil ich in einer großen Familie aufgewachsen bin. Wir mussten die Stimme erheben, um überhaupt gehört zu werden, und das ist eine schreckliche Angewohnheit, die ich schon länger abzulegen versuche. Meine Kinder unterbrechen auch manchmal die anderen, und sie wissen, dass sie meine Aufmerksamkeit am besten erlangen, wenn sie „Entschuldigung" sagen und dann warten, während sie eine Hand auf meinen Arm oder mein Bein legen. Dann lege ich meine Hand auf ihre, damit sie wissen, dass ich sie gehört habe. Ich versuche, sie nicht zu lange warten zu lassen, weil sie so höflich gefragt haben; und egal, wie alt sie sind, sie können nicht ewig warten. Achten Sie darauf, dass Sie Ihrem Kind Ihre volle Aufmerksamkeit widmen, wenn Sie zu Ende gesprochen haben, denn so bekräftigen Sie die positive Angewohnheit, abzuwarten, bis man an der Reihe ist. Aber passen Sie auf, dass Ihr Kind nicht laut „Entschuldigung" ruft, um andere damit zu unterbrechen.

- ❑ *Hat mein Kind gute Tischmanieren?* Das bezieht sich auf zu Hause ebenso wie auf Restaurantbesuche oder Einladungen. Für manche Kinder ist es vielleicht leicht zu lernen, aber andere brauchen möglicherweise Zeit, um diese Ratschläge umzusetzen. Bringen Sie Ihren Kindern zunächst bei, die Serviette auf den Schoß zu legen, wenn sie sich an den Tisch setzen. Sagen Sie ihnen, dass es höflich ist, mit Gabel oder Löffel zu essen (oder Stäbchen, wenn dies die Esswerkzeuge sind), mit geschlossenem Mund zu kauen und nicht zu viel auf einmal in den Mund zu schieben. Bringen Sie ihnen bei, darum zu bitten, dass jemand ihnen Dinge anreicht, anstatt sich über den Tisch zu lehnen. Es gibt Zeiten, in denen meinen Kindern nicht schmeckt, was ich gekocht habe. Wenn sie nichts essen wollen, müssen sie nicht, aber dann bekommen sie es zur nächsten Mahlzeit. Vor nicht allzu langer Zeit bekam mein Sohn Putenbraten, glasierte Karotten und Brokkoli zum Frühstück, während der Rest der Familie frische Bananen-Müsli-Pfannkuchen bekam – nur weil er am Abend zuvor sein Essen nicht gegessen hatte. Wir zwingen unsere Kinder nie zu essen, aber ich werde nicht verschiedene Mahlzeiten gleichzeitig kochen. Es ist außerdem höflich zu warten, bis alle am Tisch sitzen, bevor man mit dem Essen beginnt. Und denken Sie daran: langsam essen, nur mit Erlaubnis vom Tisch aufstehen und der Köchin für die Mahlzeit danken.

- ❑ *Sagt mein Kind die Wahrheit?* In Sprüche 12,22 heißt es: „Lügnerische Lippen sind dem Herrn ein Gräuel, doch wer zuverlässig ist in seinem Tun, der gefällt ihm" (EÜ). Es ist sehr wichtig, unseren Kindern beizubringen, dass sie nicht lügen sollen – Gott hat sogar eines der zehn Gebote daraus gemacht. Micah ist in einem Alter, in dem er anfängt, in Bezug auf kleine Dinge zu lügen; zum Beispiel hat er diese Woche von den Lebkuchenhäusern, die wir gebacken haben, eine Schokolinse genommen und gegessen. Als ich ihn danach fragte, leugnete er zuerst. Aber dann bekam ich den „Bist du mir böse, wenn ich die Wahrheit sage?"-Satz zu hören. Ich sage meinen Kindern immer, dass ich nicht böse werde, wenn sie mir die Wahrheit sagen. Sie müssen möglicherweise mit Folgen rechnen, aber vor allem sollen sie wissen, dass sie mir vertrauen und zu mir kommen und darüber reden können, egal, worum es geht. Fangen Sie jetzt mit den kleinen Dingen an, denn wenn sie Teenager sind, wird es viel schlimmer sein, wenn sie nicht die Wahrheit sagen.

- ❑ *Räumt mein Kind seine Dinge fort?* Aufräumen ist ein Zeichen von Verantwortungsbewusstsein, und ich bin der Meinung, je eher Sie Ihre Kinder dazu anleiten, ihre Unordnung aufzuräumen, desto einfacher wird es für Sie als Mutter sein, abgesehen davon, dass die Kinder so lernen, Verantwortung zu übernehmen. Ob zu Hause oder bei Freunden, versuche ich immer mit gutem Beispiel voranzugehen und halte meine Kinder dazu an, ihre Sachen wegzuräumen. Kleinkinder reagieren auf ein lustiges Lied, also singe ich dabei: „Wir räumen auf, wir räumen weg, dann gibt es Ordnung ohne Dreck!“ Diese Verantwortung zu übernehmen, fördert außerdem das Selbstwertgefühl Ihres Kindes.

- ❑ *Gehorcht mein Kind Eltern, Lehrern und anderen Erwachsenen?* Auf Erwachsene zu hören und höflich und respektvoll gegenüber Autoritätspersonen zu sein, ist sehr wichtig. Gott befiehlt Kindern, ihre Eltern zu ehren (siehe 2. Mose 20,12) und verspricht ihnen ein langes Leben, wenn sie gehorchen. Ich war neulich mit einer Gruppe Kinder unterwegs, und ein Kind verhielt sich mir gegenüber sehr respektlos. Einige Minuten ließ ich mir das gefallen, aber irgendwann hatte ich genug. Ich ließ das Kind eine Zeitlang zur Strafe abseits der Gruppe sitzen. Ich möchte nicht, dass meine eigenen Kinder sich einem Erwachsenen gegenüber jemals so benehmen, also bringe ich ihnen bei, Respekt vor Älteren zu haben.

- ❑ *Hat mein Kind einen Sinn für Fairness?* Wenn wir ein Spiel gespielt haben (Sport, Karten, Brettspiel), versuche ich, meinen Kindern beizubringen, dass sie fair zu den anderen sein sollen. Wenn Micah oder Malia gewinnen, ermahne ich sie, sich nicht damit zu brüsten oder schadenfroh zu sein, sondern freundlich. Wenn sie verlieren, dürfen sie nicht schmollen oder sauer werden, sondern müssen Sportsgeist beweisen und den anderen sagen, dass sie gut gespielt haben, oder sie loben. Micah hat damit im Moment seine Mühe, aber er lernt, dass wir nicht mit ihm spielen, wenn er nicht verlieren kann.

- ❑ *Keine Spitznamen! Hält mein Kind sich an diese Regel?* In unserer Familie sind Spitznamen nicht erlaubt, wenn dadurch die Gefühle des anderen verletzt werden. Selbst wenn man jemandem im „Spaß“ einen Spitznamen gibt, kann das wehtun. Mein Mann hat sich immer Kosenamen für uns alle ausgedacht, aber in letzter Zeit merke ich, dass einige der Spitznamen Malia nicht gefallen. Auch wenn es süße und liebevoll gemeinte Namen sind, habe ich zu Dan gesagt, dass er aufhören muss, sie so zu nennen.

- ❑ *Begrüßt mein Kind andere Menschen höflich?* Wenn jemand uns besuchen kommt, wissen meine Kinder, dass sie aus Sicherheitsgründen die Tür erst aufmachen dürfen, wenn Dan oder ich bei ihnen sind. Und dann möchte ich, dass sie unsere Gäste so begrüßen, dass sie sich willkommen fühlen. Das Mindeste ist ein „Hallo" oder „Hi" und vielleicht ein Handschlag, wenn es passt. In Hawaii wuchs ich in einer Kultur auf, in der man zur Begrüßung jeden umarmt und auf die Wange küsst, und mit nahen Verwandten und guten Freunden machen wir das immer noch. Sie können Ihr Kleinkind auch bitten, die Gäste zu fragen, ob sie etwas essen oder trinken möchten.

- ❑ *Hält mein Kind anderen die Tür auf?* Ich finde es wichtig, dass wir Kindern beibringen, auf andere Rücksicht zu nehmen. Ich sage meinen Kindern, wenn sie durch eine Tür gehen, dass sie sie für die nachfolgende Person aufhalten sollen, damit sie dem Nächsten nicht ins Gesicht schlägt. Sie sollen auch einem anderen, der ihnen die Tür aufhält, danken.

- ❑ *Kann mein Kind teilen?* Teilen kann in jedem Alter schwer sein, aber vor allem für Kleinkinder! Es ist ein Prozess, der Zeit braucht. Zuerst lernen sie, sich bei einem Spielzeug abzuwechseln, dann das Spielzeug mit anderen zu teilen. Wenn sie früh anfangen und Ihrem Kind helfen, zu lernen, dass Teilen Spaß macht und anderen eine Freude macht, werden sie hoffentlich lernen, dass Teilen eine Lebenseinstellung ist.

- ❑ *Beachtet mein Kind hygienische Grundsätze?* Hygiene ist für die Manieren ebenso wichtig wie für die Reinlichkeit: Ein Taschentuch zu nehmen, um die Nase zu putzen; den Mund zu bedecken, wenn man hustet oder niest, und sich nach der Toilette *immer* die Hände zu waschen. Die Klobrille herunterzuklappen und abzuziehen (daran arbeiten wir noch!) sind auch wichtig. Und wenn man rülpst oder pupst, sagt man „Entschuldigung".

- ☐ *Ist mein Kind nett zu anderen?* Jesus sagte, wir sollten andere so behandeln, wie wir selbst behandelt werden wollen (siehe Matthäus 7,12). Alltagsmanieren sollten beinhalten: Drängele dich nicht vor; starre andere nicht an; zeige nicht mit dem Finger auf andere; entschuldige dich, wenn du jemanden anrempelst; warte, bis du dran bist. Für uns Erwachsene ist das einfach, aber Ihr Kleinkind muss diese Regeln vielleicht eine Weile üben.

Omas Tagebuch

Mein Sohn und meine Tochter sind nur 18 Monate auseinander. Eine Zeitlang legten sie bei Tisch ein ausgesprochen ungezogenes Verhalten an den Tag, und weder freundliche Aufforderungen noch strenge Tadel zeigten Wirkung.

Da ich nichts davon halte, kleinen Kindern die Nahrung vorzuenthalten, die ihr Körper braucht, wollte ich sie nicht aus dem Esszimmer schicken. Ich wollte nur, dass sie aufhörten, absichtlich laut zu rülpsen oder andere widerliche Dinge zu tun, die sie offenbar lustig fanden.

Dann hatte ich eine Idee. Ich kaufte für jedes Familienmitglied eine kleine Votivkerze. An diesem Abend dimmte ich das Licht und zündete vor jedem unserer Teller eine „persönliche Kerze“ an. Ich erklärte, dass es ein Vorrecht sei, eine Kerze zu haben, und wenn sie sich schlecht benähmen, müssten sie ihre eigene Kerze ausblasen.

Voilà! Eine so schnelle Verwandlung in gute Tischmanieren habe ich noch nie gesehen. Es gab keine Frechheiten mehr und alle waren glücklich – vor allem diese Mama.

Carolyn Warren

Wie hat Ihr Kind nun bei dem Quiz abgeschnitten? Vielleicht wollen Sie die Punkte aufschreiben, an denen es noch arbeiten muss, oder Sie machen eine Sterne-Tabelle für verbessertes Benehmen. Listen Sie die Dinge auf, die noch zu üben sind, und geben Sie ihm jedes Mal, wenn etwas gut war, einen Stern. Nach 20 oder 30 Sternen bekommt Ihr Kind eine Belohnung. Das kann ein besonderer Ausflug in den Park sein oder ein kleines Spielzeug.

Als Eltern sind wir die Geschäftsführer des Unternehmens, wohl erzogene Söhne und Töchter heranzuziehen. Wir sind es, die ihnen die Regeln der Etikette beibringen müssen, zum Beispiel, dass man in einer Kirche die Mütze abnimmt; dass man nicht breitbeinig sitzt, wenn man ein Kleid trägt; dass man sich vor der Haustür die Schuhe abputzt; dass man bei anderen Leuten die Schuhe auszieht; dass man keine unflätige Sprache benutzt; dass man jemandem in die Augen sieht, wenn man mit ihm redet; und dass man sich je nach Situation angemessen kleidet. Es ist eine Aufgabe, die nie endet, aber sie bringt auch große Befriedigung und lohnt sich.

Gute Manieren sind mir sehr wichtig, und ich freue mich sehr, wenn jemand sagt, wie höflich meine Kinder sind. So wie neulich im Supermarkt, als Malia zu einer netten Dame „Danke“ sagte, weil diese ein Buch aufgehoben hatte, das Malia hatte fallen lassen. Ich war nur wenige Schritte entfernt und suchte Avocados aus, aber ich beobachtete die Szene. Die Frau drehte sich um und beglückwünschte mich zu der „höflichen kleinen Dame". Ich musste lächeln, und ich bin sicher, Jesus hat über Malias „Danke" auch gelächelt.

Elterngebet

Lieber himmlischer Vater,
ich weiß, dass du uns zu deinem Ebenbild erschaffen hast und dass du ein Gentleman bist. Du bist geduldig und freundlich zu uns und erweist uns Respekt und Barmherzigkeit. Bitte hilf mir, meinem Kind Höflichkeit anderen gegenüber beizubringen. Hilf mir, (Name des Kindes) durch mein Vorbild zu zeigen, wie man sich respektvoll und höflich verhält.

Wenn es einen Bereich gibt, an dem ich noch arbeiten muss, dann zeige ihn mir bitte jetzt gleich, Vater, und leite mich dabei, den Fehler zu korrigieren. Ich weiß, dass es Zeiten gibt, in denen ich müde oder wütend auf jemanden bin, und dann verlassen mich meine guten Manieren, also hilf mir bitte, (Name des Kindes) ein besseres Vorbild zu sein, dem sie/er morgen und jeden Tag folgen kann.

Danke, Jesus, dass du ein so wunderbares Vorbild für uns bist, und für deine Vergebung und Gnade.

Ich bete in deinem Namen. Amen.

Bibelaussagen zum Nachdenken und Beten

Haltet fest zusammen! Nehmt Anteil am Leben des anderen,
und liebt einander wie Geschwister!
Geht barmherzig miteinander um, und seid nicht überheblich.
1. Petrus 3,8

Herr, errette mich von den Lügenmäulern,
von den falschen Zungen.
Psalm 120,2 (LUT)

Mein Tagebuch

In diesen Bereichen bist du sehr höflich:

Und in diesen Bereichen arbeiten wir noch an der Höflichkeit:

13

Geistliche Erziehung

Jennifers Tagebuch

Micah ist ungeheuer wissbegierig, und darüber bin ich sehr froh. Mein Bruder kam uns besuchen und sagte, wenn mein Sohn sich die Namen von Ländern und Pflanzen merken könne, warum dann nicht auch Bibelverse? Ich bereitete einige Karteikarten vor und wir begannen mit kürzeren Versen wie 1. Mose 1,1, Psalm 148,2, Sprüche 3,5, Jesaja 53,5, Matthäus 28,6, Lukas 2,14, Johannes 3,16, Johannes 8,12, Johannes 14,6, Philipper 4,4 und Offenbarung 7,17. Nächste Woche fangen wir mit Psalm 23 an. Ich weiß, dass er es schafft.

Letzte Woche hat Micah also Psalm 23 auswendig gelernt, und ich habe es sogar auf Video festgehalten! Jetzt machen wir uns an das Vaterunser. Es macht mich ganz froh, wenn ich höre, wie er mit seiner süßen, hohen Stimme die Bibelverse aufsagt, und ich weiß, Gott macht es auch froh. Danke, Herr, dass du wieder einmal meine Gebete erhört hast. Micah ist wirklich ein Geschenk von dir.

Der Apostel Johannes schrieb: „Für mich gibt es keine größere Freude, als zu hören, dass alle, die durch mich Christen geworden sind, ihren Glauben aufrichtig leben“ (1. Johannes 3,4). Wenn ich sehe, wie Micah und Malia sich mit Gottes Wahrheit vertraut machen und die Liebe ihres himmlischen Vaters kennenlernen, gibt es für mich als Mutter keine größere Freude.

Gottes Wort lehrt uns: „Lehre dein Kind, den richtigen Weg zu wählen, und wenn es älter ist, wird es auf diesem Weg bleiben“ (Sprüche 22,6; NLB). Wir sollen unsre Kinder lenken, wenn sie klein sind, damit sie, wenn sie älter sind, bereits auf dem richtigen Weg gehen und sich nicht in geistliche Gefahrenzonen verirren. Das ist zugleich Gebot und Verheißung.

Meine Eltern lehrten mich die Wahrheit; aber als Teenager entfernte ich mich weit von Gott. Als ich älter war, kehrte ich zu ihm zurück. Ich weiß, dass unser himmlischer Vater die Gebete meiner Mutter erhört hat.

5. Mose 11,19 zufolge sollen wir unsere Kinder morgens und abends, zu Hause und unterwegs in Gottes Wegen unterrichten – mit anderen Worten: immer und überall.

Dan und ich wollen unseren Kindern bewusst machen, dass der Heilige Geist immer bei ihnen ist und sie nie verlassen wird. Wenn meine Kinder Angst haben, halte ich sie dazu an, um Mut zu bitten und von ihrem Vorrecht Gebrauch zu machen, indem sie „in Jesu Namen“ beten. Sie sollen verstehen, dass sie Kinder des Höchsten Gottes sind (und ich bete dafür, dass sie früher oder später Jesus als ihren Heiland und Herrn annehmen). In der Zwischenzeit sagen wir ihnen, dass Jesus sie immer lieb haben wird und ihnen vergeben wird, egal, was sie tun, so wie er jeden Menschen liebt, der zu ihm kommt und sein Kind wird.

Ich will Sie also ermutigen, täglich mit ihren Kindern über Jesus zu sprechen und ihnen ein gutes Vorbild zu sein, indem Sie selbst jeden Tag Zeit mit ihm verbringen. Ich habe festgestellt, dass ich eine bessere Mutter bin und mehr Geduld habe und glücklicher bin, je näher ich Jesus komme.

Wie können Sie als gottesfürchtige Eltern Ihre Kinder auf dem richtigen geistlichen Weg leiten, während sie noch kleine Knirpse sind?

Fünf Methoden, ein solides geistliches Fundament für Ihre Kinder zu legen

1. Familiengebet

Das Gebet hat oberste Priorität. Wenn Sie unser erstes Buch, *Beten für mein Baby*, gelesen haben, dann beten Sie seit der Empfängnis für Ihr Kind. Damit haben Sie bereits eine wunderbare Grundlage! Jetzt, wo Ihr Kleines alt genug ist, in ganzen Sätzen zu sprechen, kann es einfache Gebete bei Tisch, vor dem Schlafengehen oder bei anderen Gelegenheiten während des Tages mitsprechen.

Ein gemeinsames Abendessen ist ein Muss, und das ist ein Zeitpunkt, an dem Sie als Familie zusammen beten können, indem Sie sich bei den Händen halten und Gott für alles danken, was Sie haben. Wir haben unsere Kinder schon sehr früh ermutigt, sich an diesen Gebeten zu beteiligen. Wir zwingen sie niemals zu beten, aber wir geben allen die Chance, das Gebet zu eröffnen oder Gott einfach für eine Sache zu danken, und das ist ein guter Anfang.

2. Familienandachten

In der Bibel zu lesen und darüber zu reden, wie man die Aussagen im eigenen Leben umsetzen kann, ist für jeden Menschen gut. Sie brauchen kein Theologe zu sein, um mit Ihren Kindern die Bibel zu lesen und darüber zu sprechen, wer ihr himmlischer Vater ist und dass er für uns sorgt.

Als Micah 18 Monate alt war, kam sein Onkel Danny, mein Bruder, zu Besuch. Danny half Micah, seinen ersten Bibelvers auswendig zu lernen, nämlich Sprüche 3,5: „Vertraue von ganzem Herzen auf den Herrn“ (NLB). Da wusste ich, dass wir auf einem guten Weg sind.

Malia lernte ihre ersten Bibelverse auch schon früh. Ich habe den Kindern die Bedeutung der Texte auf ganz einfache Weise beigebracht. Während sie am Tisch saßen und aßen, schrieb ich die Verse auf und zeichnete kleine Bilder über das, was in dem Vers stand, oder ich spielte es ihnen vor. Sie waren begeistert, wenn ihre Mama alberne Verrenkungen machte, und ich glaube, es hatte große Wirkung dabei, wie sie Gottes Wort schon in jungen Jahren aufgenommen haben.

3. Musik und Lieder

Einfache Melodien wie „Jesus liebt mich ganz gewiss" helfen, von Anfang an eine solide Grundlage zu schaffen. Micah und Malia singen leidenschaftlich gern und loben Gott mit Liedern. Wie ich bereits erwähnte, sehen meine Kinder sehr wenig fern, aber hin und wieder erlaube ich ihnen, Videos zu schauen, in denen Kinder beliebte Lieder zu Bibelgeschichten singen. Beide Kinder lieben diese DVDs. Es gibt auch CDs mit solchen Liedern, die wir im Auto abspielen. Wo auch immer wir sind, singen Micah, Malia und ich aus ganzem Herzen zu Gott. Dadurch macht das Autofahren auch viel mehr Spaß.

4. Gottesdienste

Kleinkinder sind nicht „zu klein", um an Anbetung und Gottesdienst teilzunehmen. In *Beten für mein Baby* habe ich wissenschaftliche Studien angeführt, die zeigen, dass Babys sogar schon vor ihrer Geburt hören. Deshalb sehe ich keinen Grund, sie in diesem Alter vom Gottesdienst auszuschließen. Es ist von unschätzbarem Wert, wenn Ihre Kleinen neben Ihnen sitzen, während Sie in der Gemeinde stehen und Gott loben. Die Kinder müssen sehen, dass ihre Eltern zur Gemeinde gehören und ihre Stimmen in Liedern und Gebeten erheben, weil sie durch Beobachtung lernen. Paulus schrieb: „Folgt meinem Beispiel, so wie ich dem Vorbild folge, das Christus uns gegeben hat" (1. Korinther 11,1). Unsere Kinder können nicht unserem Beispiel folgen, sich in der Gemeinde zu engagieren, wenn sie nicht die Gelegenheit bekommen, uns dabei zu beobachten, wenn wir es tun.

5. Sonntagsschule

Wenn Sie das Glück haben, in einer Gemeinde zu sein, die ein aktives Kinderprogramm hat, dann ist das ein Segen. Ich habe mich entschieden, meine Kinder nicht in die Krabbelgruppe zu geben, als sie klein waren, vor allem, als ich sie noch stillte. Ich fand es toll, dass sie bei Dan und mir waren, und wir Gott als Familie loben und anbeten konnten. Aber als sie älter wurden, wechselten wir zu einer anderen Gemeinde, in der es ein wunderbares Kinderprogramm gibt. Die Kinder gehen sehr gern in die Sonntagsschule, aber manchmal dürfen sie auch mit uns im Gottesdienst sitzen, solange sie ordentlich singen und dann während der Predigt leise sind und Bilder ausmalen.

Mama-Andachten

Ich habe eine besondere Botschaft für die Mütter, die frustriert sind, weil ihre Männer nicht die Familienandachten leiten. Sie sind nicht allein.

Tausende Mütter – darunter alleinerziehende Mütter und solche, deren Männer beim Militär im Ausland dienen und Mütter in anderen Situationen, in denen der Vater nicht mit von der Partie ist – halten „Mama-Andachten" für sich. Wenn Sie zu diesen Frauen gehören, dann will ich Ihnen Mut machen, Ihre gottgegebene Autorität zu ergreifen und die Verantwortung für die geistliche Erziehung Ihrer Kinder zu übernehmen.

Salome ist ein Beispiel für eine starke christliche Mutter zur Zeit Jesu. Sie war die Mutter von zwei Männern, die Jesus als seine Jünger auswählte: Jakobus und Johannes. Was für eine Ehre! Salome war eindeutig eine Jüngerin Jesu (Die Bibel berichtet von ihrer Anwesenheit bei der Kreuzigung – siehe Matthäus 27,55-56 und Markus 15,40-41), und ich glaube, dass sie in ihrem Haus das geistliche Oberhaupt war, und zwar aus folgenden Gründen:

1. Es wird kein Vater erwähnt, weshalb es so scheint, dass die Mutter – aus welchem Grund auch immer – das Familienoberhaupt war.
2. Salome ging zu Jesus und fragte ihn, ob ihre Söhne im Himmel neben ihm sitzen könnten. Wenn das keine ehrgeizige Mutter ist, die das Beste ihrer Söhne im Sinn hat! Obwohl es bei diesem Gespräch noch einen viel tieferen geistlichen Kontext gibt (Jesus betont, wie wichtig es ist, Diener zu sein, anstatt Ansehen zu erstreben), erklärte Jesus, diese Entscheidung liege bei seinem Vater. Aber Salome muss ich zugutehalten, dass sie die Initiative ergriff und den Mut hatte zu fragen (siehe Matthäus 20,21-23).
3. Sie hinterließ ein umfassendes geistliches Vermächtnis. Es war ihr Sohn Johannes, dem Jesus seine eigene Mutter anbefahl, als er am Kreuz von Golgatha hing. Und viele Bibelforscher glauben, dass ihr anderer Sohn, Jakobus, der erste Apostel war, der für den christlichen Glauben zum Märtyrer wurde.

Auch wenn die Bibel uns viel mehr über Johannes und Jakobus erzählt als über ihre Mutter, ist Salome ein gutes Beispiel für geistliche Leiterschaft.

Interview mit Katy Cerny

Pastorin beim International House of Prayer (IHOP)

JP: Wie unterstützt IHOP Familien mit Kindern?

KC: IHOP unterstützt Familien mit Kindern aller Altersgruppen. Wenn Sie diesen Lebensstil als Familie leben wollen, können

Sie Ihre Kinder rund um die Uhr zum Gebetsraum bringen. Wir lehren Kinder zu beten, Gott zu loben und sich einzubringen. Wir haben auch einen Gebetsraum, in dem Kinder einmal die Woche die Anwesenden im Gebet leiten. Er heißt Maleachi 4,6. Es ist ein wundervoller Ort, der vom Heiligen Geist erfüllt ist. Kinder, die noch keine zwei Jahre alt sind, stehen dort auf und beten, und der Heilige Geist kommt auf sie herab. Kinder jedes Alters sind willkommen.

JP: Was lehrt IHOP die Kinder?

KC: Der Kern unserer Vision hier im IHOP ist, ganz bewusst Gelegenheiten zu schaffen, damit Kinder jeden Alters den Ruf zu Gebet und Anbetung verstehen; damit ihre geistlichen Gaben entdeckt und gefördert werden, auch zu predigen zu und lehren; von Herzen den Armen zu geben; und den Verlorenen das Evangelium zu verkünden. Wir wollen unseren Kindern Gelegenheiten geben, ihre Begabungen als Instrumentalisten, Sänger und Anbetungsleiter auszudrücken und zu entwickeln. IHOP lehrt Kinder die gleichen Dinge, die es auch den Erwachsenen beibringt, aber auf ihrem Niveau – Gebet, Anbetung und Fasten (für ein Kind ist Fasten nicht ein Verzicht auf Essen, sondern auf Fernsehen, Spielen, Medien, Musik.)

Außerdem reden wir mit den Kindern über das Dienen, denn das kann man als Zeit-Fasten ansehen; und als ein Geld-Fasten, indem man das Geld spendet, anstatt etwas anderes damit zu kaufen. Auch das ist eine Form des Fastens.

JP: Können Sie uns von einer Heilungsgeschichte erzählen?

KC: Eine Siebtklässlerin in meiner Basketballmannschaft war krank, also fragte ich sie, ob ich für sie beten dürfe, und sie sagte Ja. Ich fing an zu beten, dass ihr Körper sich ausrichten und keine Krankheit mehr in ihrem Körper sein möge. Ich rief das Blut Jesu auf sie herab und verkündete im Glauben, dass sie durch seine Wunden geheilt sei (siehe Jesaja 53,5). Eine Zeit lang betete ich im Geist und dann hatte ich das Gefühl, ich sollte sie fragen, ob sie jemandem vergeben müsse. Ich erklärte, warum es wichtig sei, dass sie vergab, wenn es jemanden gab, den der Herr ihr zeigte. Sie sagte Ja, sie müsse jemandem vergeben; und dann vergab sie auf der Stelle einigen Menschen, die ihr Unrecht getan hatten. Danach betete ich wieder für sie und bat sie, ein Dankgebet für das zu sprechen, was Gott tut. Nachdem sie Gott etwa fünf Minuten lang angebetet hatte, war sie vollständig geheilt. Gott sei gepriesen!

Dann folgte sie der Leitung des Heiligen Geistes und auch ihre Freundin wurde geheilt. Dabei war entscheidend, dass sie beim Beten auf Gottes Stimme hörte. Er führte sie zu der Erkenntnis, dass ihre Freundin Vergebung im Herzen erfahren musste. Ein Mangel an Vergebung kann die Heilung manchmal verhindern, wie es in Jakobus 5,16 steht: „Bekennt einander eure Sünden und betet füreinander, damit ihr geheilt werdet." Die Bibel sagt ganz klar, dass Vergebung eine Anordnung ist und keine Option. Vergebung bedeutet, den, der mir Unrecht getan hat, frei zu geben und Gott zu überlassen, und sie befreit unsere Herzen dazu, ebenfalls Heilung zu erfahren.

Jesus lehrt uns: „Euer Vater im Himmel wird euch vergeben, wenn ihr den Menschen vergebt, die euch Unrecht getan haben. Wenn ihr ihnen aber nicht vergeben wollt, dann wird Gott auch eure Schuld nicht vergeben." (Matthäus 6,14-15)

Auch Unglaube und Angst können eine Heilung verhindern. In Markus 6,5-6 lesen wir, dass Jesus sich über den Unglauben der Menschen in seiner Heimatstadt wunderte. Dort steht, wegen ihres Unglaubens „konnte er dort keine Wunder tun. Nur einigen Kranken legte er die Hände auf, und sie wurden gesund." Wir müssen uns von Angst und Unglauben frei machen, denn „Gott hat uns keinen Geist der Furcht gegeben, sondern sein Geist erfüllt uns mit Kraft, Liebe und Besonnenheit." (2. Timotheus 1,7) Und Paulus schreibt, dass wir den Geist Christi empfangen haben. (1. Korinther 2,16)

JP: Was hat es mit der Signs-and-Wonders-*Bewegung für Kinder auf sich?*

KC: Das sind Ferienlager, in denen Kindern unterrichtet und dazu ermutigt werden, ihr Leben ganz Gott zu geben. Unsere Vision ist es, eine Million Kinder zu einem konsequent Jesus hingegebenen Leben zu bringen, so dass sie in der Kraft des Heiligen Geistes wandeln und Zeichen und Wunder erleben. In unseren Lagern lehren wir Kinder, Gott zu kennen und zu lieben, in der Kraft des Heiligen Geistes zu leben, ihre Eltern zu lieben und zu achten, ihnen zu gehorchen und sie zu ehren und nach Gottes Wort zu leben. Wir ermutigen unsere Kinder außerdem, Gott in Anbetung und Gebet zu begegnen. Sie lernen, wie sie die Stimme Gottes hören können. Kinder im Alter von 6 bis 7 Jahren nehmen an den Tagesveranstaltungen teil, Kinder von 8 bis 12 können übernachten.

Elterngebet

Himmlischer Vater,
danke, dass du kleine Kinder und sogar Säuglinge dazu bestimmt hast, dich zu loben. Und danke dafür, dass du mein Kind/meine Kinder in meine Obhut gegeben hast.

Ich bete, dass ich ein lebendiges Vorbild eines Lebens sein kann, das dir geweiht ist. Ich will nicht in einer sinnlosen Routine feststecken oder übermäßig gesetzlich dabei sein, einem bestimmten Plan oder einer Checkliste zu folgen, aber ich möchte jedes Werkzeug nutzen, das du mir gibst, um meine Kinder auf den Weg zu dir zu führen. Hilf mir, mein Kind auf den Wegen des Herrn zu leiten, zu führen und zu erziehen. Hilf mir, ihm dein Wort nahezubringen und einzuprägen, damit es nicht gegen dich sündigt. Befähige mich, (Name des Kindes) zu lehren, wie man von Herzen betet. Hilf mir, geistliche Musik in unser Haus und unser Auto zu bringen. Hilf mir dabei, mein Kind zu lehren, wie es dich loben und anbeten kann.

Herr Jesus, ich bitte dich um Weisheit und Leitung. Nichts ist wichtiger als das geistliche Wohl meiner Kinder. Halte mich auf, wenn ich Anstalten mache, einen Fehler zu begehen, und hilf mir, ein gutes Vorbild zu sein – immer ehrlich, geduldig und freundlich. Hilf mir, meine Zunge zu hüten, vor allem, wenn meine Kinder anwesend sind.

Ich weihe dir immer wieder unsere Familie. Hilf uns, zu deiner Ehre zu leben.

Im Namen Jesu. Amen.

Bibelaussagen zum Nachdenken und Beten

Unmündigen und kleinen Kindern hast du dein Lob in den Mund gelegt.
Matthäus 21,16 (zitiert aus Psalm 8,2); NGÜ

Bewahrt deshalb diese Worte im Herzen! Denkt immer daran! Schreibt sie zur Erinnerung auf ein Band, und bindet es um die Hand und die Stirn! Bringt die Gebote euren Kindern bei! Redet immer und überall davon, ob ihr zu Hause oder unterwegs seid, ob ihr euch schlafen legt oder aufsteht!
5. Mose 11,18-19

Mein Tagebuch

Kleine Kinder können unglaublich süße Gebete formulieren. Wenn Sie ein Gebet Ihres Kindes aufschreiben wollen, können Sie es hier tun. Oder vielleicht möchten Sie auch Ihr eigenes Gebet für Ihr Kind aufschreiben, das es später lesen kann.

14

Hilfe für Ihr krankes Kind

Jennifers Tagebuch

Das Wetter ist mal wieder abrupt umgeschlagen. Gestern hatten wir über 25 °C, und heute schneit es! Ich glaube, dass dieser plötzliche Wetterumschwung uns körperlich zu schaffen macht, vor allem Micah. Gestern Abend hatte er Fieber und jetzt hat er sich dreimal übergeben. Ich habe ihm nichts zu essen gegeben, abgesehen von Eiswürfeln, und ich habe ihn gestillt. Der arme kleine Kerl. Es gibt wirklich nichts Schlimmeres, als wenn er krank ist.

Herr, hilf Micah bitte, schnell gesund zu werden. Ich weiß, dass dies zum Leben dazu gehört und dass jeder irgendwann krank wird, aber bitte heile mein Baby.

Ich war gerade von einer Aufnahmesession zurück, bei der ich für *Focus on the Family* über meinen Glauben berichtet hatte, und hatte die Arbeit an diesem Kapitel begonnen, als Micah eine fiebrige Erkältung bekam. Sie dauerte nur einen Tag, aber dann bekam Malia sie auch.

Wenn meine Kinder krank sind, bete ich zuerst über ihnen und salbe sie mit Öl. Das tue ich aufgrund von Jakobus 5,14: „Wenn jemand von euch krank ist, soll er die Gemeindeleiter zu sich rufen, damit sie für ihn beten und ihn im Namen des Herrn mit Öl salben", und Markus 6,13: „Sie befreiten Menschen, die von bösen Geistern beherrscht waren, und salbten viele Kranke mit Öl. So wurden die Kranken gesund." Ich nehme mir diese Bibelverse zu Herzen, und ich glaube, dass Jesus die Macht hat, unsere Kinder zu heilen, wenn sie krank sind, und dass wir diese Kraft anzapfen müssen.

Weil ich mit schweren Allergien aufwuchs, stellten meine Eltern teure und gründliche Nachforschungen über natürliche Heilmethoden an. Sie recherchierten nicht nur die verschiedenen Mittel gegen Allergien, sondern auch gegen alle anderen Krankheiten bei uns Kindern. Diese Geschichte hat mich zu einer überzeugten Anhängerin natürlicher Heilmethoden gemacht.

Ich bin dankbar dafür, dass meine Kinder im Großen und Ganzen gesund sind. Aber sie können eine Erkältung oder Grippe bekommen, wenn ihr Immunsystem geschwächt ist. Als Micah in die Schule kam, schien es, als hätte er jede Woche eine Erkältung. Es war schrecklich ermüdend und frustrierend und es kam mir vor, als würde es nie besser werden. Als Mutter wollte ich, dass mein Kind sich gleich wieder gut fühlte, aber ich wollte ihm auch nicht zu viel Medizin geben, die ihm vielleicht schaden könnte.

Im Jahr 2011 nahm die Firma Johnson & Johnson das Mittel Tylenol für Säuglinge vom Markt und nach einer flächendeckenden Rückrufaktion empfahl die Arzneimittelbehörde der USA den Verbrauchern, kein flüssiges Tyleno, Motrin, Benadryl und Zyrtec für Kinder und Säuglinge mehr zu verwenden. Ich machte mir Sorgen, weil ich Micah und Malia einige Male Tylenol gegeben hatte, als sie Babys bzw. Kleinkinder waren. Nach diesem Schrecken verlegten wir uns auf Naturheilmittel, um unseren Kindern bei der Genesung zu helfen, und durch diese natürlichen Methoden waren ihre Symptome viel weniger ausgeprägt und hielten nicht so lange an.

Wenn Ihr Kind heutzutage eine verstopfte Nase, Bauchweh oder ein Kratzen im Hals hat, sagen Ärzte, dass natürliche Heilmittel oft die beste Methode sind, damit Ihr Kind sich besser fühlt, und das macht mich als Mutter sehr glücklich. Selbst der beliebte Fernseharzt Dr. Oz ist ein Anhänger überlieferter Hausmittel – Behandlungen, die sich seit Hunderten von Jahren bewährt haben und kaum jemals Nebenwirkungen haben. Sie kosten nicht viel, und oft haben sie die Zutaten, die Sie brauchen, bereits in Ihrer Küche.

Ich habe eine Liste natürlicher Heilmittel zusammengestellt, die Sie in Erwägung ziehen können, wenn Ihr Kleines das nächste Mal krank wird oder sich verletzt. Achten Sie zusätzlich darauf, dass Ihr Kind viel Wasser trinkt, eine ausgewogene, gesunde Ernährung bekommt und genug schläft – all das ist wichtig, um das Immunsystem zu stärken. Geben Sie Ihrem Kind jeden Tag eine gute Multivitamin-Nahrungsergänzung und achten Sie darauf, dass es saubere Hände hat, indem es Wasser und Seife benutzt. (Antibiotische Seife wird inzwischen nicht mehr empfohlen, weil sie zu resistenten Bakterien führen kann.)

12 natürliche Heilmittel zur Behandlung Ihres Kindes

Ich hoffe, beim nächsten Mal, wenn Ihr Nachwuchs etwas gegen Schmerzen braucht, werden Sie diese Mittel ausprobieren.

1. Bauchweh

Wenn meine Kinder Bauchweh haben, gebe ich ihnen oft Kamillen- oder Pfefferminztee. Er entspannt die Bauchmuskulatur und hat eine beruhigende Wirkung. Ich lasse den Teebeutel vier bis fünf Minuten im kochenden Wasser ziehen, dann lasse ich den Tee ein wenig abkühlen und füge ein bisschen Honig hinzu. (Honig ist in Ordnung, wenn Ihr Kind mindestens 12 Monate alt ist.)

2. Halsschmerzen

Meine Kinder lieben Zitronensaft mit Honig. Die Zitrone hilft den Schleimhäuten beim Abschwellen, und der Honig bildet eine beruhigende Schicht im Hals. Eine Studie hat erst neulich festgestellt, dass ein Löffel Honig den Husten bei Kindern wirkungsvoller lindert als Hustensaft.[14] Mischen Sie einfach je einen Esslöffel Zitronensaft und Honig, erwärmen Sie den Sirup 10 bis 20 Sekunden in der Mikrowelle (er darf nicht heiß sein), und verabreichen Sie ihn Ihrem Kind teelöffelweise. Vorsicht: Für Babys, die noch kein Jahr alt sind, ist Honig nicht geeignet.

Wenn Ihr Kind alt genug ist, kann es versuchen, mit Salz und Backpulver zu gurgeln (je einen halben Teelöffel in einem Becher mit warmem Wasser auflösen). Bei uns zu Hause gibt es auch Kräutertees, zum Beispiel Rot-Ulme, Kirschbaumrinde oder Süßholz (nicht Anis), die ebenfalls beruhigen. Wenn Ihr Kind lieber etwas Kaltes mag, versuchen Sie es mit Eislutschern aus 100%-igem Fruchtsaft oder selbstgemachter „Eiskrem“ (siehe mein Rezept in Kapitel 15).

Omas Tagebuch

Die meisten von uns haben sich an die bequeme Kommunikation per E-Mail gewöhnt, so dass wir kaum noch handgeschriebene Nachrichten mit der Post verschicken. Das Beste daran ist, dass die gute, altmodische Grußkarte jetzt etwas ganz Besonderes ist.

Wenn eins meiner Enkelkinder die Grippe hat, schicke ich ihm gerne Post. Bei einem älteren Kind schreibe ich einen Brief und verziere ihn mit Aufklebern. Für die kleineren Kinder, die noch nicht lesen können, nehme ich eine lustige Karte oder ein selbst gezeichnetes Bild.

14 „Pediatrician: The Healing Power of Honey.“ http://www.9news.com/rss(story.aspx?storyid=243681 (Zugriff Februar 2012).

> Wenn sie einen Umschlag nur für sie im Briefkasten finden, freuen sie sich sehr. Und ich habe auch einige ganz reizende Antworten erhalten.
>
> Carolyn Warren

3. Kopfschmerzen

Wenn Ihr Kind eine Erkältung oder Grippe hat, bekommt es oft auch Kopfschmerzen. Am besten hilft dagegen einen Eisbeutel oder eine Tüte gefrorene Erbsen in ein Geschirrtuch gewickelt, die sie auf den Kopf Ihres Kindes legen. (Legen Sie nie einen solchen Eisbeutel unmittelbar auf die Haut, weil das zu Kälteverbrennungen führen kann.) So werden die Kopfschmerzen auch ohne Schmerzmittel nachlassen.

4. Erkältungen und Atemwegserkrankungen

Wissen Sie, was Sie tun müssen, wenn Ihr Kind mit einer heftigen Erkältung nach Hause kommt? Also, meine Kinder *lieben* dann einen großen Teelöffel „Karamell", wie ich es nenne. Ich finde, es sieht aus wie Karamell, dabei ist es nur ein Teelöffel Honig (am besten naturbelassen) gemischt mit einem Viertel Teelöffel Zimt. Das gebe ich ihnen drei oder vier Tage lang zweimal täglich, dann wirkt es am besten. Wir mischen es auch gerne in unser Porridge, träufeln es über selbst gebackene Pfannkuchen oder machen „Tee" daraus. Es ist wichtig, dieses Mittel gleich beim ersten Anzeichen einer Erkältung einzunehmen.

Wenn Ihr Kind kein Asthma hat, können Sie auch einen Luftbefeuchter oder Wasserdampf von einer heißen Dusche verwenden, um die Schwellung der Schleimhäute zu lindern. (Bei Asthmatikern können Veränderungen in der Luftfeuchtigkeit Bronchialkrämpfe auslösen.) Wenn die Nase Ihres Kindes verstopft ist, sollten Sie es so oft wie möglich dazu bringen, auf der Seite zu schlafen, damit der Schleim nicht in die Kehle rutscht. Sie können auch mit einem Zerstäuber die Luft befeuchten, eventuell mit einigen Tropfen Menthol, Eukalyptus oder Pfefferminz im Wasser, die zusätzlich heilen.

Auch hierbei ist es wichtig, dass Ihr Kind jede Menge Wasser oder Saft trinkt, beziehungsweise alles, was Ihr Kind trinken will. Wenn es keinen Durst hat, versuchen Sie es mit ungesüßten Fruchtsaft-Eislutschern.

Vergessen Sie nicht die positive Wirkung selbstgekochter Hühnersuppe – sie ist immer noch ein wichtiges Standbein. Kochen Sie sie schlicht und nur mit natürlichen Zutaten. Ich mache meine aus Hühnchen ohne Hormone und Antibiotika, Karotten, Sellerie, Zwiebeln, Knoblauch, Hühner- oder Gemüsebrühe und Lorbeerblättern. Mit Salz und Pfeffer abschmecken. Diese Suppe ist leicht, nahrhaft und schmeckt auch Kindern gut. Wir mögen sie auch mit Naturreis oder Reisnudeln.

5. Insektenstiche

Wenn Ihr Kind von einer Biene oder einem anderen Insekt gestochen wurde, entfernen Sie zunächst den Übeltäter mit einer Kreditkarte. Kühlen Sie die Stelle anschließend einige Minuten lang mit einem in ein Handtuch gewickelten Eisbeutel, während Sie eine Paste aus Backpulver anrühren. Sie hilft besser gegen den Juckreiz als jedes Produkt, das Sie im Laden kaufen können. Das basische Backpulver hilft gegen die saure Schwellung. Mischen Sie einfach einen Teelöffel Backpulver mit so viel Wasser, dass eine dicke Paste entsteht, schmieren Sie sie auf den Stich und lassen Sie sie trocknen.

Denken Sie daran: Die beiden größten Risiken bei den meisten Insektenstichen sind eine allergische Reaktion (die bei manchen Menschen tödlich sein kann) und eine Infektion (üblicher und weniger gefährlich). Sobald eine allergische Reaktion oder eine Infektion auftritt, müssen Sie sofort einen Arzt aufsuchen.

6. Gehörgangsentzündung (engl. swimmer's ear)

Micah fing schon früh an zu schwimmen und hatte hin und wieder Ohrenschmerzen davon. Diese schmerzhafte Entzündung des äußeren Gehörgangs schließt Flüssigkeit und möglicherweise Bakterien ein. Im Falle einer Infektion wird Ihr Kinderarzt wahrscheinlich ein Antibiotikum in Tropfenform verschreiben. Aber bei milden Fällen können Sie versuchen, das eingeschlossene Wasser verdampfen zu lassen, indem Sie einen warmen (nicht heißen) Föhn aus etwa dreißig Zentimeter Entfernung auf das Ohr Ihres Kindes richten.

Ich weiß, dass manche Eltern sich angewöhnt haben, zum Arzt zu fahren, um Amoxicillin verschrieben zu bekommen; aber heutzutage behandeln Ärzte Gehörgangsinfektionen vermehrt ohne dieses Medikament, es sei denn, Sie wollen bald eine Flugreise antreten.

7. Fieber

Wenn Ihr Kind Fieber hat, ist das nicht immer schlecht. Gott hat unseren Körper so geschaffen, dass er Bakterien und Viren auf natürlichem Wege bekämpft. Bei den meisten Kindern erfordert Fieber unter 39 °C in der Regel keine Behandlung, es sei denn, das Kind fühlt sich sehr unwohl. Wenn die Temperatur über 39°C steigt, sollten Sie Ihren Kinderarzt konsultieren. Säuglinge unter drei Monaten haben jedoch ein höheres Risiko, weshalb empfohlen wird, sofort den Arzt zu rufen oder sich in eine Notaufnahme zu begeben, wenn das Fieber über 38°C steigt.

Ich glaube, bei Kleinkindern und älteren Kindern ist es in Ordnung, ein leichtes Fieber wirken zu lassen. Wenn Ihrem Kind sehr warm ist, können Sie ein lauwarmes Bad versuchen oder nehmen Sie die Bettdecke fort und benutzen Sie nur ein dünnes Laken zum Zudecken. Vergewissern Sie sich, dass Ihr Kind viel kühles Wasser trinkt.

8. Schmerzen im Bein, Fuß oder Nacken

Anstatt ein Heizkissen zu kaufen, können Sie einen der Beutel benutzen, die Sie für das „Bällewerfen“ in Kapitel 11 genäht haben. Diese Beutel können Sie für den Bauch ebenso nehmen wie für Beine, Füße oder Nacken. Füllen Sie einfach eine Socke oder einen Baumwoll- oder Flanellbeutel mit rohem Reis. Binden Sie ihn mit Garn oder Schnur zu oder nähen Sie die Enden zu. Erwärmen Sie den Reisbeutel eine Minute lang (oder länger, wenn nötig) in der Mikrowelle. *Achten Sie darauf, dass er nicht zu heiß wird!* Legen Sie den Beutel dann auf die Stelle, an der Ihr Kind Schmerzen hat. Wenn der Beutel abkühlt, legen Sie ihn wieder in die Mikrowelle und benutzen Sie ihn noch einmal.

Wenn Wärme nicht hilft, können Sie auch gefrorene Erbsen nehmen oder andere Eisbeutel. Tun Sie, was für Ihr Kind am angenehmsten ist.

9. Verstopfung

Es kann Zeiten geben, in denen die Verdauung Ihres Kindes nicht so richtig funktioniert. Es gibt mehrere Dinge, die bei Kindern zu Verstopfung führen können, zum Beispiel Veränderungen bei den Essenszeiten, eine Krankheit oder Medikamente; aber die häufigste Ursache sind Ernährung und Dehydrierung.

Wenn ein Kind Verstopfung hat, würde ich als Erstes vorschlagen, dass es mehr Wasser trinkt. Sobald es aufwacht, würde ich ihm ein Glas warmes Wasser zu trinken geben. Als Nächstes würde ich Flohsamenschalen verabreichen, also natürliche Ballaststoffe, die man in ein Glas Wasser oder ungesüßten Fruchtsaft einrührt. Sorgen Sie dann dafür, dass Ihr Kind den ganzen Tag über viel Wasser trinkt.

Außerdem würde ich meinem Kind zum Frühstück frisches Obst geben. Bei uns zu Hause lautet die Devise: „Zuerst Obst!“, und beide Kinder lieben es. Während des Tages können Sie Ihrem Kind Backpflaumen, Rosinen oder Feigen geben, sie helfen alle, den Darm in Bewegung zu bringen.

10. Nasenbluten

Cayennepfeffer hilft bei der Blutgerinnung und wird in verschiedenen Kulturen auf der ganzen Welt zu medizinischen Zwecken eingesetzt, sagt Kinderärztin Lillian Beard. Weder meine Kinder noch ich hatten jemals heftiges Nasenbluten. Aber Dr. Beard empfiehlt, den Kopf des Kindes hoch zu halten, während es aufrecht sitzt, und ihm die Nase mehrere Minuten lang zuzuhalten. Streuen Sie dann eine Prise Cayennepfeffer auf ein feuchtes Wattestäbchen und betupfen Sie damit die blutende Stelle in der Nase. „Man sollte meinen, das brennt, aber erstaunlicherweise tut es das nicht", sagt Dr. Beard.

11. Reisekrankheit oder Übelkeit

Ich habe Glück, weil meine Kinder beide frischen Ingwer mögen. Als sie etwa zwei Jahre alt waren, fing ich an, ihnen welchen zu geben, wenn wir zu besonderen Gelegenheiten Sushi aßen. Meine Mutter hat mir beigebracht, dass Ingwer gegen das Zusammenziehen des Magens hilft, das dem Gehirn signalisiert, dass einem übel ist. Für Kinder ab zwei Jahren ist Ingwer als Tee unbedenklich, der aus einem Teelöffel geriebenem frischem Ingwer pro 100 ml kochendem Wasser hergestellt wird. Lassen Sie das Getränk vier bis fünf Minuten ziehen, dann können Sie etwas Honig hineingeben, damit es besser schmeckt. Wenn der Tee abgekühlt ist, lassen Sie Ihr Kind eine halbe Stunde vor der Reise davon trinken, wenn es zu Reisekrankheit neigt oder ihm übel ist.

12. Pseudokrupp

Als Micah ein Baby war, hatte er mehrmals Pseudokrupp. Dabei handelt es sich um eine virale Entzündung, die zu Atembeschwerden und einem bellenden Husten führt. Für mich als frisch gebackene Mutter war das ausgesprochen beängstigend. Ich stellte fest, dass die beste Erste Hilfe war, ihn zu stillen und darauf zu achten, dass er nicht dehydrierte. Als Nächstes stellte ich einen Luftbefeuchter in unser Zimmer, um ihm beim Atmen zu helfen.

Füllen Sie den Luftbefeuchter mit klarem Wasser und einer Prise Salz. Vergessen Sie nicht, den Behälter nach jedem Gebrauch zu entleeren, zu reinigen und ganz zu trocknen, damit kein Schimmel entsteht. Hustensäfte und andere Erkältungsmedikamente aus der Drogerie helfen bei Pseudokrupp nicht. Wenn Ihr Säugling Pseudokrupp hat, kann auch ein Ausflug von einigen Minuten in der kalten Luft hilfreich sein.

Ich bete, dass diese natürlichen Mittel in möglichst vielen Situationen helfen werden, damit Ihr Kind so gesund wie möglich bleibt. Wenn Sie in der Bibel lesen und beten, bitten Sie Gott, Ihnen Weisheit zu geben und den Heilungsprozess zu beschleunigen. Ich glaube, wir müssen unseren gesunden Menschenverstand und die verfügbaren Ressourcen gebrauchen und zugleich Gottes heilende Kraft anzapfen. Hier sind einige meiner Lieblingsverse aus der Bibel, um das Vertrauen darauf zu stärken.

Sieben Lieblingsbibelverse zum Thema Heilung

Denn ich bin der Herr, der euch heilt!
2. Mose 15,26

Er sprach nur ein Wort, und sie wurden gesund.
Psalm 107,20

Aber zu dir sage ich, der Herr:
Ich will dich wieder gesund machen und deine Wunden heilen.
Jeremia 30,17

Geh wieder nach Hause!
Was du geglaubt hast, ist Wirklichkeit geworden.
Matthäus 8,13

Er nahm unsere Leiden auf sich und heilte unsere Krankheiten.
Matthäus 8,17 (ein Zitat aus Jesaja 53,4)

Die Glaubenden aber werde ich durch folgende Wunder bestätigen: In meinem Namen werden sie Dämonen austreiben und in unbekannten Sprachen reden … und Kranke, denen sie die Hände auflegen, werden gesund.
Markus 16,17-18

Wenn sie im festen Vertrauen beten, wird der Herr dem Kranken helfen. Er wird ihn aufrichten und ihm vergeben, wenn er Schuld auf sich geladen hat. Bekennt einander eure Sünden und betet füreinander, damit ihr geheilt werdet.
Jakobus 5,15-16

In der Bibel wird die Geschichte eines Mannes namens Jairus erzählt, dessen einzige Tochter sehr krank wurde (siehe Lukas 8, 40-56).

Jairus gab alles, was er hatte, für medizinische Behandlungen aus, aber der Zustand des Mädchens verschlimmerte sich. Verzweifelt reiste Jairus zu Jesus, um ihn um Hilfe anzuflehen.

Jesus gewährte Jairus seine Bitte, aber es war ein langer Weg zu Fuß, und Jesus wurde von anderen, die Heilung brauchten, gestört und aufgehalten. Während sie noch unterwegs waren, kam ihnen ein Diener aus Jairus' Haushalt entgegen und sagte: „Es ist zu spät. Deine Tochter ist gestorben." Ich kann nur erahnen, wie verheerend diese Nachricht für den liebenden Vater gewesen sein muss.

Aber Jesus sagte: „Mach dir keine Sorgen; sie schläft nur und wird wieder gesund. Du musst nur glauben und vertrauen."

An diesem Punkt hatte Jairus die Wahl. Er konnte Jesus nach Hause gehen lassen, weil seine Tochter gestorben war; oder er konnte glauben, dass seine Tochter auferstehen würde. Er entschied sich für den Glauben, und so gingen sie weiter.

Als sie bei dem Haus von Jairus ankamen, schob Jesus sich durch die Trauernden und Skeptiker hindurch, nahm die Hand des Mädchens und sagte: „Steh auf, mein Kind!“

Wunderbarerweise schlug die Tochter die Augen auf und erhob sich, ganz und gar gesund und geheilt. Ich liebe diese Geschichte. Sie ist ein Bericht über unerschütterlichen Glauben, über Eltern, die sich für ihr Kind einsetzen, von Zweiflern mittendrin, von einer wundersamen Heilung und schließlich von Glück und Staunen zugleich. Hier können wir Eltern eine Menge lernen.

Elterngebet

Lieber Gott,
ich bitte dich, mein Kind zu behüten und vor Krankheit zu bewahren. In Jesu Namen spreche ich jetzt gute Gesundheit und Sicherheit über (Name des Kindes) aus.

Hilf mir, eine gute, verantwortungsbewusste Mutter/ein guter, verantwortungsbewusster Vater zu sein. Hilf mir, in schwierigen Situationen die richtigen Entscheidungen zu treffen. Leite mich und gib mir Weisheit.

In Zeiten der Krankheit bitte ich um göttliche Heilung, denn du bist der große Arzt. Ich nehme die Verheißungen der Heiligen Schrift in Anspruch und spreche in Jesu Namen Heilung aus. Ich gebrauche meine gottgegebene elterliche Autorität, um im Glauben für mein Kind einzutreten und göttliches Eingreifen anzunehmen.

Beschütze meine Familie. Gib auf uns Acht. Schenke uns Gesundheit und Sicherheit. Und erinnere uns daran, immer dankbar zu sein für deine liebevolle Fürsorge. Danke, himmlischer Vater.

Wir beten in Jesu Namen. Amen.

Bibelaussagen zum Nachdenken und Beten

Bleibt wachsam, und steht fest im Glauben!
Seid entschlossen und stark!
1. Korinther 16,13

Jesus antwortete ihr:
„Dein Glaube ist groß. Was du erwartest, soll geschehen."
Im selben Augenblick wurde ihre Tochter gesund.
Matthäus 15,28

Mein Tagebuch

Meine Ansichten zu übernatürlicher Heilung:

Dann warst du krank:

Dann hat Gott dich geheilt:

15

Mit Kindern kochen

Jennifers Tagebuch

Micah hat gerade sein zweites Lebensjahr begonnen. Er liebt es, neue Nahrungsmittel zu probieren. Alles ist spannend für ihn. Es macht Spaß, seine Miene zu beobachten, wenn er etwas mag, aber noch lustiger ist es zu sehen, welche Grimassen er zieht, wenn ich ihm etwas gebe, das er nicht mag. Dann rümpft er seine kleine Nase und spuckt es manchmal aus, und dann lacht er.

Ich bete, dass er nahrhaftes Essen mag, das gut für ihn ist. Das ist mir sehr wichtig, weil ich die positive Wirkung einer gesunden Ernährung kenne. Ich weiß, Dan wird ihm Eiskrem und Fastfood geben wollen, wenn er älter ist. Hin und wieder ist das in Ordnung, aber ich will nicht, dass es zur täglichen Gewohnheit wird. Im Übrigen scheint Micah das selbstgemachte Eis aus gefrorenen Bananen, Mangos und Mandelmilch zu mögen.

Mit einem Jahr ist Ihr Baby von pürierter Nahrung zu fein gehacktem Essen übergegangen. Jetzt, wo Ihr Kleinkind sein zweites Lebensjahr erreicht hat, kann es mehr bewältigen. Feste Nahrung wird etwa die Hälfte seiner Ernährung ausmachen, aber das bedeutet nicht, dass Sie mit dem Stillen aufhören müssen. Wenn Sie und Ihr Baby das Stillen genießen, können Sie es so machen wie ich und Ihr Baby weiter stillen, bis es bereit ist, abgestillt zu werden.

Gesunde Nahrungsmittel für Kleinkinder

12 bis 18 Monate	Aprikosen, Grapefruit, halbe Weintrauben, Erdbeeren*, Tomaten, Brokkoli, Blumenkohl, Melone, Mango, Kiwi, Papaya, Nudeln (Reisnudeln sind am besten), Weizenmüsli*, Honig, Pfannkuchen, Muffins*, Bagels, Vollmilch*, Hüttenkäse*, ganze Eier*, Rindfleisch, Fisch* (Lachs)
18 bis 24 Monate	Smoothies, Shakes, Suppen, Eintöpfe, Butterbrote

* Lassen Sie Vorsicht walten, wenn Sie Lebensmittel einführen, die eine allergische Reaktion hervorrufen können. Bitte beachten Sie auch Kapitel 8: Allergien.

Gott hat eine riesige Vielzahl von Lebensmitteln erschaffen, die wir essen können; und natürlich wollen wir, dass unsere Kinder gerne essen. Trotzdem sind Kinder in diesem Alter oft wählerisch. Hier sind einige Regeln, die in unserer Familie gut funktioniert haben, was die Mahlzeiten betrifft. Ich hoffe, Sie werden sie ebenfalls als hilfreich empfinden.

Vertrauen Sie Ihrem Mutterinstinkt

Ihr Kleinkind verändert sich in diesem Stadium unglaublich schnell, deshalb sollten Sie nicht überrascht sein, wenn es Tage gibt, an denen Ihr Nachwuchs ganz heiß auf feste Nahrung ist, er aber am nächsten Tag nur gestillt werden oder die Flasche bekommen möchte. Bei Micah habe ich mir deswegen unglaubliche Sorgen gemacht, bis ich mit unserem Kinderarzt darüber sprach. Da erfuhr ich, dass das völlig normal ist. Wenn Sie wissen, dass Ihr Kind gesund und zufrieden damit ist, wenn es an einem Tag feste

Nahrung zu sich nimmt und am nächsten Tag gestillt wird, dann können Sie ganz gelassen sein. Vertrauen Sie auf Ihren gottgegebenen Mutterinstinkt. In Sprüche 1,8-9 heißt es, dass die Unterweisung einer Mutter ein schöner Schmuck für das Haupt eines Kindes ist. Nehmen Sie dieses poetische Kompliment von Gott ruhig an.

Gehen Sie mit gutem Beispiel voran

Es ist nicht ungewöhnlich, dass kleine Kinder sich nicht trauen, unbekannte Nahrungsmittel zu probieren. Aber denken Sie daran: Ihr Sprössling beobachtet Sie und lernt von Ihnen. Wenn er also sieht, dass Sie ein Essen genießen, wird er es wahrscheinlich auch probieren wollen. Diese Erfahrung machten wir, als Micah und Malia sahen, wie Dan und ich Sushi aßen. Unsere beiden Kinder aßen schon mit zwei Jahren für ihr Leben gern Sushi – und als er fünf war, konnte Micah riesige Mengen davon verdrücken. Wenn ein Baby ungefähr ein Jahr alt ist, sitzt es gerne auf dem Schoß seiner Eltern und probiert Dinge von ihrem Teller, vor allem Sachen wie Kartoffelbrei und weich gekochte Gemüse wie Karotten oder Blumenkohl. Im Restaurant saßen meine Kinder normalerweise in einem Hochstuhl, aber manchmal mussten sie auch auf dem Schoß gehalten werden; und so funktionierte es gut, mein Essen mit ihnen zu teilen.

Ein Trick, mit dem ich Micah dazu brachte, seine eigene Mahlzeit aufzuessen, war, sein Essen auf meinen Teller zu tun, so dass er dachte, es sei meins, und dann aß er es fröhlich auf. Manchmal muss man einfach das tun, was funktioniert, und sollte sich nicht zu viele Gedanken machen. Paulus schrieb: „Sorgt euch um nichts“ (Philipper 4,6). Das ist für uns Mütter ein guter Rat, vor allem zu den Mahlzeiten.

Versuchen Sie es mit Kreativität

Es kann Zeiten geben, in denen Sie bestimmte Lebensmittel verstecken oder tarnen müssen, damit Ihr Kind alle Nährstoffe bekommt, die es braucht. Mit gestampften Süßkartoffeln oder Apfelmus kann man so ziemlich alles verschleiern. Noch eine Strategie: Wenn Ihr Kleinkind den Mund öffnet, um etwas von seiner Lieblingsspeise zu essen, können Sie schnell einen Löffel von dem Essen hineinschieben, das es probieren soll. Manchmal macht es auch die Präsentation. Ich mag es, wenn wir beim Essen Spaß haben, also lasse ich meiner künstlerischen Ader freien Lauf und serviere Toastbäume, Apfelpommes, Avocado-Boote, Obstspieße, kleine Käsewürfel, Papaya-Kanus, *wana*-Gemüse (eine hawaiianische Spezialität) und Pfannkuchen in Tierform mit Gesichtern aus Obst. (Anleitungen siehe weiter unten.) Sie haben vielleicht noch andere interessante Ideen. Kreativität ist eine Gottesgabe, und ich glaube, Mütter haben von Gott eine Extraportion davon mitbekommen. In Sprüche 8,12 heißt es: „Ich bin die Weisheit, und zu mir gehört die Klugheit. Ich handle überlegt und besonnen." Manchmal ist ein wenig Klugheit gefragt!

Machen Sie sich keinen Kopf wegen der Schmiererei

Ich muss zugeben, dass ich einen ziemlichen Ordnungsfimmel habe … oder jedenfalls hatte, bevor unsere Kinder kamen. Das Durcheinander, das damit verbunden war, einen Zweijährigen zu füttern, war wirklich nicht mein Ding, also tat ich alles, um das Chaos in Grenzen zu halten. Ich machte die Erfahrung, dass meine Kleinkinder beide Hände nahmen, wenn ich ihnen zu viel zu essen gab, und dann war hinterher alles vollgeschmiert. Süß für Fotos, aber das war auch schon alles. Ich lernte schnell, dass es meinem Gemütszustand diente und Micah und Malia satt wurden, wenn ich sie zu Sauberkeit anhielt und ihnen jeweils nur einige Bissen in mundgerechten Stücken auf den Teller tat. Aber was auch immer passiert, schreien Sie Ihre Kinder nicht an. Gott hat Kinder abwaschbar gemacht, und Ihr Haus ist es auch!

Pläne sind nicht immer einzuhalten

Drei Mahlzeiten und zwei Zwischenmahlzeiten pro Tag sind für Sie und Ihre Kleinen perfekt. Trotzdem ist es nicht ungewöhnlich, dass

Ihr ein- bis zweijähriges Kind eine Mahlzeit auslässt. Das ist kein Grund zur Besorgnis; für Sie mag es schwierig sein, eine Mahlzeit zu überspringen, aber Kinder brauchen Zeit, um zu lernen, auf innere Anzeichen für Hunger und Sättigung zu hören. Jesus lehrte: „Deshalb sorgt euch nicht um morgen“ (Matthäus 6,34). Konzentrieren Sie sich auf heute und vertrauen Sie Gott, dass auch morgen für Ihre Kleinen gesorgt ist.

Rufen Sie eine kampffreie Zone aus

Zwingen Sie Ihr Baby oder Kind nie zum Essen, denn das kann langfristig ungesunde Essgewohnheiten fördern und später im Leben zu Übergewicht führen. Machen Sie aus der Mahlzeit keine Schlacht, denn das bewirkt nur das Gegenteil. Wenn Ihr Sohn oder Ihre Tochter keinen Hunger hat oder nichts mehr herunterbekommt, sollten Sie nie darauf bestehen, dass sie ihren Teller leer essen. Der Appetit nimmt zu, wenn sie einen Wachstumsschub durchmachen, und danach legt er sich wieder. Während des zweiten Lebensjahres nehmen Kinder langsamer zu und brauchen deshalb weniger Nahrung. Unsere Rolle als Mütter und Väter ist es, unseren Kindern beizubringen, was gesunde, nahrhafte Nahrungsmittel sind, die unser himmlischer Vater uns zum Essen gegeben hat, und für diese Dinge dankbar zu sein. Wenn wir das im Blick behalten, werden wir unsere Mahlzeiten mehr genießen.

Die Portionsgröße ist entscheidend

Nachdem Ihr schnell wachsender Sprössling zwei geworden ist, kann er die gleichen Dinge wie die anderen Familienmitglieder essen. Wichtig ist lediglich, dass Sie die Portionsgröße entsprechend anpassen.

Papas Blog

Also gut, ich muss ehrlich sein. Mit diesem Thema tue ich mich wirklich schwer, weil Jennifer nicht die beste Köchin der Welt ist – ich meine damit, dass sie mir nicht die köstlichen, aber dick machenden Mahlzeiten kocht, die ich gerne esse. Ich komme aus einer großen italienischen Familie, in der alle hervorragend kochen können – ungesund, aber lecker –, sodass ich mich ganz schön umstellen musste. Zu Jens Ehrenrettung muss ich sagen, dass sie ein paar tolle Dinge zaubert, zum Beispiel … na ja, Salate, Obstdrinks, Wraps und Müsli.

Am Anfang dachte ich, es sei wichtig zu betonen, dass bei den Mahlzeiten jeder eine Aufgabe hat. Wir fingen damit an, dass wir Micah auftrugen, dafür zu sorgen, dass beim Abendessen alle etwas zu trinken hatten. Als Malia alt genug war, war sie dafür zuständig, den Tisch mit Sets, Besteck und Servietten zu decken.

Als wir heirateten, hatten Jen und ich eine Abmachung, die besagte, dass einer kochte und der andere abwusch. Da sie die meisten Mahlzeiten zubereitet, bin ich für gewöhnlich derjenige, der das Geschirr spült. Das ist die Hausarbeit, die ich am wenigsten mag, aber ich finde, es ist wichtig, Micah zu zeigen, dass Männer abwaschen. Außerdem hoffe ich, dass wir damit noch einen anderen Wert in unseren Kindern verankern, nämlich den, dass alle mithelfen. Wir essen alle, deshalb müssen wir alle irgendetwas beitragen.

Das ist eine gute Lebenslektion, die sich auch auf andere Bereiche übertragen lässt.

Ihr viel versprechender Koch

Es ist ein Vergnügen, wenn Ihre Kinder alt genug sind, um Ihnen in der Küche zu helfen. Sowohl Micah als auch Malia helfen mir gerne – angefangen vom Gemüsewaschen, wenn es eine asiatische Pfanne gibt, bis zum Salatschleudern. Geben Sie Ihren Kindern Aufgaben, die ihnen helfen, das Abmessen, Kochen und Putzen zu lernen. Die Kleinen sind dann ganz stolz, weil sie geholfen haben, das Essen für die Familie zuzubereiten.

Wenn ich koche, hole ich meine Kinder meistens zu mir in der Küche, damit sie mir helfen. Ich möchte, dass sie verstehen, wie viel Arbeit es ist, eine schöne Mahlzeit zu kochen, und dass sie die Lebensmittel, mit denen Gott uns segnet, zu schätzen wissen. Dabei versuche ich, ihnen Aufgaben zu geben, die einfach sind, aber Spaß machen. Eine der ersten Hausarbeiten, die sie übernehmen, ist das Wegräumen des Geschirrs, normalerweise die Tuppersachen und das Besteck, aber keine Messer und nichts Zerbrechliches. Als Nächstes lasse ich sie auf einen Tritt klettern und zeige ihnen, wie man das Gemüse fürs Abendessen wäscht. Für sie ist das der lustigste Job in der Küche. Je nachdem, was es an dem jeweiligen Tag zu essen gibt, dürfen sie die Zutaten mit Tassen und Löffeln abmessen.

Anleitungen für kreative Kindermahlzeiten

Weiter oben habe ich geschrieben, dass wir mit Kreativität gesunde Mahlzeiten für Kinder zubereiten können. Hier sind ein paar einfache Tipps:

Toastbäume

Toasten Sie Vollkornbrot (bitte kein weißes Brot) und bestreichen Sie es mit etwas, das die Kinder gerne essen, z.B. ein wenig Butter und Fruchtaufstrich. Schneiden Sie den Toast in Streifen und legen Sie damit auf dem Teller einen Baum mit Stamm und Ästen.

Apfelpommes

Waschen und schneiden Sie einen Apfel so, dass er aussieht wie dünne Pommes Frites. Servieren Sie die Pommes mit Mandelmus oder Ziegenkäse.

Avocado-Boote

Halbieren Sie eine Avocado und entfernen Sie den Stein. Stellen Sie Ihr Lieblingsdressing her und geben Sie es in das Boot. Meine Kinder lieben Olivenöl und Balsamico mit einem Hauch Knoblauch und Salz.

Obstspieße

Diese gefrorenen Leckereien sind bei uns ein beliebter Sommersnack. Nehmen Sie Schaschlikspieße und spießen Sie abwechselnd Stücke von Mango, Ananas, Erdbeeren, Bananen und Pfirsichen auf. (Jedes andere Obst tut es auch.) Legen Sie die Obstspieße über Nacht in einem wiederverschließbaren Gefrierbeutel in die Tiefkühltruhe und genießen Sie sie am nächsten Tag.

Papaya-Kanus

Wenn wir meine Mutter in Hawaii besuchen, machen wir die jeden Morgen zum Frühstück. Halbieren Sie eine Papaya und entfernen Sie die Kerne mit einem Löffel. Würfeln Sie Ananas, Mango und Erdbeeren und fügen Sie noch Blaubeeren oder Brombeeren hinzu, wenn Sie wollen. Mischen Sie die Früchte und füllen Sie das Papaya-Kanu damit. Ein Minzblatt dient als Segel.

Wana-Gemüse

(Hawaiianer nennen den Seeigel *wana.*) Diese Speise habe ich mir neulich ausgedacht. Füllen Sie ein bis zwei Esslöffel Hummus in eine kleine Schüssel. Schneiden Sie Sellerie, Gurke und große Karotten in lange, dünne Stifte. Stecken Sie die Gemüsestifte in den Hummus (damit sie aussehen wie Seeigelstacheln) und servieren Sie die *wanas.*

Pfannkuchen in Tierform mit Obstgesichtern

Bereiten Sie einen Teig für Vollkornpfannkuchen zu. Gießen Sie zunächst einen größeren Kreis als Gesicht in die Pfanne und fügen Sie dann kleinere Kreise als Ohren hinzu. Lassen Sie Ihre Kinder die fertigen Pfannkuchen mit Augen, Nase und Mund aus Bananenscheiben, Brombeeren, Blaubeeren, Himbeeren oder anderen Früchten verzieren. Träufeln Sie dann reinen Ahornsirup darüber und genießen Sie Ihre Pfannkuchengesichter!

Gesunde Zwischenmahlzeiten

In Kapitel 5 habe ich Ihnen bereits jeweils ein Rezept für Smoothie und Pizza gegeben. Hier sind fünf weitere gesunde Snacks, die wir gerne essen.

Fruchtjoghurtdessert (supereinfach)
1 kleiner Joghurt (wir lieben Kokosmilch-Joghurt)
In Scheiben geschnittene Mango (oder anderes Obst)
Geröstete Walnüsse

Schichten Sie die Zutaten in jeweils drei Lagen in ein Glas.

Erdnussbutter-„Eiskrem"
(ein Lieblingsrezept von mir)

250 ml Mandel- oder Reismilch
1-2 gefrorene Bananen
1 Esslöffel Erdnussbutter oder Mandelmus

Mischen Sie die Zutaten gut und frieren Sie die Masse dann ein. Ergibt 2-3 Portionen.

Maischips mit stückiger Guacamole
(lecker, aber gesund)

2 Avocados
1 mittelgroße Tomate, entkernt und gewürfelt
½ kleine Zwiebel, geschält und gehackt
Einige Korianderblätter, grob gehackt
1 Esslöffel Limettensaft
¼ Teelöffel Kreuzkümmel
Salz und Pfeffer nach Geschmack

Zerdrücken Sie die Avocado mit einer Gabel. Fügen Sie Kreuzkümmel, Zwiebel und Koriander hinzu und rühren Sie dann den Limettensaft hinein. Mit Salz und Pfeffer abschmecken. Heben Sie zum Schluss die Tomatenwürfel unter. Sofort servieren. Lassen Sie die Kinder bei diesem Gericht mithelfen.

Selbstgemachte Kartoffelecken
(Dans Lieblingsessen)
1 Pfund kleine rote Kartoffeln, in Spalten geschnitten
125 ml Olivenöl
Eine halbe Handvoll Parmesan
1 Esslöffel Gewürzmischung ohne Glutamat
Salz und Pfeffer nach Geschmack

Wenden Sie die Kartoffelecken in Olivenöl, Käse und Gewürz. Bei 180°C 45 Minuten backen.

Süßkartoffelpommes
(Micahs und Malias Lieblingsrezept)
2 große Süßkartoffeln
2-3 Esslöffel Olivenöl
Salz und Pfeffer nach Geschmack

Waschen Sie die Süßkartoffeln und schneiden Sie sie in Streifen, die sie in einen großen verschließbaren Gefrierbeutel füllen. Fügen Sie gerade so viel Öl hinzu, dass die Kartoffeln mit einer dünnen Schicht überzogen werden, und fügen sie dann nach Geschmack Salz und Pfeffer hinzu. Verschließen Sie die Tüte und schütteln Sie sie, bis alle Kartoffeln mit Öl überzogen sind. Breiten Sie die Pommes auf einem mit Backpapier ausgelegten Blech aus. Bei 180°C 25-35 Minuten backen.

In 5. Mose 8,8 wird berichtet, dass Gott seinem Volk ein Land mit „Weizen und Gerste, Weintrauben und Feigen, Granatäpfel, Oliven und Honig“ gegeben hat. Es ist ein Bild, das Gottes Güte und Fürsorge deutlich macht. Wir sind uns der Güte Gottes immer bewusst und dankbar dafür, wenn wir essen; und wir lehren unsere Kinder, es auch zu sein.

Elterngebet

Lieber himmlischer Vater,
ich danke dir von Herzen dafür, dass du uns Nahrungsmittel gibst, die wir essen können. Wir beten für die Menschen auf der ganzen Welt, die nichts oder zu wenig zu essen haben. Öffne uns die Augen für das, was wir tun können, um zu helfen. Wir wollen Menschen sein, die von ihrem Überfluss abgeben. Wir verpflichten uns, mit anderen zu teilen, die nicht genug zu essen haben – fern wie nah – vor allem mit Kindern. Lass uns nie für selbstverständlich halten, was wir haben. Gib uns ein großzügiges Herz, damit wir mit anderen teilen.

Jesus, bitte hilf mir, bei den Mahlzeiten für meine Familie weise Entscheidungen zu treffen. Hilf mir, meine Kinder zu lehren, was gesund und nahrhaft ist, um für ihren Leib als Tempel des Heiligen Geistes zu sorgen.

Und hilf mir daran zu denken, dass ich diese Zeit in meinem Leben genießen sollte. Es gibt Tage, an denen das Kochen so lästig ist und ich keine Lust dazu habe; schenk mir eine Einstellung, die dir gefällt, Herr.

Danke, Jesus, für alles, was du uns schenkst, sowohl leiblich wie geistlich. Das beten wir in deinem heiligen Namen. Amen.

Bibelaussagen zum Nachdenken und Beten

Und Gott sprach:
„Seht her! Ich habe euch die Samen tragenden Pflanzen
auf der ganzen Erde und die Samen tragenden Früchte der Bäume
als Nahrung gegeben."
1. Mose 1,29; NLB

Dann nahm er etwas Brot,
dankte Gott vor ihnen allen, brach ein Stück ab und aß es.
Apostelgeschichte 27,35

Mein Tagebuch

Einige meiner Lieblingsarbeiten in der Küche waren:

Einige Lieblingsrezepte meiner Familie:

16

Bildung fängt zu Hause an

Jennifers Tagebuch

Micah lernt gerne. Er lernt Bibelverse, Formen, Farben, Zahlen, die Namen vieler verschiedener Tiere, die Planeten unseres Sonnensystems, die hawaiianischen Inseln und die Namen der 44 Präsidenten der Vereinigten Staaten von Amerika auswendig. Außerdem kann er in zehn Sprachen von eins bis zehn zählen. Wir lernen jeden Tag etwas, während er sein Frühstück oder Mittagessen isst, und ich versuche, ein Spiel daraus zu machen und alles auf ein Plakat zu malen, damit er es nicht nur hört, sondern auch sieht.

Es ist erstaunlich zu sehen, wie sein zweijähriges Gehirn arbeitet. Danke, Herr, dass du meinem Kind Freude am Lernen geschenkt hast. Hilf mir, ihm die Dinge beizubringen, die wichtig und nötig sind, um heute in dieser Welt Erfolg zu haben, und hilf mir, ihm von dir zu erzählen, Jesus.

Sie sind die erste Lehrerin Ihres Babys. Ich finde, das ist etwas ganz Besonderes. Später geben Sie einen Teil der Verantwortung vielleicht an Erzieherinnen, Lehrer und irgendwann an Collegeprofessoren ab; aber zuerst und vor allem ist es an Ihnen, dafür zu sorgen, dass Ihr Kind eine gute Ausbildung erhält. Bildung fängt definitiv zu Hause an.

Ich nehme mir das zu Herzen und verbringe viele Stunden damit, meine Kinder zu unterrichten, bei jeder Gelegenheit, die sich mir bietet. Egal, wo wir sind, versuche ich, die Welt zu einem Klassenzimmer zu machen. Wenn wir zum Beispiel meine Eltern in Hawaii besuchen, gehe ich gerne mit den Kindern an den Strand und wate mit ihnen durch die Flutmulden. Ich zeige ihnen die unterschiedlichen Geschöpfe, die Gott gemacht hat, wie *wana* (Seeigel), *a'ama*-Krabben (schwarze Krabben, die von den Einheimischen gern gegessen werden), *opihi*-Muscheln (kleine Muscheln, die sich auf Felsen festsetzen), *loli* (Seegurken), *limu* (essbarer Seetang) und natürlich die hawaiianischen grünen Meeresschildkröten. Wir machen am liebsten aus jedem Tag ein Abenteuer, wo auch immer wir sind.

Auf dem Markt in Hawaii lernen meine Kinder die Namen der einheimischen Früchte, zum Beispiel *lilikoi* (Passionsfrucht), Sternfrucht, Guaven oder *mochi*-Eis, eine japanische Leckerei. Es macht Spaß, ihre Gesichter zu beobachten, wenn sie diese exotischen Dinge probieren.

Man kann aus ganz gewöhnlichen Alltagstätigkeiten etwas lernen. Beim Einkaufen kann ich den Kindern etwas über Geld beibringen. Auch wenn sie noch klein sind, können sie lernen, dass die Familie ein Budget hat und es einen Unterschied gibt zwischen lebensnotwendigen Dingen und Luxusgegenständen und dass es zum Budget dazu gehört, Gott etwas von unserem Geld zu geben.

Gartenarbeit ist etwas, bei dem Kinder etwas über Pflanzen, Säen und Ernten lernen können. Sie lernen, dass sie, wenn sie arbeiten, später die Früchte ihrer Arbeit ernten werden.

Natürlich spielt Bildung sich zu Hause, aber auch an anderen Orten ab. Hier sind einige Überlegungen, wenn Sie die Alternativen erwägen.

Eine gute Tagesbetreuung wählen

Viele Mütter sind in einer Situation, in der es oberste Priorität ist, eine Tagesbetreuung zu finden. Es gibt viele Erzieherinnen und Tagesmütter, die eine wunderbare Arbeit machen. Wenn Sie also zu den Müttern gehören, die wieder arbeiten gehen müssen, brauchen Sie sich keine Sorgen um Ihr Kind zu machen oder ein schlechtes Gewissen zu haben, weil Sie nicht die ganze Zeit mit ihm verbringen. Zu den Möglichkeiten gehören (1) professionelle Kindertagesstätten, (2) Betreuung in einer Familie durch staatlich anerkannte Tagesmütter, (3) Betreuung zu Hause durch eine Nanny oder einen Babysitter und (4) Betreuung durch Verwandte oder Freunde.

Mund-zu-Mund-Propaganda ist für Sie die beste Lösung, wenn es darum geht, eine gute Wahl zu treffen. Sie können Freunde und Eltern in Ihrer Gemeinde um Empfehlungen bitten. Wenn andere Eltern nicht genügend Positives über eine Kinderbetreuung sagen können, sehen Sie sich die Einrichtung an, sowohl, um die Kinder dort zu beobachten, als auch, um mit den Erziehern zu sprechen. Ein unangekündigter Besuch verschafft Ihnen einen besseren Eindruck von einem typischen Tag.

Legen Sie sich eine Liste mit Ihren Fragen zurecht, damit Sie feststellen können, ob die Philosophie der Betreuung mit Ihrer eigenen übereinstimmt. Sie sollten fragen, wie sie mit Verhaltensfragen umgehen, wie viele Kinder auf eine Betreuungsperson kommen, ob die Einrichtung einen Lehrplan hat, aber auch, wie Krankheitstage und Abholzeiten geregelt werden (falls es Tage gibt, an denen Sie länger arbeiten müssen). Außerdem sollten Sie sich Küche und Bad ansehen und die Sauberkeit überprüfen. Fragen Sie nach Unfallberichten. Überzeugen Sie sich davon, dass der Platz für die Zahl der Kinder ausreichend ist und dass das Spielzeug dem Alter der Kinder angemessen ist.

Wenn Sie Ihre Tagesbetreuung ausgesucht haben, sollten Sie ab und zu unangekündigt vorbeischauen, damit Sie der Einrichtung wirklich vertrauen und sich keine Sorgen machen.

Beten Sie einerseits um Gottes Leitung bei der Wahl der richtigen Betreuung für Ihr geliebtes Kind, aber andererseits auch für die Erzieherinnen, dass Gott sie mit den Früchten des Geistes segnen möge: Liebe, Freude, Frieden, Geduld, Güte, Treue, Besonnenheit und Selbstbeherrschung (siehe Galater 5,22-23). Ich kenne keine Erzieherin, Nanny, Mutter oder Oma, die sich nicht darüber freuen würde, wenn jemand dafür betet, dass ihr Arbeitstag gut verläuft.

Schulbildung

Wenn der Zeitpunkt kommt, die richtige Schule für Ihren Sohn oder Ihre Tochter auszuwählen, empfehle ich Ihnen wieder, die Entscheidung zu einem Gebetsanliegen zu machen. Während Sie Ihre Nachforschungen anstellen, bitten Sie Gott, dass er Sie zu der richtigen Wahl für Ihr Kind führt, und ich glaube, dass der Heilige Geist zu Ihrem Herzen sprechen und Ihnen Frieden schenken wird, wenn Sie Ihre Entscheidung treffen.

Wir haben das Glück, in einem Land zu leben, in dem wir Wahlmöglichkeiten für die Ausbildung unserer Kinder haben.[15] Es gibt nicht eine Lösung, die für jedes Kind richtig ist. Das eine Kind entwickelt sich am besten in der vertrauten Umgebung zu Hause, in der die Mutter eine kluge, individuelle Lehrerin ist; ein anderes Kind braucht vielleicht eine Schulklasse, um das Beste aus sich herauszuholen. Hier sind einige Überlegungen, die Ihnen hoffentlich dabei helfen, gute Entscheidungen für Ihr eigenes Kind zu fällen.

15 Gilt für U.S.A, in anderen Ländern, wie z. B. Deutschland, besteht die allgemeine Schulpflicht.

Omas Tagebuch

Als meine Kinder klein waren, habe ich zwei Klassen in einer christlichen Schule in unserer Stadt besucht. Ich durfte hinten sitzen und eine halbe Stunde zusehen.

Die erste Klasse war fantastisch. Der Klassensprecher eröffnete die Stunde mit dem Fahneneid und übergab das Wort dann an die Schriftführerin, die daraufhin das „Protokoll" verlas: eine Zusammenfassung des Unterrichts vom Vortag, nebst einer Erinnerung, für den anstehenden Rechtschreibtest zu lernen. Dann übergab sie an die Lehrerin, die mit ihrem interessanten Unterricht die Klasse in ihren Bann zog.

Mein zweiter Klassenbesuch war das genaue Gegenteil. Der Lehrer las mit monotoner Stimme aus einem Buch vor, während die Kinder Papierkügelchen und sogar ein Buch durchs Klassenzimmer warfen.

Ich sah also den besten und den schlechtesten Unterricht, den ich je erlebt hatte, an ein und derselben Schule.

Carolyn Warren

Staatliche Schulen

Ich habe selbst keine guten Erfahrungen mit dem staatlichen Schulsystem gemacht, als ich in der Mittel- und Oberstufe war, also war ich dagegen, meine Kinder auf eine solche Schule zu schicken. Landesweite Bewertungen zeigten, dass die Schule, in die ich ging, akademische Leistungen unter dem Durchschnitt aufwies; und Alkohol, Drogen und Sex waren in den höheren Klassen die Regel. Als meine Eltern mich in der sechsten Klasse schließlich auf eine private christliche Schule wechseln ließen, war es zu spät. Ich hasste die neue Klasse und wollte zu meinen Freunden zurück. In der siebten Klasse flog ich von der Schule, und meine Eltern mussten mich im nächsten Jahr wieder in die staatliche Schule gehen lassen. Ich wünschte, ich wäre nicht so rebellisch gewesen, aber innerlich litt ich sehr (lesen Sie dazu meinen Bericht in Kapitel 23).

Ich glaube aber auch, dass ein Kind seinen Weg machen *kann*, auch wenn die staatliche Schule schlecht ist. Ich ging auf Konaweana, dieselbe Schule, von der Hawaiis erster Astronaut wenige Jahre vorher abging. Onizuka entschied sich dafür, Leistung zu bringen. Er ließ sich nicht von Alkohol und Drogen von seinem Weg abbringen, wie es so vielen anderen Schülern erging, mich eingeschlossen.

Wo wir jetzt leben, sind die staatlichen Schulen *viel besser*. Es hängt alles von Ihrem Standort ab und davon, wer die Lehrkraft ist. Ich empfehle Ihnen dringend, den Lehrer kennenzulernen, der die Klasse Ihres Kindes übernehmen soll. Die meisten Schulen erlauben Eltern, an einem vereinbarten Tag einer Unterrichtsstunde beizuwohnen; und auch wenn die unterrichtende Person weiß, dass Sie kommen, kann ein solcher Besuch vielsagend sein.

Sie sollten sich auch über den Lehrplan informieren, damit Sie Ihre Kinder das lehren können, was sie als biblische Wahrheit erkannt haben, im Gegensatz zu unbewiesenen Hypothesen oder antichristlichen Philosophien, die unter Umständen in der Schule gelehrt werden. Familienwerte, Sexualkunde, östliche Religionen?

Ein tragfähiges Fundament zu legen und den Kindern in diesen ersten Jahren von Jesus zu erzählen, ist ausgesprochen wichtig. Ich empfehle Ihnen, sich möglichst umfassend für den Unterricht zu interessieren und zu engagieren, wenn Sie Ihre Kinder auf eine staatliche Schule schicken.

Private christliche Schulen

Dies war meine bevorzugte Wahl für unsere Kinder, noch bevor sie geboren wurden, weil ich davon überzeugt war, dass meine jüngeren Geschwister, die in einer solchen christlichen Schule aufwuchsen, einen Riesenvorteil hatten. Sie sind Gott ihr ganzes Leben lang gefolgt und haben Missionsreisen unternommen; zwei von ihnen sind sogar Missionare geworden. Sie haben sich nie betrunken oder Gott den Rücken gekehrt, so wie ich es als Teenager und in meinem Zwanzigern getan habe. Ich glaube, das lag vor allem an den unterschiedlichen Einflüssen in der Schule, vor allem während der kritischen Teenagerjahre. Die Kosten einer Privatschule sind der häufigste Grund, warum Eltern ihre Kinder nicht auf eine christliche Schule schicken. Das kann ich vollkommen verstehen. Es gab viele Monate, in denen wir nicht wussten, ob wir Micah in seiner Schule lassen konnten. Wir verkauften mein Auto, gingen nicht mehr ins Restaurant und kauften gar nichts mehr, außer Lebensmitteln und anderen absolut notwendigen Dingen. Wir sparten, wo wir nur konnten, und ich wollte schon einen Job als Kellnerin annehmen, um für Micahs Schulgebühren aufzukommen, als Gott endlich unsere Gebete erhörte. Also weiß ich aus eigener Erfahrung, wie es ist, wenn das Geld kaum reicht und man für die christliche Ausbildung seines Kindes Opfer bringt. Aber ich glaube, finanzielle Opfer lohnen sich für die Zukunft Ihres Kindes.

Unterricht zu Hause[16]

Jetzt, wo Malia drei und Micah sechs Jahre alt ist, haben Dan und ich uns entschieden, unsere Kinder während dieser ersten Jahre

16 Homeschooling (statt Schulbesuch) ist z. B. in Deutschland nicht erlaubt, es besteht die allgemeine Schulpflicht. Wir haben diesen Absatz trotzdem im Buch belassen, da das Thema immer wieder diskutiert wird, und weil nachdenkenswerte Aspekte formuliert werden, die auch ohne Homeschooling interessant sind. (Der Verlag)

selbst zu unterrichten. Zusätzlich werden wir sie in einer Schule einschreiben, die ein- oder zweimal die Woche Unterricht anbietet, um dafür zu sorgen, dass wir unseren Kindern eine umfassende Bildung ermöglichen und ihnen die Gelegenheit geben, Freundschaften zu schließen und mit Gleichaltrigen zusammen zu sein.

Ich glaube, der Unterricht zu Hause hat viele Vorteile. Ich freue mich darauf, meinen Kindern den ganzen Tag gute moralische Überzeugungen und Werte zu vermitteln, ihnen eine abgerundete Bildung angedeihen zu lassen und unsere Familie zu stärken. Ich glaube, dadurch bekommen sie auch die Chance, akademisch herausragende Leistungen zu bringen, weil in Vergleichen Kinder, die zu Hause unterrichten werden, normalerweise besser abschneiden. Sie können kreativer sein und ihre Vorstellungskraft wirklich einsetzen, sowohl im Klassenzimmer als auch außerhalb der Unterrichtsstunden. Außerdem ist es gesünder, weil ich ihnen nahrhafte Zwischenmahlzeiten und Mittagessen geben kann, ohne mir Gedanken darüber machen zu müssen, ob sie mit anderen Kindern tauschen. Noch ein Vorteil ist, dass meine Kinder nicht den ganzen Tag drinnen verbringen müssen. Im Sachkundeunterricht können wir einen Naturspaziergang machen, und Sport findet immer draußen statt, sofern das Wetter es zulässt. (Im Jahr 2006 berichtete die Nationale Eltern-Lehrer-Vereinigung in den USA, dass beinahe 40 Prozent der amerikanischen Grundschulen keine Pausen mehr machen bzw. die Pausen abschaffen wollen.[17]) Ich glaube, meine Kinder haben schon eine Menge soziale Interaktion durch Sonntagsschule, Kinderprogramm, Müttergruppe, Schwimmunterricht, Sport, Reisen – was auch immer. Sie sind nicht benachteiligt, was ihr Sozialleben betrifft.

In Dr. James Dobsons Buch *Jungs erziehen – Zukunft gestalten* schreibt er, dass er und seine Frau Shirley ihre Kinder wahrscheinlich selbst unterrichten würden, wenn sie noch einmal entscheiden

17 „Why Kids Learn Less When Schools Get Rid of Recess", 19. Januar 2010. http://news.change.org/stories/why-kids-learn-less-when-schools-get-rid-of-recess (Zugriff Juli 2012).

müssten. Der Autor erklärt, dass Kinder, die zu Hause lernen, nicht isoliert sind, sondern es gibt Schülergruppen, Exkursionen, Nachhilfestunden, wenn gewünscht, und Zusammenarbeit mit anderen Familien. Außerdem gibt es Ausflüge in Museen und Parks, zu Bauernhöfen, Fabriken, Krankenhäusern und Stadtparlamenten, Tage mit Papa im Büro, Fahrten zur Oma, Aktivitäten wie Musik und Sport, die nicht zum Lehrplan gehören, und noch viel mehr.

Eine erstaunliche Mutter, die mich dazu motivierte, meine Kinder selbst zu unterrichten, ist Michelle Dugger. Wir lernten Sie letztes Jahr in einem Hotel kennen, als ihre ganze Familie zu einer Signierstunde bei *Focus on the Family* in Colorado war. Wir unterhielten uns eineinhalb Stunden lang. Was für eine wunderbare Christin, die Gott liebt – und sie hat 19 Kinder! Sie haben richtig gelesen: 19 Kinder, und jedes einzelne hat sie selbst unterrichtet. Sie erzählte mir, wie wundervoll es gewesen sei, den ganzen Tag mit ihren Kindern zu verbringen und ihnen die Werte und Charaktereigenschaften beizubringen, die für ihre Familie wichtig waren. Dann erklärte sie weiter, sie und ihr Mann Jim Bob wollten ihre Kinder dazu anleiten, reife Christen zu werden, die Gott lieben, und sie zu verantwortungsbewussten Führungspersönlichkeiten heranziehen. Ich hoffe, das kann ich mit meinen Kindern auch tun.

Während manche von uns es vorziehen, ihre Kinder zu Hause zu unterrichten, bevorzugen andere, wie meine Koautorin Carolyn Warren, christliche Schulen. Aus finanziellen Gründen kann es aber sein, dass Eltern sich diese Form der Ausbildung nicht leisten können.

Unabhängig davon, für welche Schulform Sie sich entscheiden, wird der erste Schultag etwas Besonderes sein. Ich erinnere mich noch lebhaft an den Tag, als Micah seinen ersten Vorschultag hatte. Er hatte eine große Narbe am Kinn, weil er in der Woche zuvor gefallen war. Ich machte besondere Pfannkuchen mit frischem Obst und packte die Pausenverpflegung in seinen kleinen Rucksack. Als Dan und ich ihn bei der Vorschule absetzten, taten wir so fröhlich, wie wir konnten. Dann hielten wir uns an den Händen, während wir aus dem großen Gebäude gingen und unseren Erstgeborenen dort zurückließen.

Sobald wir auf dem Parkplatz waren, konnten wir beide nicht mehr an uns halten. Mir liefen die Tränen übers Gesicht, während ich weinte: „Warum muss er in die Schule gehen? Er ist noch nicht so weit!" In Wirklichkeit wollte ich meinen Sohn nicht loslassen. Ich wollte ihn selbst unterrichten, aber damals war Dan noch anderer Meinung. Ich bin so dankbar dafür, dass Gott nach drei Jahren des Betens meinen Herzenswunsch erfüllt hat und ich meine Kinder in den ersten Jahren zu Hause unterrichten kann.

In den Jahren, die Micah in Kindergarten und Vorschule verbrachte, tat ich alles, damit er gerne in die Schule ging. Er freute sich auf die Zettel, die ich hin und wieder in seinen Schuhen versteckte, und die leckeren Snacks, die ich jeden Tag in seine Tasche packte. Er fand es toll, wenn ich mich freiwillig meldete, um die Elternvorlesezeit im Kindergarten zu übernehmen, oder in seiner Klasse aushalf.

Sie werden akademische Entscheidungen treffen müssen, aber unabhängig davon, wo Ihre Kinder ihre Schulbildung bekommen, sollten Sie täglich für sie beten. Der Apostel Paulus schrieb diese Mut machenden Worte, die Sie gut als Gebet für Ihr Kind umformulieren können: „Seitdem haben wir nicht aufgehört, für euch zu beten und Gott darum zu bitten, dass ihr seinen Willen erkennt und sein Geist euch mit Weisheit und Einsicht erfüllt. Dann nämlich könnt ihr so leben, dass der Herr dadurch geehrt wird." (Kolosser 1,9-10)

Wenn Sie keinen Gebetspartner haben, rate ich Ihnen, sich mit anderen Frauen zusammenzutun – Müttern, Omas, Tanten und anderen – und gemeinsam für die Kinder und die Schulen zu beten.

Elterngebet

Lieber Herr Jesus,
du hast dein Leben lang von Gott, deinem Vater, gelernt, und dann hast du deine Jünger und viele andere Menschen unterrichtet. Hilf mir, auch von Gott, meinem himmlischen Vater, zu lernen. Gib mir geistliche Ohren, um zu hören, was er mir sagt, sowohl durch die Leitung meiner Gemeinde, als auch durch den Heiligen Geist in meinem Herzen. Hilf mir, die Bibel besser zu verstehen, wenn ich darin lese. Erhelle meinen Verstand und mein Herz, damit dein Wort lebendig und bedeutsam wird. Sprich durch dein Wort zu mir und lass mich von dir lernen.

Hilf mir, meinem Kind der beste Lehrer und Mentor zu sein, der ich sein kann. Hilf mir, mein Wissen und meine Erkenntnisse so weiterzugeben, dass sie wirken. Schenke mir Ideen, wie ich Lektionen und Grundsätze erklären kann, so dass (Name des Kindes) sie versteht. Gib mir Geduld beim Unterrichten, so dass mein Tonfall nicht scharf oder einschüchternd ist. Gib mir Weisheit, die ich meinem Kind weitergeben kann.

Ich möchte, dass der Heilige Geist mich salbt, damit ich meinem Kind die Heilige Schrift vermitteln kann. Ich möchte eine Liebe zu deinem Wort weitergeben. Lass mich auch eine Liebe zu Sprachen, zum Lesen, zu Mathematik und zu den Naturwissenschaften weitergeben. Lass mich erkennen, welche natürlichen Begabungen und Fähigkeiten mein Kind hat, damit ich es in diese Richtung fördern kann.

Und, Herr Jesus, leite mich darin, die richtige Betreuung oder Schule für mein Kind zu wählen. Dein Wort verheißt, dass du meine Schritte lenken wirst, wenn ich dir in allen Dingen die Ehre gebe; auf diese Verheißung verlasse ich mich und bitte dich, mich bei der Wahl der richtigen Schulform für meinen geliebten Sohn/meine geliebte Tochter zu führen. Das bete ich im Namen Jesu. Amen.

Bibelaussagen zum Nachdenken und Beten

Alle Weisheit beginnt damit, dass man Ehrfurcht vor Gott hat.
Den heiligen Gott kennen, das ist Einsicht!
Sprüche 9,10

Mein Sohn, denke immer an die Ermahnungen deines Vaters,
und habe die Weisung deiner Mutter stets vor Augen;
wenn du auf ihre Worte hörst,
wirst du Ehre und Anerkennung erlangen.
Sprüche 1,8-9

Mein Tagebuch

Eine denkwürdige Lernsituation zu Hause:

Ich habe die Schulform ______________________________
für dich gewählt, weil …

Du hast schon früh gezeigt, dass du gut bist in …

17

Ein neues Baby in der Familie

Jennifers Tagebuch

Letzte Woche waren Micah und ich im Wohnzimmer, als er mich ansah und ganz nüchtern sagte: „Mama, du hast ein Baby im Bauch."

Schockiert sagte ich: „Oh nein, mein Schatz, wir versuchen es doch gerade erst", wohl wissend, dass er nicht wusste, was „versuchen" bedeutete. Schließlich war er erst 22 Monate alt.

„Nein, Mama, du hast ein Baby im Bauch!", sagte er. Ich lächelte nur und legte weiter die Wäsche zusammen.

Und was glauben Sie? Zwei Wochen später machte ich einen Schwangerschaftstest, und Micah hatte Recht! Ich sah im Kalender nach und es gab nur einen Zeitpunkt, an dem das Baby gezeugt worden sein konnte, und zwar zweieinhalb Wochen zuvor. Am nächsten Morgen hatte mein Sohn mir gesagt, ich sei schwanger.

Ich glaube, dass Gott erstaunliche Dinge tut und eindeutig durch unsere Kinder reden kann.

Ich hatte das, was Micah zu mir gesagt hatte, mehr als zwei Wochen lang im Hinterkopf, bis ich schließlich entschied, den Test zu machen, um zu sehen, ob ich wirklich schwanger war. Ich holte das Teststäbchen heraus, pinkelte darauf und legte es ins Waschbecken. Dann ging ich die Videokamera holen. Anschließend rief ich Dan vom Wohnzimmer aus zu, er solle nach dem Ergebnis sehen. Schließlich filmte ich ihn, als er mit dem Teststäbchen in der Hand und einer Träne im Auge aus dem Bad kam und rief: „Wir sind wieder schwanger!"

In diesem Augenblick war unsere ganze Familie aufgeregt, aber Micah war besonders glücklich. Er sprang und tanzte stundenlang durchs Haus, wie mir schien.

In den nächsten Monaten verging kein Tag, an dem Micah nicht meinen Bauch küsste und für seine kleine Schwester betete. Wir erfuhren nie offiziell, dass es ein Mädchen war, aber ich wusste es einfach. Während Micah zusah, wie mein Bauch dicker wurde, sprach er mit unserem Baby und erzählte ihr, wie viel Spaß sie mit seinen Rennautos und seiner Holzeisenbahn haben würden.

Die Schwangerschaft mit Malia schien wie im Flug zu vergehen, und sie war ganz anders als die mit Micah. Ich war gesund und aktiv, aber im fünften Monat hatte ich entsetzliche Schmerzen. In der Woche vor Thanksgiving konnte ich nicht einmal mehr laufen. Ich hatte ein so schlimmes Ischias-Syndrom, dass ich nicht einmal mehr meinen kleinen Jungen auf den Arm nehmen konnte, geschweige denn ihn nachts stillen.

Ich konnte mich nicht zu ihm ins Bett legen, um das Abendgebet mit ihm zu sprechen, also hängte ich mich über die Bettkante und kniete neben seinem Bettchen. Solche Schmerzen hatte ich noch nie erlebt! Selbst die mehr als dreißig Stunden Wehen bei Micahs Geburt waren nichts im Vergleich dazu. Und nichts, was ich versuchte, schien den Schmerz zu lindern – kein Schwimmen, kein Dehnen, kein Gehen.

Irgendwann hielt ich es nicht mehr aus. Ich sank auf die Knie und schrie buchstäblich zu Gott.

Am nächsten Tag ging ich zu einem Chiropraktiker für werdende Mütter, aber ohne Erfolg. Einige Tage später ging ich zu meinem üblichen Chiropraktiker, Dr. Pesta, und auch er versuchte mir zu helfen. Ich betrat sein Behandlungszimmer und brach in Tränen aus. Er renkte mich ein und versuchte zu erreichen, dass das Baby nicht mehr auf den Nerv drückte; aber wieder schien nichts zu funktionieren. Er hat eine Praxisgemeinschaft mit Dr. Stebbins, meinem Akupunkteur, der mir in der Vergangenheit bei meinen Allergien geholfen hatte. Er bot an, sein Glück zu versuchen, und ich ergriff die Gelegenheit beim Schopfe. Vorsichtig setzte er einige winzige Nadeln an strategisch wichtige Punkte, und siehe da: Diese kleinen Nadeln beseitigten einen Großteil der Schmerzen. Endlich konnte ich wieder funktionieren. Gott sei gelobt!

Ein paar Monate später wurde Malia geboren. (Die Geschichte ihrer Geburt können Sie in unserem ersten Buch, *Beten für mein Baby*, nachlesen.) Ihre Wehen und Geburt dauerten nicht annähernd so lange wie die bei Micah, und wir waren ausgesprochen dankbar für Gottes Gnade in dieser Zeit. Deshalb lautet ihr zweiter Vorname auch Grace, was „Gnade" bedeutet, einfach aus diesem Grund. Und von dem Augenblick an, als sie zur Welt kam, war Micah begeistert davon, eine kleine Schwester zu haben. Er war ein wichtiger Teil der Schwangerschaft gewesen, denn ich hatte ihn zu jedem Arzttermin mitgenommen. Bei den Untersuchungen hielt er den Monitor für den Arzt und wir lauschten zusammen auf Malias Herzschlag und rieten, ob unser Baby ein Mädchen oder ein Junge sein würde. Als der 19. März schließlich kam und Micah endlich seine Schwester sehen konnte, hielt er ihre kleine Hand, gab ihr einen Kuss auf den Kopf und sagte: „Hallo, Baby, ich bin dein großer Bruder. Ich werde immer für dich da sein und dich beschützen." Es war so süß, dass mir die Tränen kamen.

Ich wollte diese guten Gefühle, die Micah seiner Schwester entgegenbrachte, bewahren. Als wir nach Hause kamen, tat ich deshalb einiges, um zu vermeiden, dass er sich wegen Malia vernachlässigt oder in den Schatten gestellt fühlte. Ich packte ein besonderes Geschenk für ihn ein und ließ Micah wissen, dass es von seiner Schwester war. Als wir aus dem Krankenhaus nach Hause kamen, wartete ein großer Kran auf ihn, *von Malia.* Er sollte wissen, dass das Baby sehr froh war, ihn als großen Bruder zu haben. Ich wusste auch, dass Babys viel schlafen und ich diese Zeit nutzen konnte, um Micah meine Aufmerksamkeit zu widmen und ein wenig Ordnung zu schaffen. Wenn Malia schlief, räumte ich zum Beispiel Micahs Bücher auf und las ihm ein paar Geschichten vor, oder ich sortierte seine Spiele und spielte dann eins mit ihm.

Damit Micah sich als „großer Helfer" fühlte, bat ich ihn, mir Malias Windeln und ihre kleinen Anziehsachen zu holen, wenn ich sie brauchte. Ich ließ ihn sogar dabei helfen, wenn ich sie vorsichtig badete und anzog.

Abends, wenn Dan nach Hause kam, verbrachten die beiden Vater-Sohn-Zeit zusammen, wobei Dan einfach mit ihm spielte, wie Jungs es tun, mit Autos und Eisenbahn. Wenn sie fertig waren, übergab ich Malia an Dan und ging mit Micah nach oben, um ihn zu baden und zu Bett zu bringen, so dass ich noch etwas Zeit nur mit meinem Sohn hatte.

Eine weitere Möglichkeit, Ihrem älteren Kind zu helfen, ist eine Puppe oder ein „Tierbaby", für das es sorgen kann. Ich hatte ein Tragetuch, in dem Malia die ganze Zeit mit mir unterwegs sein konnte, und Micah wollte unbedingt auch eines für seinen Löwen oder Malias Babypuppe, die sie gerade bekommen hatte. Ich nähte ihm ein kleines Tuch und er lief mit *„seinem* Baby" darin im Haus herum.

Manchmal, wenn Malia weinte, ließ ich Micah hingehen und ihr etwas vorsingen oder sie in ihrer Babyschaukel hin und her wiegen. Dadurch hatte er auch das Gefühl, gebraucht zu werden.

An Malias erstem Geburtstag zog ich mit Micah los, um ein Geschenk für sie von ihm auszusuchen, und ich achtete darauf, dass sie auch ein Geschenk für ihn hatte – einen neuen Fußball.

Töpfchen-Training

Eine weitere Methode, durch die Micah sich wie der große Junge im Hause fühlte, war das Abgewöhnen der Windeln. Außerdem wollte ich nicht zwei Kinder gleichzeitig wickeln müssen, und jetzt war er endlich so weit. In der Vergangenheit hatte ich einen Fehler gemacht, weil ich unbedingt wollte, dass er sauber wurde, als er noch zu klein war. Aber jetzt war er über zwei und er war bereit für diesen Entwicklungsschritt. Die folgenden Tipps funktionierten bei uns gut.

1. Zwingen Sie Ihr Baby nicht, zu früh aufs Töpfchen zu gehen. Mir hatte jemand erzählt, alle ihre vier Kinder wären mit 14 Monaten sauber gewesen, deshalb fühlte ich mich unter Druck gesetzt, Micah im Alter von 18 Monaten dazu zu bringen – und es funktionierte nicht. Kinder entwickeln sich unterschiedlich.
2. Zeigen Sie Ihrem Kleinkind, wie es geht. Wenn Sie einen Jungen haben, ist es für Papa leichter, Ihrem Sohn zu zeigen, wie man im Stehen Pipi macht. Allerdings sind Mütter in der Regel die, die zu Hause sind. Der Vorteil ist dafür, dass Mädchen normalerweise früher sauber werden, weil ihre Mütter ihnen zeigen kann, was sie tun müssen.
3. Kann Ihr Kind selbstständig seine Hose ausziehen? Auf die Toilette zu gehen, ist eine komplexe Fertigkeit, und mehrere Aufgaben müssen in der richtigen Reihenfolge bewältigt werden. Merkt Ihr Sprössling außerdem, ob er auf die Toilette muss, und schafft er es, rechtzeitig auf dem Töpfchen zu sitzen, bevor es zu spät ist? Seien Sie so geduldig wie möglich.
4. Besorgen Sie einen coolen Kindersitz für Ihre Toilette – wir hatten für Micah ein Rennfahrermodell, und er liebte diesen Sitz. Er wollte auch dann darauf sitzen, wenn er gar nicht musste.

5. Arbeiten Sie mit Aufklebern oder einer Smiley-Liste. Das hat bei meinen beiden Kindern prima funktioniert. Ich habe eine hübsche Liste gebastelt, und wenn sie genügend Aufkleber an einem Tag verdient hatten, gab es eine Belohnung.
6. Benutzen Sie nachts keine Windeln oder Windelhöschen – jedenfalls nicht lange. Diesen Fehler habe ich nämlich gemacht. Ich war es so leid, ständig die nasse Bettwäsche zu wechseln und zu waschen, dass ich Micah noch eine ganze Weile Windelhöschen anzog. Aber das half ihm nicht, sondern beeinträchtigte vielmehr den Lernprozess, wann er nachts aufstehen musste, um auf die Toilette zu gehen. Wenn Sie nicht immerzu Bettzeug waschen wollen, können Sie auch extra große Krankenhausunterlagen kaufen, die sie unter Ihr Kind legen. Die können Sie einfach wegwerfen, wenn sie nass werden, so dass sie nicht wieder alles waschen müssen.

Auch wenn Sie all diese Dinge tun, kann Ihr Kind trotzdem gelegentlich einen kleinen „Unfall" haben. Unfälle sind nichts anderes als das – Unfälle. Deshalb ist es wichtig, nicht sauer zu werden oder Ihr Kind anzubrüllen.

Ich werde nie den Morgen vergessen, als mein kleiner Kerl mich weckte. „Mama, ich hatte einen Unfall auf den Fliesen in der Küche."

„Macht nichts; Mama macht es sauber", sagte ich im Halbschlaf. Ich rollte mich aus dem Bett, um die Treppe hinunterzugehen, und in der Tat hatte er einen *großen* Unfall gehabt, aber der Clou war, dass er versehentlich hineingetreten war, und jetzt zog sich eine braune Spur über jede zweite mit Teppich ausgelegte Treppenstufe. Nachdem ich eine Runde geweint hatte, lachte ich und machte sauber.

Geschwister: Beste Freunde

Micah war und ist immer noch eine große Hilfe, wenn es um seine kleine Schwester geht. Vom ersten Tag an waren die beiden die besten Freunde. Inzwischen sind sie seit mehr als vier Jahren unzertrennlich. Sie machen alles zusammen und lieben einander wirklich von Herzen. Ich kann ehrlich sagen, dass sie die meiste Zeit prima miteinander auskommen. Ob sie zanken oder streiten? Natürlich tun sie das; aber nicht sehr oft. Ich glaube, dass Gott meine Gebete erhört hat. Während ich mit Malia schwanger war, betete ich jeden Tag, dass meine Kinder beste Freunde werden und sich wunderbar verstehen würden – und ich ermutige Sie, auch dafür zu beten. Das Gebet ist ein mächtiges und wirkungsvolles Geschenk, das Sie Ihren Kindern machen können, und es sorgt für mehr Frieden in Ihrer Familie.

Aus Matthäus 13,55-56 und Markus 3,31 wissen wir, dass Jesus mit Brüdern und Schwestern aufwuchs. Und Jesus musste, das wir wissen aus Hebräer 4,15, „mit denselben Versuchungen kämpfen wie wir“. Das heißt, dass Jesus geschwisterliche Rivalität und die Versuchungen, die damit einhergehen, kennt. Und doch war Jesus ohne Sünde. Jesus hatte keine selbstsüchtigen Auseinandersetzungen mit seinen Geschwistern. Können Sie sich vorstellen, wie es wäre, Jesus als großen Bruder zu haben? Ich bin sicher, dass Jesus liebevoll war und seine Beziehungen genau richtig gelebt hat.

Ich glaube, die Bibel zeigt, dass Jesus und seine Geschwister eng miteinander verbunden waren. Die Brüder Jesu und seine Mutter Maria reisten zusammen mit Jesus nach Kapernaum zu einer Hochzeit, bei der Jesus das erste Wunder vollbrachte, indem er Wasser in Wein verwandelte (siehe Johannes 2,12). Über die Schwestern Jesu erfahren wir aus der Bibel nicht viel, aber sein Bruder Jakobus wurde Leiter der Gemeinde in Jerusalem (Apostelgeschichte 12,17; 15,13), und sein Bruder Judas ist wahrscheinlich der Autor des gleichnamigen Buches im Neuen Testament.

Übrigens wissen wir aus 1. Korinther 9,5, dass alle Brüder Jesu verheiratet waren.

Noch wichtiger für uns heute ist jedoch, dass Jesus alle Kinder Gottes als seine eigene Familie betrachtete. In Markus 3,34-35 wird berichtet, dass Jesus die Menschen, die sich um ihn versammelt hatten, ansah und sagte: „Seht diese dort, sie sind meine Mutter und meine Geschwister. Wer Gottes Willen tut, ist für mich Bruder, Schwester und Mutter!“ Darüber lohnt es sich nachzudenken. Jesus betrachtet Sie und mich als seine eigenen Geschwister.

Elterngebet

Lieber Herr Jesus,
danke, dass du mich in deine Familie aufgenommen hast. Wenn ich darüber nachdenke, wie wunderbar es ist, für alle Zeiten zu deiner Familie zu gehören, dann macht mich das demütig, dankbar und sehr froh. Hilf mir, mich daran zu erinnern, wenn schwere Zeiten und Versuchungen kommen, damit ich anderen Menschen so begegne, wie du es tun würdest. Hilf mir, deinem Beispiel zu folgen, andere immer zu ehren und ihnen Freundlichkeit zu erweisen.

Und ich danke dir für das neue Baby, das auf dem Weg ist, Herr. Schenke uns eine reibungslose Umstellung, wenn es geboren wird. Zeige mir, was ich tun kann, damit mein älteres Kind sich nicht ausgegrenzt oder von dem neuen Baby verdrängt fühlt. Zeig mir, wie ich Zeit mit ihm allein verbringen kann. Ich bete, dass es keine geschwisterliche Eifersucht und Rivalität geben wird, und um einen Geist des Friedens in unserer Familie. Ich bete, dass meine Kinder sich gut verstehen und enge und gute Freunde fürs ganze Leben werden.

Herr Jesus, hilf mir, in deiner Liebe zu wachsen, während der Familienzuwachs näher rückt. Ich möchte dir jeden Tag näher kommen und bete, dass die Worte der Bibel meine Seele erhellen. Sprich durch dein heiliges Wort zu mir. Zeig mir den Weg und lenke meine Schritte.

Im herrlichen Namen Jesu bete ich. Amen.

Bibelaussagen zum Nachdenken und Beten

Zum Schluss, meine lieben Brüder und Schwestern, noch einmal meine Bitte: Freut euch! Kehrt von euren falschen Wegen um! Hört auf alles, was ich euch geschrieben habe. Haltet fest zusammen, und lebt in Frieden miteinander. Dann wird Gott, der ein Gott der Liebe und des Friedens ist, bei euch sein.

2. Korinther 13,11

Seid in herzlicher Liebe miteinander verbunden, gegenseitige Achtung soll euer Zusammenleben bestimmen.

Römer 12,10

Mein Tagebuch

Als dein Bruder / deine Schwester geboren wurde, warst du ____ Jahre alt. Deine Reaktion war …

Ich habe dir das Gefühl gegeben, wichtig zu sein, indem ich …

TEIL 3

Ihr Baby ist schon groß – das vierte und fünfte Lebensjahr Ihres Kindes

Darum freue ich mich und danke ihm mit meinem Lied.

Psalm 28,7 (NLB)

18

Mamas kleiner Helfer

Jennifers Tagebuch

Micah ist in einem Alter, in dem er mir bei allem helfen will. Es ist toll, einen so begeisterten kleinen Arbeiter zu haben. Er hilft mir gerne dabei, Geschirr und Besteck wegzuräumen (natürlich, nachdem ich mich um die Messer gekümmert habe). Außerdem mag er Kochen, Putzen und Wäschezusammenlegen. Und wenn es um Malia geht, ist er besonders hilfsbereit. Er tut ihre Windeln in den Windeleimer und läuft nach oben, um mir saubere Kleidung für sie zu holen, wenn sie umgezogen werden muss.

Was für ein Segen, einen solchen Helfer zu haben! Es gibt Tage, an denen ich vor lauter Hausarbeit nicht mehr weiß, wo mir der Kopf steht. Und jetzt habe ich auch noch einen Vertrag unterschrieben, dass ich ein Buch über Schwangerschaft schreiben werde … mein Mann hält mich für verrückt. Micah ist zweieinhalb und Malia ist gerade drei Monate alt. Herr, bitte hilf mir, eine tolle Mutter zu sein und eine gute Ehefrau und die Worte zu schreiben, von denen du willst, dass ich sie anderen Frauen sage.

Malia war erst vier Monate alt, als ich mit dem Schreiben von *Beten für mein Baby* begann, zusammen mit meiner Koautorin Carolyn Warren, die ein Geschenk des Himmels ist. Ich wusste nicht, wie ich alles hinbekommen würde, aber ich hatte eindeutig das Gefühl, dass Gott mir sagte, ich solle dieses Buch schreiben. Ich überlegte, dass die beste Zeit zum Schreiben nachts wäre, wenn alle anderen schliefen, aber da putzte ich normalerweise das Haus. In jenem Sommer war unser Haus also nicht in einem makellosen Zustand. Zum Glück lernte ich bald, dass ich nicht die Einzige war, die aufräumen konnte. Ich hatte Micah immer dazu angehalten, mir zu helfen. So fing er schon früh an, bestimmte „Mini-Jobs" zu erledigen. Ich glaube, dass Kinder viel mehr Verantwortung übernehmen können, als wir manchmal denken. Sie müssen nur angeleitet und gelenkt werden, wenn sie etwas Neues lernen. Schnell wurde mir klar, dass es gut für Micahs Selbstbewusstsein war, wenn er im Haus helfen konnte, weil er das Gefühl hatte, eine wichtige Rolle in unserer Familie zu spielen. Gott hat Familien dazu geschaffen, dass sie Dinge gemeinsam tun und dass jedes Mitglied sich wertvoll fühlt.

Viele Kleinkinder wollen Mama gerne im Haus helfen. Wenn Sie nicht sicher sind, welche Arbeiten angemessen sind, sehen Sie sich die folgende Liste an, die bei uns gut funktioniert hat. Denken Sie daran, die Hilfsbereitschaft Ihrer Kinder immer zu würdigen – unabhängig davon, wie geübt sie sind – und ihre Begeisterung aufrechtzuerhalten, damit sie auch in Zukunft eine gute Einstellung zum Helfen und Dienen haben.

Wie Zwei- und Dreijährige helfen können

- Beim Bettenmachen helfen
- Ihr Spielzeug und ihre Bücher aufheben
- Wäsche in die Waschküche bringen
- Beim Wegräumen der gewaschenen Kleidung helfen; Schuhe wegräumen

- Waschlappen zusammenlegen
- Schmutzwäsche in den Wäschekorb werfen
- Beim Tischabwischen helfen
- Mit Unterstützung den Boden wischen (wir mögen Swiffer)
- Möbel staubwischen
- Servietten auf den Tisch legen
- Beim Füttern der Haustiere helfen

Wie Vier- und Fünfjährige helfen können

Ihr Kind kann ihnen bei diesen Tätigkeiten zuerst helfen und sie dann allmählich selbstständig übernehmen.

- Den Tisch decken oder beim Tischdecken helfen
- Spielzeug und die eigenen Sachen wegräumen
- Die Blumen im Haus gießen
- Beim Bettenmachen helfen
- Die höheren Regale im Haus staubwischen
- Kleidung für die Wäsche nach Farben sortieren
- Beim Einräumen der Spülmaschine helfen
- Den Garten gießen, Laub rechen, beim Pflanzen helfen, mit kindgerechten Werkzeugen Erde schaufeln
- Den Tisch abwischen
- Beim Tischabräumen nach dem Essen helfen
- Mit einem kleinen Staubsauger staubsaugen
- Beim Wegräumen der Lebensmittel helfen
- Die Haustiere füttern und ihnen Wasser geben

Omas Tagebuch

Wenn meine Enkel zu Besuch kommen, helfen Sie mir gerne.

Im Sommer drücke ich einem Kind den Gartenschlauch in die Hand und dem anderen eine Gießkanne. Es macht ihnen ungeheuren Spaß, die Blumen und Farne zu gießen. Und sie sind richtig lange beschäftigt.

Im Herbst gebe ich jedem eine große Tüte, und dann ziehen wir los, um Pinienzapfen zu sammeln.

Im Winter gibt es immer etwas im Haus zu tun, wobei sie mir helfen können. Letzte Woche haben meine Enkelinnen mir mit dem größten Vergnügen geholfen, meine Stempelsammlung neu zu ordnen. Sie stellten sich sehr geschickt dabei an, die Stempel in verschiedene Kategorien zu unterteilen.

Für mich geht es dabei vor allem um die verbindenden Erlebnisse. Eine enge Beziehung zu meinen Enkeln zu behalten, ist für mich sehr wichtig. Aus diesem Grund werde ich immer ihre Hilfe brauchen. Wenn sie älter werden, wird es andere Projekte geben, aber wir werden uns immer zusammen vergnügen.

Carolyn Warren

Wann immer es geht, gebe ich Hausarbeiten eine spielerische Note. Als meine Kinder das Kindergartenalter erreicht hatten, halfen sie mir noch immer gerne und waren normalerweise begeistert, wenn ich mir die Zeit nahm, ihnen eine neue Aufgabe beizubringen. Ich stellte fest, dass in diesem Alter Belohnungen sehr motivierend waren und Spaß machten, also bastelte ich Belohnungstafeln und belohnte die Kinder mit Aufklebern für kleine Tätigkeiten. Dann ließ ich sie zu größeren Belohnungen für arbeitsintensivere Jobs aufsteigen. Zum Beispiel dürfen meine Kinder, wenn sie 20 Aufkleber gesammelt haben, mit mir zu einem Flohmarkt oder Billigladen gehen und sich ein Spielzeug oder Malbuch aussuchen. Oft wurden die Hausarbeiten nur erledigt, weil ich ihnen bei jedem Schritt half, aber das ist in Ordnung. In diesem Alter legen Sie das Fundament, damit Ihre Kinder lernen, dass Arbeiten und Helfen zum Leben dazugehören. Wenn Sie die Tafeln nicht selbst gestalten wollen, können Sie auch fertige kaufen oder aus dem Internet Vorlagen herunterladen. Es gibt zum Beispiel eine Tafel für Hausarbeiten, Schlafengehen, Hund oder Katze füttern, Zähneputzen usw. Jedenfalls lieben meine Kinder das Belohnungssystem. Für manche Kinder im Vorschulalter kann es gut sein, Hausarbeiten mit einem Taschengeld zu verknüpfen. Das fördert die Unabhängigkeit und befähigt sie, nach und nach den Umgang mit Geld zu erlernen und für etwas zu sparen, was sie haben wollen.

Malia wird unheimlich schnell groß. Sie wollte schon früh bei allem helfen, und ich glaube, das lag daran, dass sie sah, wie ihr großer Bruder alle möglichen Dinge tat, und sie dachte automatisch, sie könnte diese Dinge auch tun. Mit ihren inzwischen drei Jahren ist sie eine große Hilfe, und sie saugt gerne Staub oder putzt die Fenster mit einer Sprühflasche.

Das Helferamt

Sind Sie jemand, der in der Gemeinde gerne hilft? Melden Sie sich, wenn es darum geht, etwas zu kochen, beim Frühjahrsputz mit anzupacken oder während des Gottesdienstes auf die kleineren Kinder aufzupassen? Die Gabe des Helfens ist eine der zentralen Dienste in der christlichen Gemeinde. Ja, Sie haben richtig gelesen! Sie werden feststellen, dass sie in einem Atemzug genannt wird mit den Aposteln, Propheten, Lehrern, Wundern und der Gabe des Heilens (siehe 1. Korinther 12,28).

Dies ist ein Bereich, von dem ich hoffe, dass meine Kinder von dem, was ich tue, lernen. Wir sollen anderen helfen, und wenn sie sehen, wie ich einer frisch gebackenen Mama etwas zu essen bringe, auf ein Kind aufpasse, weil eine Freundin krank ist oder einem wohnungslosen Menschen helfe, werden sie auch lernen, anderen zu dienen.

Elterngebet

Lieber himmlischer Vater,
danke für mein Kind, das größer wird und ein Helfer wird. Bitte hilf mir, geduldig zu sein, wenn (Name des Kindes) versucht mir zu helfen und ich weiß, dass ich es alleine schneller erledigen könnte. Erinnere mich daran, dass es nicht um die Erledigung der Aufgabe geht, sondern darum, mein Kind so zu erziehen, dass es einen guten Charakter hat. Ich möchte eine gute Mentorin und ein gutes Vorbild sein.

Herr, zeige mir, ob es eine Möglichkeit gibt, wie ich in meiner Gemeinde mehr helfen kann. Auch wenn ich eine viel beschäftigte Mutter bin, will ich für dich nie zu beschäftigt sein. Gib mir das Bedürfnis, mich freiwillig für Dinge zu melden, die ich gut kann. Segne meine Fähigkeiten und Begabungen, damit sie deinem Reich dienen.

Danke für alles, was du mir geschenkt hast. Ich danke dir, dass ich ein Haus habe, das geputzt werden muss, und Kleidung, die gewaschen werden muss. Ich danke dir dafür, dass wir Lebensmittel haben, die wegzuräumen sind, und Mahlzeiten, nach denen wir abwaschen müssen. Lass mich die Hausarbeiten, die ich tun muss, mit Augen der Dankbarkeit sehen, weil du mir so viel Segen schenkst.

In Jesu Namen. Amen.

Bibelaussagen zum Nachdenken und Beten

Jeder soll dem anderen mit der Begabung dienen,
die ihm Gott gegeben hat. Wenn ihr die vielen Gaben Gottes
in dieser Weise gebraucht, setzt ihr sie richtig ein.
1. Petrus 4,10

Dann wird der König zu denen an seiner rechten Seite sagen: ‚Kommt her! Euch hat mein Vater gesegnet. Nehmt die neue Welt Gottes in Besitz, die er seit Erschaffung der Welt für euch als Erbe bereithält! Denn als ich hungrig war, habt ihr mir zu essen gegeben. Als ich Durst hatte, bekam ich von euch etwas zu trinken. Ich war ein Fremder bei euch, und ihr habt mich aufgenommen. Ich war nackt, ihr habt mir Kleidung gegeben. Ich war krank, und ihr habt mich besucht. Ich war im Gefängnis, und ihr seid zu mir gekommen.‘
Matthäus 25,34-36

Mein Tagebuch

Als du zwei bis drei Jahre alt warst, hast du mir am liebsten bei den folgenden Arbeiten geholfen:

Als du vier bis fünf Jahre alt warst, hast du mir am liebsten bei den folgenden Arbeiten geholfen:

19

Bewegung und Sport für Ihr Kind

Jennifers Tagebuch

Als ich Dan kennenlernte, war er Sportreporter hier in Denver. Er konnte mir so ziemlich alles über jeden Spieler in jeder Mannschaft erzählen und so gut wie jede Frage beantworten, die man ihm zu diesem Thema stellte. Jetzt ist Micah ganz verrückt nach Sport, genau wie sein Papa; er mag Basketball und Fußball. Diese Woche haben wir ihn beim Mini-Fußball angemeldet und er hat im ersten Spiel ein Tor geschossen – für die andere Mannschaft! Ich habe Tränen gelacht, es war so süß! Aber Dan war nicht so glücklich. Ist doch egal – Micah hatte Spaß!

Ich bin froh, dass mein Sohn gerne Sport treibt und aktiv ist, denn das ist ein sehr wichtiger Aspekt unserer Familie. Ob wir an meinem Geburtstag mit dem Fahrrad um den See im Estes Park fahren, bei viel Schnee hier in Denver Schlitten fahren oder in Hawaii Kajak fahren, schwimmen oder surfen – wir versuchen immer, unsere Tage mit Aktivitäten zu planen, bei denen wir ordentlich Bewegung bekommen.

Ich glaube, es ist sehr wichtig, unsere Kinder zu Sport und Bewegung zu animieren, wenn sie noch klein sind.

Wie alle Eltern wissen, spielen Kinder gerne. Aber woher wissen Sie, ob Ihr Kind alt genug ist, bei einer organisierten Sportmannschaft mitzumachen? Um festzustellen, was für Ihr Kind das Beste ist, sollten Sie mehrere Dinge berücksichtigen.

Drei Überlegungen, bevor Sie Ihr Kind in einem Sportverein anmelden

1. Wollen Sie einen Individualsport oder einen Mannschaftssport?

Kinderärzte empfehlen Mannschaftssportarten wie Baseball oder Fußball für Kinder ab sechs Jahren. Für Kinder im Vorschulalter können Einzelsportarten wie Turnen, Schwimmen oder Karate besser sein. Die meisten Kinder in diesem Alter haben noch nicht gelernt, einen Ball zu werfen oder zu fangen, und selbst das Befolgen von Spielregeln kann ein Hindernis sein. Auch bei Individualsportarten sollte das Trainer-Teilnehmer-Verhältnis gut sein, damit Ihr Kind nicht zu lange warten muss.

Manche Menschen sind in Mannschaftssportarten besser, andere in Einzelsportarten. Die Eltern eines kleinen Mädchens meldeten ihre Tochter für eine Fußballmannschaft an, aber bei den Spielen bemerkten sie, dass sie immer von einem Ende des Spielfelds zum anderen lief, aber nie nahe genug an den Ball kam, um ihn treten zu können. Als sie ihre Tochter fragten, warum sie nicht um den Ball kämpfte, sagte sie: „Ich habe Angst, dass jemand mich tritt.“ Danach buchten die Eltern Tanzunterricht für sie, und sie war begeistert.

Malia weiß bereits, was sie machen will. Letzte Woche fragte sie, ob sie Ballettstunden nehmen und zum Turnen gehen dürfe.

Wir sagten ihr, wenn sie vier sei, könne sie sich eine Sportart aussuchen, die sie zuerst ausprobieren will. Ich möchte, dass meine Kinder wählen und das tun können, was ihnen Freude macht. Dadurch lernen sie, Entscheidungen zu treffen, gute und nicht so gute. Und wenn ihnen nicht gefällt, was sie sich ausgesucht haben, dann müssen sie wenigstens den Kurs oder das Halbjahr zu Ende machen, weil ihre Mannschaftskameraden sich auf sie verlassen und weil es nicht richtig ist, eine Sache einfach hinzuschmeißen.

2. Hat Ihr Kind die nötige emotionale Reife?

Wie geht Ihr Kind mit Niederlagen um, wenn Sie zu Hause Spiele spielen? Wenn es noch Wutausbrüche bekommt, dann wäre es gut, wenn Sie noch ein bisschen „üben“. Und kann Ihr Kind geduldig sein und warten, bis es an der Reihe ist? Kann es mit anderen teilen? Kann es einem Trainer zuhören und die Anweisungen befolgen?

Sport ist eine tolle Art, diese Fähigkeiten weiter zu entwickeln, aber Sie wollen Ihr Kind nicht in eine Situation bringen, die es noch nicht bewältigen kann. Schließlich soll Sport Spaß machen und keinen Stress verursachen.

3. Hat Ihr Kind Interesse daran geäußert, in einer Mannschaft zu spielen oder eine bestimmte Sportart auszuprobieren?

Vergessen Sie, was die Kinder Ihrer Freundinnen machen. Vergessen Sie, was Ihre Nichten und Neffen machen. Es geht hier nicht um einen Wettstreit mit anderen Eltern. Wenn Ihr Kind kein Interesse daran hat, in einer Mannschaft zu sein, dann ist das völlig in Ordnung. Dafür gibt es noch viele Jahre lang die Gelegenheit. Andererseits kann die Frage Ihres Sohnes oder Ihrer Tochter, ob sie Fußball spielen oder zum Turnverein gehen dürfen, ein Zeichen dafür sein, dass dies der richtige Zeitpunkt für diese Art der Herausforderung ist.

Als Malia etwas über drei Jahre alt war, gingen wir schwimmen und sie hatte schreckliche Angst vor dem Wasser. Sie klammerte sich mit schraubstockartigem Griff an mich und flehte mich an, sie nicht loszulassen. Das war merkwürdig, denn im Jahr zuvor hatte sie das Wasser geliebt. Eines Tages, als wir wieder auf dem Weg zum Schwimmbad waren, hielten wir bei einem privaten Hofflohmarkt an. Die Dame dort verkaufte eine kleine rosafarbene Schwimmbrille für einen Dollar. Wir kauften sie und machten uns auf den Weg zum Schwimmbad. Das war das Ende der Angst. Wir setzten Malia die Schwimmbrille auf und sie nahm ihre kleine Meerjungfrauenpuppe mit ins Wasser. Ich sagte, sie solle die kleine Meerjungfrau beim Schwimmen beobachten, während ich sie festhielt. Es dauerte nicht lange, bis sie mich wegstieß und ganz allein im flachen Teil des Beckens schwamm.

In der nächsten Woche meldete ich beide Kinder für den Schwimmunterricht an. Vier Monate lang gingen sie einmal wöchentlich schwimmen, und als wir im Dezember nach Hawaii reisten, konnte Malia schon ganz selbstständig schwimmen. Die Leute am Strand oder im Schwimmbad sprachen mich an und fragten, wie alt sie sei und wie ich es geschafft hatte, dass sie so eine Wasserratte geworden war. Ich lachte dann und erzählte ihnen die Geschichte von der rosa Schwimmbrille und der Meerjungfrau und dass sie noch vor wenigen Monaten panische Angst vor Wasser gehabt hatte. Schwimmen ist ein „Sport“, den Sie, wie ich finde, Ihren Kindern unbedingt beibringen sollten. Einen Fußball durch die Gegend zu kicken, macht Spaß, aber schwimmen zu können, rettet möglicherweise ihr Leben!

Papas Blog

SPORT – ein Thema, das mir wirklich am Herzen liegt. Zufällig weiß ich ein bisschen was darüber, nachdem ich zehn Jahre lang Sportjournalist war. (Ihnen ist sicherlich klar, dass

Sportreporter frustrierte Sportler sind, die nie groß genug oder gut genug waren, um Profi-Sportler zu werden, und stattdessen beschließen, über die Profis zu berichten.) Außerdem bin ich bei allem ungeheuer ehrgeizig, und ich meine bei allem. Damit habe ich als Vater auch die meisten Schwierigkeiten.

Auch wenn ich Sport unterrichten und selbst Sport treiben kann, muss ich mich manchmal zusammenreißen, wenn der Wettkampfgeist mit mir durchgeht. Wir haben so viele Väter gesehen, die indirekt durch ihre Söhne leben und durch sie versuchen, irgendeinen eigenen Kindheitstraum wahr zu machen, der nie in Erfüllung gegangen ist. Diesen Fehler mache ich auch oft. Nicht nur einmal habe ich mich mehr als nur ein bisschen zu sehr in Micahs Mini-Fußballspiele reingesteigert. Ich muss mich immer wieder daran erinnern, dass es dabei nicht um mich geht, sondern um ihn. Es geht auch nicht immer darum zu gewinnen, obwohl ich es für wichtig halte, ihm beizubringen, dass am Ende des Spiels jemand gewinnt und jemand verliert.

Und Geduld war noch nie meine Stärke. Ich freue mich natürlich darüber, dass er ein sportlicher kleiner Kerl ist, aber oft dränge ich ihn, noch besser zu werden. Ich muss mir ständig bewusst machen, dass er sich nach seinem eigenen Zeitplan entwickelt und ich nur zusehen kann. Papa zu sein ist ganz schön schwierig!

Wie man eine Sportart „ausprobiert“

Wenn Sie nicht hundertprozentig sicher sind, dass Ihr Kind für ernsthaften Mannschaftssportart bereit ist, können Sie versuchen, einen Verein zu finden, in dem Kinder verschiedene Sportarten testen können. Diese Kurse sind oft schon für Kinder ab dem dritten Lebensjahr offen, und dort können Ihre Kleinen Fußball, Hockey, Leichtathletik und andere Dinge ausprobieren, um zu sehen, was sie am liebsten machen. Und während sie dabei sind, verausgaben sie etwas von der Energie, die Sie zu Hause verrückt macht. Wir haben Micah zu einem solchen Sportkurs beim Sportverein um die Ecke angemeldet, als er vier oder fünf Jahre alt war, und dadurch hat er viele Sportarten kennengelernt.

Wenn Ihr Sohn oder Ihre Tochter noch nicht so weit ist, Teil einer Mannschaft zu sein, gibt es jede Menge andere Möglichkeiten, wie er oder sie sich bewegen und Spaß haben kann. Normalerweise fahren Kinder gerne Dreirad oder Fahrrad, springen Seil, spielen Fangen, werfen eine Frisbeescheibe. Sie lernen, wie man Purzelbäume macht und ein Rad schlägt, oder sie tanzen, wandern, spielen draußen Verstecken oder kicken eine Dose herum. Im Sommer können sie am Strand oder im Schwimmbad toben und im Garten unter dem Rasensprenger herlaufen, und im Winter Schlitten fahren und Schneeburgen bauen. Wichtig ist, dass sie sich körperlich betätigen. Fachleute empfehlen, dass ein Kind im Vorschulalter wenigstens eine Stunde am Tag unter Anleitung eines Erwachsenen Sport treibt und mindestens eine Stunde frei spielt.

Hier ist noch etwas, das Sie berücksichtigen sollten, wenn Ihre Kinder schon in der Schule sind. Bitte glauben Sie nicht, dass die zwanzig Minuten Pause auf dem Schulhof genug sind; sie brauchen unbedingt noch mehr Zeit zum Spielen, wenn sie zu Hause sind. Meine Mutter sagt, früher hätten Kinder doppelt so lange Pausen gehabt und zum Mittagessen eineinviertel Stunden nach Hause laufen müssen. Jetzt schaffen viele Schulen jegliche körperliche Aktivität ab, und ich glaube, das ist ein Grund für die hohe Zahl an übergewichtigen Menschen in unserem Land. Kinder müssen sich bewegen und aktiv sein, nicht nur um ihres körperlichen Wohlbefindens willen, sondern auch, weil es für ihr seelisches und emotionales Wohlbefinden wichtig ist.

Es gibt noch einen anderen Aspekt beim Sport, den manch einer vielleicht nicht berücksichtigt hat, und das ist die geistliche Entwicklung. Ich glaube nicht, dass es richtig ist, für die Niederlage einer anderen Mannschaft zu beten, aber es ist immer gut, mit Ihrem Kind dafür zu beten, dass es Sportsgeist beweist, ein gutes Beispiel für ein christusähnliches Wesen ist und sein Bestes gibt. Sie können auch christliche Vorbilder erwähnen, die gleichzeitig Profi-Sportler sind, so wie Tim Tebow, den zweifachen Gewinner der Nationalen Footballmeisterschaften. Er betet öffentlich auf dem Spielfeld und bekennt seine Liebe zu Christus.

Durch den Sport können wir unsere Kinder lehren, Philipper 2,14-15 in unserem Leben anzuwenden: „Bei allem, was ihr tut, hütet euch vor Nörgeleien und Zweifel. Dann wird euer Leben hell und makellos sein, und ihr werdet als Gottes vorbildliche Kinder mitten in dieser verdorbenen und dunklen Welt leuchten wie Sterne in der Nacht." Was sagt der Heilige Geist uns darüber, „Sterne" in der Welt zu sein? Spricht er davon, dass wir am schnellsten laufen, am meisten Tore schießen oder als Erster über die Ziellinie rennen sollen? Das steht da nicht. Und wenn ich es mir recht überlege, steckt da wohl auch eine Botschaft für uns Eltern drin.

Dan und ich sind beide sehr wettbewerbsorientiert, aber ich vielleicht noch mehr wegen meiner Teilnahme an den Fitnesswettkämpfen damals. Dieser Kampfgeist liegt mir immer noch im Blut, deshalb freue ich mich darüber, dass meine Kinder beim Sport gut abschneiden. Trotzdem gibt es viele Gelegenheiten, bei denen ich mich bremsen, den Mund halten und sie einfach Kinder sein lassen muss, ohne dass sie sich Sorgen darüber machen, ob sie gewinnen oder verlieren.

Und wir sollten als Eltern auch Sportsgeist beweisen, wenn wir mit dem Urteil des Schiedsrichters nicht zufrieden sind. Wir sollten ohne Murren und Meckern die Mannschaft unseres Kindes anfeuern. Wir sollten einen Sinn für Humor haben, ohne sarkastisch zu sein, wenn Dinge nicht so laufen, wie wir es uns vorgestellt haben. Wir sollten bescheidene Gewinner sein, ohne zu prahlen oder schadenfroh zu sein. Wir sollten anderen zulächeln können, vor allem den Mitgliedern der gegnerischen Mannschaft. Und wir sollten die Kinder ermutigen und nicht kritisieren.

Vor allem aber sollten wir, die wir auf der Tribüne sitzen oder am Spielfeldrand jubeln, Eltern sein, die in dieser Welt wie Sterne für Jesus Christus leuchten.

Elterngebet

Lieber Gott,
danke für die Gelegenheit zu spielen, Sport zu treiben und Teil einer Mannschaft zu sein. Danke für die vielen Dinge auf der Welt, die Spaß machen.

Gib mir die Weisheit zu erkennen, wann mein Kind bereit ist für eine Sportmannschaft, und hilf uns, diejenige zu finden, die für (Name des Kindes) geeignet ist. In Sprüche 3,5-6 steht, dass wir dich in allen Dingen ehren sollen und du uns dann den richtigen Weg zeigst. Diese biblischen Worte nehme ich jetzt für meine Familie in Anspruch.

Hilf mir, meinem Kind Sportsgeist beizubringen und ihm ein gutes Vorbild zu sein. Gib mir die Güte und Geduld, keinen gottlosen Zorn an den Tag zu legen oder zu murren und mich über die Trainer, Mannschaftskapitäne oder andere zu beschweren, denn ich will nicht, dass mein Kind denkt, ein solches Verhalten sei in Ordnung. Lass jedes Mitglied unserer Familie ein strahlendes Licht in dieser dunklen Welt sein. Lass uns einen liebenden und christus-

gleichen Geist zeigen, sowohl den eigenen Mannschaftskameraden gegenüber, als auch den gegnerischen Mannschaften.

Und Herr, bitte bewahre mein Kind vor Verletzungen oder Schaden, bei allem, was es tut.

In Jesu Namen. Amen.

Bibelaussagen zum Nachdenken und Beten

Aber mitten in alldem triumphieren wir als Sieger mit Hilfe dessen, der uns so sehr geliebt hat.
Römer 8,37 (GNB)

Liebe ist geduldig und freundlich. Sie ist nicht verbissen, sie prahlt nicht und schaut nicht auf andere herab. Liebe verletzt nicht den Anstand und sucht nicht den eigenen Vorteil, sie lässt sich nicht reizen und ist nicht nachtragend.
1. Korinther 13,4-5

Mein Tagebuch

Deine ersten Einzelsportarten:

Deine ersten Mannschaftssportarten:

20

Mit Kindern über Geld reden

Jennifers Tagebuch

*Jetzt, wo Micah vier ist und bald fünf wird, fängt er an, den Wert von Geld zu erkennen. Gestern waren wir bei einem Hofflohmarkt, und er hatte sein kleines Portemonnaie dabei, um etwas zu kaufen. Ich habe ihm beigebracht, welchen Wert die einzelnen Münzen haben, und so kann er beim Zählen des Geldes helfen, wenn er etwas sieht, was er haben möchte. Er fand einen Baseballhandschuh und ein Snowboard für jeweils einen Dollar! Also setzten wir uns ins Gras und zählten einen Dollarschein und drei Vierteldollar-M*ünzen, zwei Zehner und eine Fünf-*Cent-M*ünze zusammen. Er bezahlte die Frau, die das ganz süß fand, und nahm dann seine Schnäppchen entgegen. Er war furchtbar stolz darauf, dass er fast den ganzen Handel allein abgeschlossen hatte und sein eigenes Geld verdient hatte, indem *er in diesem Monat zusätzliche Hausarbeiten verrichtet hatte.*

Kinder wissen eine Menge über Geld … oder glauben es zumindest. Malia lernt wirklich schnell. Neulich schlug sie vor, ich sollte doch einfach „meine Kreditkarte benutzen“, als ich ihr erklärte, ich hätte nicht genug Geld für den Prinzessinnenrock, den sie haben wollte. Sie ist erst drei und versteht offensichtlich noch nicht den Wert des Geldes, aber mit fünf lernen die meisten Kinder allmählich, was es mit Geldverdienen, Haushaltsplanung, Ausgeben, Sparen und Spenden auf sich hat. Wenn Kinder mit den richtigen Prinzipien und der richtigen Einstellung zum Geld aufwachsen, haben sie eine viel bessere Chance, finanzielle Fehler zu vermeiden, wenn sie älter sind. Dann werden sie (hoffentlich) keine Kreditkarte für die Erwachsenenversion des Prinzessinnenrocks benutzen, den sie sich nicht leisten können.

Ein guter Anfang ist es, die verschiedenen Münzen und Geldscheine auf dem Tisch auszubreiten. Lassen Sie Ihr Kind das Geld betrachten und anfassen, während sie den jeweiligen Wert erklären.

Als Micah vier war, klebte ich die Münzen sogar auf einen Karton, weil er unbedingt wissen wollte, was sie wert waren, und schrieb den jeweiligen Wert daneben. Dann erklärte ich ihm, dass Spielzeug, Kleidung, Nahrungsmittel und die meisten anderen Dinge Geld kosten und Erwachsene deshalb arbeiten müssen, um Geld zu verdienen. Wenn Ihr Kind Interesse zeigt, ist es so weit, mehr zu erfahren.

Irgendwann wird Ihr Sohn oder Ihre Tochter wahrscheinlich fragen, wie viel Geld Sie verdienen. Eine gute Antwort ist zum Beispiel: „Ich verdiene gerade genug, um gut für dich zu sorgen.“ Oder: „Erwachsene sprechen nicht darüber, wie viel Geld sie verdienen, aber ich sage dir, was der Mindestlohn in unserem Land ist.“ (Dann müssen Sie natürlich auch erklären, was ein Mindestlohn ist.) Wenn Sie ihrem Sprössling Ihr Jahreseinkommen mitteilen, wird er das wahrscheinlich seinen Freunden erzählen, also überlegen Sie sich gut, welche Informationen Sie publik machen wollen.

Ein anderes Thema, das sich gut eignet, um etwas über den Wert des Geldes zu lernen, sind Einkauf und Preisvergleich. Ich freue mich immer über ein Schnäppchen, und in diesen unsicheren Zeiten wird sicherlich jeder sparsam und wirtschaftlich denken. Ich gehe mit meinen Kindern gerne in Spielzeuggeschäfte, um all die tollen Spielsachen anzusehen, aber vor allem gehe ich gerne zu Flohmärkten und zu unserem Secondhandladen, um die gleichen Dinge zu einem Bruchteil des Preises zu finden.

Ihre nächste Diskussion mit Ihren Kindern könnte sich um die Preise bestimmter Artikel drehen und um die Frage, warum Geschäfte ihre Waren nicht kostenlos abgeben können. Daraus ergibt sich ganz automatisch der Gedanke des Haushaltens und Sparens. Auch wenn Sie Ihrem Kind nicht die Komplexität ihres Familienbudgets erklären, wäre jetzt ein guter Zeitpunkt für Ihren Nachwuchs zu lernen, dass manche Dinge, die wir gerne hätten, teuer sind und man deshalb warten muss, bis man das Geld gespart hat, um sie zu kaufen.

Die Idee von der Genugtuung, auf die man warten muss, steht im krassen Gegensatz zu der Botschaft vom ständigen Kaufen, die unsere Medien uns vermitteln. Aber es ist wichtig, dass Kinder das lernen, ebenso wie Impulskontrolle, Willensstärke und Selbstbeherrschung. Die Bibel lehrt: „Wer sich nicht beherrschen kann, ist so schutzlos wie eine Stadt ohne Mauer." (Sprüche 25,28)

Das berühmte Marshmallow-Experiment

Eine Gruppe von 653 Vierjährigen war das Untersuchungsobjekt bei einem Experiment, das Professor Walter Mischel an der Universität Stanford durchführte. Jedes Kind erhielt ein Marshmallow mit dem Versprechen: Wenn es die Süßigkeit 15 Minuten lang aufhob, während der Professor den Raum verließ, würde es bei seiner Rückkehr ein zweites Marshmallow bekommen. Einige Kinder aßen ihren Marshmallow sofort, weil sie nicht in der Lage waren zu warten. Andere starrten das Marshmallow sehnsüchtig an; ein Kind streichelte die Leckerei sogar, und andere lenkten sich ab, indem sie sich ein Spielzeug nahmen. Diese Kinder schafften es zu warten, um das Marshmallow zu verdoppeln.

Mehr als ein Jahrzehnt später untersuchte Mischel seine Probanden noch einmal. Das erstaunliche Ergebnis war, dass diese Kinder, die im Alter von vier Jahren die Selbstbeherrschung gehabt hatten, auf die Süßigkeit zu warten, psychologisch gefestigtere und zuverlässigere Personen waren. Und sie erreichten durchschnittlich 210 Punkte mehr beim College-Eignungstest. Die Kinder hingegen, die der Marshmallow-Versuchung nicht widerstanden hatten, wuchsen zu Erwachsenen heran, die sich in stressigen Situationen schwer taten, die oft mit Aufmerksamkeitsproblemen kämpften und Schwierigkeiten hatten, Freundschaften aufrechtzuerhalten.[18]

Was glauben Sie, wie Ihr Kind bei einem solchen Test abschneiden würde? Wichtiger noch: Wie können Sie Ihrem Kind helfen, Willensstärke und Selbstbeherrschung zu erlernen? Jesus sagte: „Wer in kleinen Dingen zuverlässig ist, wird es auch in großen sein" (Lukas 16,10; GNB). Wenn wir unseren Kindern helfen können, bei kleinen Belohnungen und geringen Geldbeträgen Verantwortungsbewusstsein zu zeigen, wenn sie noch klein sind, werden sie bei wichtigeren Dingen ebenso verantwortungsbewusst sein, wenn sie erwachsen sind. Unsere geistlichen, emotionalen, geistigen und körperlichen Facetten arbeiten zusammen und bestimmen, wer wir sind und was aus uns wird. Es ist eine beängstigende Verantwortung, den Charakter unserer Söhne und Töchter zu formen; und eine Methode ist es, ihnen Lernerfahrungen in Sachen Geld zu ermöglichen.

---

18 http://www.zeit.de/zeit-wissen/2015/02/marshmallow-experiment-psychologie-walter-mischel

Provisionen und Taschengeld für Kinder

Ich bin dafür, Kindern ein wöchentliches Taschengeld zu geben bzw. eine „Provision“, wie wir es in unserer Familie nennen. Sie verdienen sich Geld für *zusätzliche Arbeiten.* Kinder müssen Aufgaben und Verantwortungsbereiche haben, für die sie nicht bezahlt werden, sondern die zum Leben als Familie gehören, und jedes Mitglied übernimmt einen gerechten Anteil der Arbeit. Dann gibt es *zusätzliche* Arbeiten, die sie erledigen können, um Geld zu verdienen. Mit einfachen Arbeiten, die nicht lange dauern, verdient man nicht viel, und schwierigere, zeitaufwendigere Aufgaben werden besser bezahlt. Es ist nützlich, eine Tabelle aufzuhängen, auf der die erwarteten, unbezahlten Hausarbeiten der Kinder ebenso stehen wie die zusätzlichen Arbeiten (mit dem entsprechenden Lohn dahinter). In Kapitel 18 habe ich einige Tätigkeiten aufgeführt, bei denen meine Kinder mir helfen. Wenn Micah Geld verdienen will, um sich Legos zu kaufen, hilft er mir bei zusätzlichen Dingen, damit er Taschengeld hat.

Durch dieses System lernt er Verantwortungsbewusstsein und eine gute Arbeitsethik. Ich bin nicht der Meinung, dass man Kinder für alles bezahlen soll, was sie tun, denn so funktioniert das Leben nicht. Aber sie sollten Gelegenheiten und Anreize bekommen, damit sie sich daran gewöhnen, die Initiative zu ergreifen und sich Ziele zu setzen. Außerdem erleben Sie dadurch die Befriedigung, etwas geschafft zu haben. Kindern alles, was sie haben wollen, einfach zu geben, hilft ihnen nicht, starke Jugendliche und Erwachsene zu werden.

Als Kinder, die in Hawaii mit sechs Geschwistern aufwuchsen, hatten wir kaum jemals etwas Neues. Meine Eltern konnten sich nicht viel leisten, und ich bekam als zweites Mädchen in der Familie für gewöhnlich die abgelegten Dinge meiner Schwester. Wenn ich nagelneue Kleidung haben wollte, arbeitete ich, um mir das Geld dafür zu verdienen. Das gefiel mir als Teenager natürlich nicht, aber es lehrte mich den Wert fleißiger Arbeit.

Eine ganz praktische Methode, Ihren Kindern den Umgang mit Geld beizubringen, sind drei Umschläge, auf denen „Sparen“, „Spenden“ und „Spaß“ stehen.

Lassen Sie die Kinder entscheiden, wie und wo sie die Umschläge benutzen; und denken Sie daran, dass Sie so eine Grundlage für ihr späteres Leben schaffen.

Es gibt Zeiten, in denen Ihr Kind mit seinem Geld einen Fehler machen wird – und das ist in Ordnung. Fehler dienen als eindrucksvolle Lernerfahrungen. Besprechen Sie die Situation in Ruhe und ganz sachlich. Sagen Sie Ihrem Kind, dass jeder Mensch Fehler macht und dass wir daraus lernen. Es ist besser, sie jetzt kleine Fehler machen zu lassen, als später größere Verluste bei ihren Finanzen zu erleiden.

Papas Blog

Weder Jen noch ich haben gelernt, wie man mit Geld umgeht, als wir jung waren. Deshalb waren wir nach unserer Hochzeit wie viele junge Paare und machten finanzielle Fehler. Wir kauften ein Haus, das zu teuer war, und trafen ein paar falsche berufliche Entscheidungen. Das war ein schwieriger Lernprozess. Jetzt sind wir also entschlossen, unseren Kindern finanzielle Grundsätze zu vermitteln, damit sie nicht die gleichen Fehler machen müssen.

Meine Frau gab ihre Arbeit außerhalb der Familie auf, als Micah geboren wurde, so dass ich der einzige Verdiener war. Es gab Monate, in denen unsere Rechnungen zwei Tage später fällig waren und wir nicht wussten, was wir machen sollten.

In diesen Zeiten wandten wir uns im Gebet an Gott und er sorgte immer für uns, entweder dadurch, dass ich ein Haus verkaufte oder jemand mich für einen Vortrag engagierte. Jetzt versuchen wir so schuldenfrei wie möglich zu leben und nur Dinge zu kaufen, wenn wir das Geld dafür in der Hand haben.

Bankkarte und Kreditkarte erklären

Wenn Sie einkaufen gehen und Ihre Bankkarte benutzen, können Sie zu Ihren Kindern sagen: „Das ist eine Karte, mit der man bezahlen kann. Wir sprechen zu Hause darüber." Später können Sie ihnen eine einfache Erklärung geben, zum Beispiel: „Die Bankkarte ist wie eine Erlaubnis. Damit gebe ich dem Geschäft die Erlaubnis, Geld von meinem Konto abzuheben. Es ist so, als würdest du deiner Schwester einen Zettel geben, auf dem steht, dass sie Geld aus deinem Sparumschlag (oder Sparschwein) nehmen darf. Aber das Geschäft darf nur genau so viel herausnehmen, wie die Sachen, die ich eingekauft habe, kosten. Deshalb ist es so, als würde ich ihnen das Geld bar geben. Ich kann zehn Dollar bezahlen oder ich gebe ihnen meine Bankkarte, damit sie die zehn Dollar aus meinem Konto nehmen. Das Ergebnis ist das Gleiche."

Das Prinzip der Kreditkarte ist komplizierter und wird normalerweise später Thema sein; aber wenn Sie ein wissbegieriges Kind haben, können Sie ihm eine einfache Erklärung geben, zum Beispiel: „Eine Kreditkarte merkt sich, wie viel man jedem Geschäft schuldet. Und am Ende des Monats schickt die Kreditkartenfirma mir eine Rechnung, die ich bezahlen muss."

Wenn Ihre Kinder älter werden, können Sie umfassendere Antworten geben, so dass sie, wenn sie 16 sind, genau wissen, wie eine Kreditkarte funktioniert, und auch, wie wichtig es ist, keine Schulden zu machen und allen vertraglichen Verpflichtungen rechtzeitig und vollständig nachzukommen. In diesem Alter wollen Sie, dass Ihre Kinder den folgenden Bibelvers verstehen: „Der Reiche hat die Armen in seiner Hand; denn wer sich Geld leiht, ist abhängig von seinem Gläubiger“ (Sprüche 22,7). Wir müssen im Rahmen unserer finanziellen Möglichkeiten leben, damit wir nicht Sklaven der Gläubiger werden.

Spenden und Teilen

In 5. Mose 16,17 lesen wir: „Jeder soll so viel geben, wie er kann, je nachdem, wie reich der Herr ihn beschenkt hat.“ Vier- bis Fünfjährige verstehen das Konzept des Teilens und Gebens, so dass Sie diese Grundgedanken auf ihr persönliches Geld anwenden können.

Sobald meine Kinder zum Geburtstag oder für die Ferien Geld von ihren Großeltern bekommen, fragen sie mich, wie viel davon sie Gott geben sollen. Dann versuche ich zu erklären, wieviel 10 Prozent von dem Betrag, den sie bekommen haben, sind. Manchmal beschließen sie, es einer Wohltätigkeitsorganisation zu geben, oder sie nehmen es mit in die Sonntagsschule. Das sollen sie selbst entscheiden.

Jeden Monat setzen wir uns als Familie zusammen und sehen uns an, welche Summe Gott uns in dem Monat geschenkt hat. Es gib etwa 10 bis 20 gute Zwecke, die wir gerne unterstützen, zum Beispiel missionarische Werke wie *Campus für Christus*, das Kinderhilfswerk *World Vision* oder den christlichen Sender *Christian Broadcasting Network*. Es gibt viele Organisationen, die wertvolle Arbeit leisten. Ich schlage aber vor, dass Sie sich in jedem Fall davon überzeugen, dass Ihr Geld wirklich den Menschen in Not zugutekommt und nicht nur Verwaltungskosten oder anderen Ausgaben. Wohltätige Organisationen müssen offenlegen, welcher Anteil der Spenden in die eigentlichen Programme fließt und wieviel in Verwaltung, Werbung, Anwaltskosten usw.

Ich will, dass meine Kinder verstehen, wohin das Geld geht, das wir spenden, also zeige ich ihnen im Internet Bilder oder Videos der Werke, die wir ausgesucht haben. Wenn sie einen Film über eine Familie in Afrika sehen, die täglich den halben Tag lang laufen muss, um frisches Wasser zu holen, und hören, dass ihr Geld hilft, die Trinkwasserversorgung in dem Dorf dieser Familie zu ermöglichen, dann spenden sie gerne für diesen Zweck.

Seit elf Jahren geben Dan und ich jedes Jahr zu Weihnachten Beutel mit Pflegeprodukten, Essen, Mänteln oder auch Gutscheine an wohnungslose Menschen in Denver. In den ersten beiden Jahren konnten wir nur wenige dieser Taschen verschenken, aber im fünften Jahr luden wir unsere Klienten und Freunde zum Mitmachen ein. Letztes Jahr hatten wir mehr als achtzig Taschen und Gutscheine für Menschen in Not. Wir nehmen die Kinder mit, damit sie sehen, wieviel Gott uns geschenkt hat und wie lohnend es ist, anderen etwas davon abzugeben.

Jesus spricht in Matthäus 25,31-46 über das, was wir den Armen geben. Er sagte, wenn wir den „Geringsten" der Gesellschaft Essen, Trinken, Kleidung oder Obdach geben, dann ist es für ihn so, als würden wir ihm helfen. Als Eltern können wir das leicht nachvollziehen. Wenn jemand unseren Kindern einen Gefallen tut, dann ist es so, als hätten sie diesen Gefallen uns selbst getan.

Elterngebet

Lieber himmlischer Vater,
danke dafür, dass du für meine Familie sorgst. Möge dein Reich kommen und dein Wille geschehen und wir unser tägliches Brot haben, wie es im Vaterunser verheißen ist. Ich bitte dich um deinen Segen für meine Arbeit. Ich vertraue darauf, dass du die beruflichen

Chancen und Beförderungen möglich machst, die wir brauchen und die dein Wille sind. Gib mir genügend Geld, um gut für meine Familie zu sorgen. Hilf mir, mein Geld auf gottgefällige Weise zu gebrauchen, indem ich Bedürftigen gegenüber großzügig bin und niemals habgierig oder selbstsüchtig. Gib mir die Weisheit und Selbstbeherrschung, im Rahmen meiner Möglichkeiten zu leben und hohe Schulden zu vermeiden, die für mich zur Falle werden. Hilf mir, meine finanziellen Mittel klug einzusetzen und schuldenfrei zu leben.

Gib mir ein freigebiges Herz, um für die Mission und die Armen zu spenden. Ich bitte um Weisheit, damit ich weiß, wo und wann ich etwas geben soll. Lass meinen Zehnten und meine Gaben so sein, als würde ich sie dir geben, Herr Jesus.

Bitte gebrauche mich, um meinen Kindern die richtigen Prinzipien und Perspektiven in Bezug auf Geld zu vermitteln. Ich möchte sie anleiten, kluge Entscheidungen zu treffen, und ihnen helfen, einen großzügigen Geist zu entwickeln. Gib mir Weisheit, die anstehenden Situationen gut zu meistern.

Herr Jesus, ich weihe dir alles, was ich habe, denn du bist es, der mich zu einem hohen Preis erkauft hat. Ich gebe dir meine Begabungen, meine Zeit und mein Geld. Hilf mir, jeden Teil meines Lebens zu deiner Ehre und für dein Reich zu gebrauchen.

Im Namen Jesu. Amen.

Bibelaussagen zum Nachdenken und Beten

Wer seine Felder bestellt, hat genug zu essen;
wer unsicheren Geschäften nachjagt, ist leichtsinnig.
Sprüche 12,11

Denn was gewinnt ein Mensch, wenn ihm die ganze Welt zufällt,
er selbst aber dabei Schaden nimmt?
Markus 8,36

Mein Tagebuch

Dein erstes Taschengeld oder deine erste Provision waren ___________________________ und du hast sie bekommen für:

____

____

____

____

____

____

Du warst ein geborener Sparer oder Geber (eins von beiden umkringeln). Dafür hast du dein Geld eingesetzt:

____

____

____

____

____

____

21

Kindheitsängste

Jennifers Tagebuch

Wir sind gerade von einem Besuch meiner Eltern in Hawaii zurückgekehrt, und jetzt hat Malia Angst vor Dunkelheit. Sie besteht darauf, bei Licht zu schlafen. Das sieht ihr gar nicht ähnlich. Vor unserer Reise hatte sie nie Angst im Dunkeln. Vielmehr war es Micah, der nach Sonnenuntergang nie alleine nach oben gehen wollte. Und Malia sagte dann immer: „Ich kann mit dir nach oben gehen, Micah. Ich habe keine Augst im Dunkeln." Es war so süß. Und dann stapften die beiden zusammen davon, während Malia Micahs Hand nahm und ihn hinter sich herzog. Ich bin nicht sicher, was genau geschehen ist. Vielleicht liegt es daran, dass wir länger fort waren.

Herr, bitte gib meinen Kindern Mut in dieser beängstigenden Welt. Hilf ihnen, tapfer zu sein, und hilf mir, ihnen dein Wort zu vermitteln, Herr, denn dort steht, dass Gottes gesprochenes Wort lebendig und mächtig ist, wie ein zweischneidiges Schwert in unserem Mund (siehe Hebräer 4,12). Dein Wort kann uns Herrschaft über unsere Ängste geben.

Wundern Sie sich nicht, wenn Ihr drei-, vier- oder fünfjähriges Kind plötzlich Angstgefühle entwickelt. Mit Ängsten umzugehen, ist ein natürlicher Teil des Erwachsenwerdens. Einige Ängste sind überlebensnotwenig, so wie Schmerz. Wenn wir nie Angst oder Schmerzen hätten, würden die meisten von uns nicht lange leben. Als Eltern bringen wir unseren Kindern bei, welche Ängste berechtigt sind und welche unbegründet sind oder abgelegt werden müssen. Die abgelegten Ängste gibt es dann nicht mehr.

Im Kleinkind- und Vorschulalter verstehen Kinder noch nicht ganz den Zusammenhang von Ursache und Wirkung. Und sie können auch nicht klar zwischen Realität und Fantasie unterscheiden. Wenn wir sie durch diesen Verständnisprozess begleiten, lernen sie, welche Ängste sie getrost ablegen können. Zum Beispiel sehen kleine Kinder vielleicht nachts ein furchterregendes Tier in der Ecke ihres Zimmers und schreien; aber wenn wir kommen und das Licht anmachen, sehen sie, dass es nur ein Haufen Kleidung ist. Wenn wir mit ruhiger Stimme erklären, was los ist, und das Licht an- und ausmachen, können wir ihnen zeigen, dass dort nichts ist, wovor sie Angst haben müssten. Ein kleiner Junge sah nachts Umrisse an der Wand und bekam Angst. Aber als sein Vater ins Zimmer kam und ihm zeigte, dass es nur der Schatten der Äste vor seinem Fenster war, verschwand seine Angst.

Wenn Sie mit der Ängstlichkeit Ihres Kindes konfrontiert sind, ist es wichtig, sich nie über die Angst lustig zu machen oder sie als albern abzutun. Eltern sollen ihre Kinder nicht beschuldigen, sondern verteidigen und beschützen. Es ist eine Sache, mit Ihrem Kind über das „lustige Kleidermonster" zu lachen, aber es ist etwas ganz anderes, das Kind lächerlich zu machen. Viele Monate lang wollte Micah nicht schlafen, wenn die Türen zu seinem Wandschrank offen standen.

Jeden Abend, nachdem ich für ihn gebetet und ihm einen Gutenachtkuss gegeben hatte, verließ ich das Zimmer und hörte dabei: „Kannst du bitte die Schranktüren zumachen, Mama?" Ich tat es immer und versicherte ihm, dass er keine Angst zu haben brauchte, aber es dauerte eine ganze Weile, bis er die Befürchtung, etwas Böses könnte in seinem Schrank lauern, überwand.

Der Begriff „Soziale Referenzierung" bezeichnet einen Vorgang, bei dem Kinder ihre Eltern beobachten, um zu sehen, welche emotionale Reaktion sie in einer Situation an den Tag legen sollen. Wir haben alle schon gesehen, dass ein Kind hinfällt und sich das Knie aufschürft und anschließend seine Mutter anschaut, um zu sehen, ob es ernst ist oder nicht. Wenn Mama entsetzt dreinblickt, fängt das Kind an zu brüllen; aber wenn Mama die Ruhe bewahrt, weint es wahrscheinlich nicht einmal oder nur ein bisschen. Das Konzept der sozialen Referenzierung zu verstehen, ist besonders wichtig, wenn es um Angst geht. Durch unsere eigene Reaktion bringen wir unseren Kindern buchstäblich bei, vor einer Spinne oder einem gläsernen Aufzug oder einem dunklen Zimmer Angst zu haben oder nicht.

Wie gesagt, manche Ängste sind gesund. Wir wollen, dass unsere Kinder sich davor hüten, eine heiße Herdplatte anzufassen, einfach auf die Straße zu laufen oder einen metallenen Gegenstand in die Steckdose zu schieben. Aber wir wollen nicht, dass sie voller Angst vor all den Dingen aufwachsen, von denen wir selbst wünschten, wir hätten keine Angst vor ihnen. Indem wir ganz bewusst reagieren, können wir unsere Kinder davor bewahren, unnötige Ängste zu entwickeln.

Bei Micah, meinem Erstgeborenen, war mein Mutterinstinkt, ihn vor allem Schaden zu bewahren. Wann immer er sich wehtat, lief ich zu ihm, um nachzusehen, ob es ihm gut ging. Ich machte viel zu viel Aufhebens darum. Malia dagegen ist hart im Nehmen. Wenn sie hinfiel und sich das Knie aufschürfte, schenkte sie dieser Tatsache kaum Beachtung, weil ich keine große Sache daraus machte. Ich glaube, beim zweiten und bei weiteren Kindern ist einem bewusst, dass die Kinder sich wehtun werden, aber auch, dass sie ziemlich widerstandsfähig sind. Es ist immer gut, wenn wir über unseren Kindern beten und Gott bitten, sie mit seinem Schutz zu begleiten und seine Engel um sie sein zu lassen. Und dann vertrauen wir darauf, dass er immer gütig ist und weiß, was das Beste ist, auch wenn wir alle die Erfahrungen im Leben machen, die eine gefallene Welt so mit sich bringt.

Eine wundervolle Sache am Elternsein ist, dass es uns anspornt, selbst bessere Menschen zu werden und uns emotional und geistlich zu entwickeln. Als meine Kinder geboren wurden, hat mich das geistlich völlig verändert und vor neue Herausforderungen gestellt. Ich habe die alten CDs in Frage gestellt, die ich vorher gehört hatte, die Kleider, die ich früher trug und die noch in meinem Schrank hingen, und die Worte, die über meine Lippen kamen, wenn ich wütend war. Ich schwor, meine Gewohnheiten zu ändern und um meiner Kinder willen ein besserer Mensch zu werden. Ich versuche jeden Abend daran zu denken, dass ich Gott bitte, mir dabei zu helfen, dass ich mit jedem Tag eine bessere Mutter werde.

Papas Blog

Von meiner Geburt bis zu meinem fünften Lebensjahr lebte ich in Liverpool, New York, einem Vorort von Syracuse. Ich liebte dieses alte Haus im Kolonialstil mehr, als ich in Worte fassen kann. Bevor meine Eltern sich scheiden ließen, wohnten wir dort mit meiner Schwester und meinem Bruder. Michael war zehn Jahre älter als ich und stammte aus der ersten Ehe meiner Mutter; aber er war in jeder Hinsicht ein echter Bruder für mich.

Wir hatten einen langen, dunklen Flur, an dessen Ende die Treppe war, die zu meinem Zimmer im Obergeschoss hinaufführte. Auf beiden Seiten der Treppe befand sich eine Tür. Die Tür rechts führte in die gute Stube, und die Tür links ins Esszimmer. Eines Abends, als ich auf dem Weg ins Bett war, versteckte Michael sich hinter der offen stehenden Tür, durch die man ins Wohnzimmer gelangte. Als ich gerade die Treppe hinaufsteigen wollte, sprang er mit einem lauten Schrei hinter der Tür hervor. Er jagte mir einen solchen Schrecken ein, dass ich wie vom Affen gebissen die Treppe hinaufrannte. Das vergaß ich nie, und jeden Tag, den ich in diesem Haus wohnte, hatte ich Angst, allein die Treppe hinaufzugehen.

Als er klein war, wollte mein Sohn Micah Verstecken spielen. Es schien ihm zu gefallen, wenn ich mich versteckte und dann aus meinem Versteck sprang, um ihn zu erschrecken. Als er älter wurde, gefiel es ihm irgendwann nicht mehr. Ich bin nicht sicher, was sich geändert hatte, aber seitdem spielen wir kein Verstecken mehr. Manchmal vergesse ich das und spiele den Macho, indem ich zu Micah sage: „Ach komm, da ist nichts, wovor du dich fürchten musst." Aber dann erinnere ich mich daran, wie mein Bruder Michael mich erschreckt hat, und mir wird bewusst, dass ich Micahs Gefühle respektieren und verstehen muss.

Du bist nicht deine Angst

Angst ist kein Charakterzug, und wir müssen sie nicht in unser Leben lassen. Mir hat es immer Mut gemacht, wenn ich 2. Timotheus 1,7 las. Der Vers weist die Angst in ihre Schranken und hilft mir, mich auf das zu konzentrieren, was ich habe, weil Gott zu meinem Leben gehört: „Denn Gott hat uns keinen Geist der Furcht gegeben, sondern sein Geist erfüllt uns mit Kraft, Liebe und Besonnenheit."

Vor Kurzem bemerkte ich, dass Micah Probleme mit Ängstlichkeit beziehungsweise Mangel an Mut hatte, also schauten wir bei der christlichen Buchhandlung in unserer Gemeinde vorbei und ich kaufte für ihn eine Halskette mit einem kleinen schildförmigen Anhänger, den er überm Herzen tragen kann. Auf dem Schild waren die folgenden Worte eingraviert:

Sei mutig und entschlossen!
Lass dich nicht einschüchtern, und hab keine Angst!
Denn ich, der Herr, dein Gott, bin bei dir, wohin du auch gehst.
(Josua 1,9)

Wenn er Angst hat oder sich unsicher fühlt, kann er seinen Schild berühren und sich daran erinnern, dass er nicht allein ist.

Wenn die Angst kommt, sagt Gottes Wort uns, was wir tun sollen: „Gerade dann, wenn ich Angst habe, will ich mich dir anvertrauen" (Psalm 56,4). Und in Vers 5 steht: „Ich lobe Gott für das, was er versprochen hat; ihm vertraue ich und fürchte mich nicht." Diese beiden Verse zeigen die Reihenfolge von (1) dem Gefühl der Angst, (2) dem Vertrauen in Gott und (3) dem Ablegen der Angst. So sollen wir mit Angst umgehen, und wir können diesen Prozess auch unseren Kindern vermitteln, damit sie mutig heranwachsen.

Was ist, wenn Sie selbst schon lange an Phobien leiden? Dann können Sie Psalm 34,5 für sich in Anspruch nehmen: „Als ich den Herrn um Hilfe bat, antwortete er mir und befreite mich von meinen Ängsten." Diese Verheißung gilt Ihnen und Ihrer ganzen Familie. (Auch wenn Sie gegen Ihre Phobie professionelle Hilfe suchen, können Sie Psalm 34,5 in Ihrem Herzen mitnehmen.) Hier gilt wieder: „Denn Gott hat uns keinen Geist der Furcht gegeben, sondern sein Geist erfüllt uns mit Kraft, Liebe und Besonnenheit."

Unheilige Geister

In Epheser 6,10-20 lesen wir, dass wir in einem geistlichen Kampf stehen und gegen die Intrigen Satans kämpfen. Als er hier auf der Erde war, trieb Jesus Dämonen aus, während er den Menschen diente. Von einer solchen Situation lesen wir in Lukas 9,37-43, als Jesus den Sohn eines Mannes von einem dämonischen Geist befreite.

Apostelgeschichte 5,16 erzählt uns davon, dass Petrus Kranke heilte und Menschen, die von unreinen Geistern geplagt wurden. Diese und andere Berichte sagen uns, dass es auf der Erde gefallene Engel gibt, die gemeinhin als unreine, unheilige Geister bezeichnet werden. Wenn unser Kind eine ungewöhnliche und extreme Angst erlebt, die über natürliche Kindheitsängste hinausgeht, mit denen die meisten Familien zu tun haben, ist es angemessen, Gott im Gebet zu fragen, was los ist.

Als Micah fünf war, wachte er plötzlich nachts mit schrecklicher Angst auf. Es war eindeutig mehr als die Furcht vor Dunkelheit oder ein böser Traum. Er sah immer in eine bestimmte Ecke seines Zimmers und beschrieb ein Ungeheuer, das er dort sah. Der Ausdruck auf seinem Gesicht war ein Ausdruck schieren Entsetzens. Dan und ich hielten dann unseren Sohn im Arm und beteten mit ihm, bis die Angst sich legte und er wieder einschlief. Das dauerte in der Regel ungefähr eine Viertelstunde.

Der Vorfall wiederholte sich jede Nacht, aber am nächsten Morgen konnte er sich an das Geschehene nicht erinnern. Doch monatelang hatte er diese Angstanfälle drei bis vier Mal die Woche. Zuerst wussten wir nicht, was wir tun sollten. Dann las ich noch einmal das Buch *Mein Gebet macht mein Kind stark* von Stormie Omartian, in dem sie berichtet, dass etwas Ähnliches in ihrer Familie geschah und Gott ihr zeigte, sie solle ein Action-Videospiel aus dem Zimmer ihres Sohnes entfernen – er hatte es von einem Freund ausgeliehen. Das tat sie und dann salbten ihr Mann und sie das Zimmer mit Öl, wie es in 2. Mose 40,9 beschrieben ist. Als sie das getan hatten, hörten die Albträume sofort auf.

Ich betete und bat Gott, mir zu zeigen, was diese schrecklichen nächtlichen Visionen unseres Sohnes verursachte. Und Gott erhörte mein Gebet. Er führte mich zu zwei Büchern, die meine Kinder geschenkt bekommen hatten, und einem anstößigen Spiel in Micahs Zimmer.

Ich hatte den Büchern keine große Beachtung geschenkt, weil sie für ältere Kinder geschrieben worden waren; wir hatten sie noch gar nicht gelesen. Aber als ich darin blätterte, sah ich, dass sie ungeeignet waren. Ich weiß nicht, mit welcher Religion oder Zauberkraft der Autor zu tun hatte, aber diese Bücher und das Spielzeug mussten entsorgt werden. Ich warf sie sofort weg und betete dann in Micahs Zimmer, dass alles Böse daraus fort sein und der Heilige Geist Frieden bringen möge. Ich salbte den Raum mit Öl, und von diesem Zeitpunkt an hatte Micah nie mehr einen nächtlichen Angstanfall.

Meine Kinder wissen, dass wir im Namen Jesu Christi, unseres Erlösers, alle Macht über das Böse haben. Die Bibel lehrt uns: „Der Sohn Gottes ist gerade deswegen zu uns gekommen, um die Werke des Teufels zu zerstören" (1. Johannes 3,8). Selbst das grundlegende Vaterunser sagt: „Erlöse uns vom Bösen" (Matthäus 6,13). Wir sollen das Unheilige oder Böse nicht fürchten, sondern vielmehr sollen wir durch die Macht und den Namen Jesu darüber siegen.

Es ist wichtig, dass wir das Böse nicht durch Angst machende sogenannte Kinderfilme oder Horrorsendungen in unser Haus und in das Leben unserer Kinder holen. Es ist unsere Pflicht als Eltern, unsere Kinder vor dem Bösen zu bewahren. Wenn ich höre, welche Sendungen manche Eltern im Fernsehen anschauen, wundert es mich nicht, dass ihre Kinder Albträume haben. Und glauben Sie nicht, dass Sie Gewaltdarstellungen oder Softpornos im Fernsehen anschauen können, ohne dass Ihre Kinder es merken. Selbst wenn sie in einem anderen Zimmer spielen, wissen sie es. Ich ermahne Sie, diese Sender abzustellen und stattdessen etwas Erbauliches zu tun, zum Beispiel ein *gutes* Buch zu lesen, ein Brettspiel zu spielen, etwas zu basteln, ein Instrument zu erlernen oder irgendetwas anderes Gewinnbringendes zu tun.

Mein Mann hat das Bibellesen zu einer allabendlichen Familienangelegenheit gemacht. Wir haben am Anfang des Jahres mit dem ersten Buch Mose begonnen und arbeiten uns langsam durch die Bibel hindurch. Natürlich gibt es Abende, an denen wir zum Essen woanders sind und unsere Bibellese nicht schaffen; aber wenn wir zu Hause sind und es vergessen, erinnert uns immer eins der Kinder daran: „Wir haben heute Abend nicht in der Bibel gelesen.“

Wenn Dan mit dem Lesen fertig ist, lesen wir mit beiden Kinder noch ihre eigenen Kinderandachten. Wenn ein Buch zu Ende ist, fangen wir mit dem nächsten an, und jetzt, wo Micah lesen kann, ist es seine Aufgabe, abends sein eigenes Kapitel zu lesen. Wir wollen, dass er sich angewöhnt, selbst jeden Tag in der Bibel zu lesen.

Wenn die Verheißungen in Gottes Wort in die Herzen und Gedanken unserer Kinder eindringen, werden viele Ängste, die sie hatten, ganz einfach verschwinden.

Elterngebet

Lieber Gott,
wir wissen, dass die Angst nicht von dir stammt, sondern vom Bösen. Wenn wir dir nachfolgen, Jesus, dann brauchen wir nichts zu fürchten, sagt dein Wort, weil du bei uns bist. Hilf uns, deine Autorität zu nutzen, indem wir deine Wahrheit sagen, wenn es Probleme gibt, zum Beispiel, wenn unsere Kinder Albträume oder Angstanfälle haben. Bitte hilf mir, meinen Kindern beizubringen, dass auch sie in deinem mächtigen Namen sprechen können und die Angst dann fliehen muss.

Ich liebe deine Verheißung, dass du helfen wirst, wenn wir auf dich vertrauen: „Ihr alle, die ihr ihn verehrt, vertraut dem Herrn! Er ist eure Hilfe und euer Schutz“ (Psalm 115,11; GNB). Himmlischer Vater, bitte halte deinen Schild jetzt über meine Kinder. Beschütze sie vor allem Bösen und bewahre sie.

Ich bete, dass meinem Kind nie etwas Böses widerfahren möge, und ich danke dir schon jetzt dafür, dass du auf (Name des Kindes) aufpassen wirst. Ich bitte dich auch, mir zu helfen, in einer gefallenen Welt auf dich zu vertrauen. Du bist immer liebevoll und gütig, egal, was geschieht.

Und Herr, hilf mir bitte, morgen eine bessere Mutter/ein besserer Vater zu sein, als ich es heute war.

Das bete ich in deinem allmächtigen Namen. Amen.

Bibelaussagen zum Nachdenken und Beten

Ja, ich sage es noch einmal: Sei mutig und entschlossen!
Lass dich nicht einschüchtern, und hab keine Angst!
Denn ich, der Herr, dein Gott, bin bei dir, wohin du auch gehst.
Josua 1,9

Erschreckt nicht; fürchtet euch nicht. Habe ich es euch nicht vor langer Zeit gesagt und euch verkündigt? Und seid nicht ihr meine Zeugen dafür? Es gibt außer mir keinen Gott, von einem anderen Felsen weiß ich nichts.
Jesaja 44,8 (NLB)

Mein Tagebuch

Eine deiner ersten Ängste war:

So haben wir diese Angst überwunden:

Dies ist mein liebster Bibelvers zum Thema Angst, den ich über dir gebetet habe:

22

Wie Sie Ihr Kind zu Jesus führen

Jennifers Tagebuch

Ich dachte, der Tag, an dem meine Kinder geboren wurden, würde der wichtigste Tag ihres Lebens sein. Jetzt ist mir klar, dass der wichtigste Tag für sie der Tag sein wird, an dem sie Jesus als ihren persönlichen Herrn und Heiland in ihr Herz einladen.

Micah ist jetzt in dem Alter, in dem wir viel über Errettung reden. Seit wir von der Trauerfeier für einen lieben Freund zurückkamen, stellt er viele Fragen über den Himmel und will wissen, wohin er gehen wird, wenn er stirbt. Ich habe ihm erklärt, dass wir als Menschen alle gesündigt haben und dass wir nur in den Himmel kommen, wenn wir Gott um Vergebung unserer Sünden bitten und glauben, dass Jesus Gottes Sohn ist. Ich habe ihm gesagt, dass er Jesus in sein Herz einladen muss und dann ganz sicher sein kann, dass er die Ewigkeit bei Jesus im Himmel verbringen wird.

Dan war verreist, und die Kinder und ich saßen in der Küche bei unserer abendlichen Bibellese. Micah lief nach oben, um etwas zu holen, und als er zurückkam, lächelte er ganz süß. „Ich will jetzt ‚das Gebet' sagen, Mama", verkündete er.

„Wirklich?", fragte ich. Ich war ganz aufgeregt, weil wir schon seit Wochen darüber sprachen! Malia saß auf meinem Schoß und ich streckte die Hand aus und ergriff seine kleine Hand. Ich stellte ihm ein paar Fragen, um sicher zu sein, dass er verstand, worum es ging, und dann sagte ich, er könne mir jetzt die Worte nachsprechen. Und dann übergab er sein Leben Jesus Christus, dort an unserem Küchentisch. Was für ein wunderbarer, froher Tag das war – der wichtigste Tag seines Lebens!

Wenn Ihr Kind alt genug ist, um Jesus in sein Herz einzuladen, ist das der Anfang eines Glaubensweges, der ein Leben lang dauern wird. Ich glaube, als Eltern können wir nichts Wichtigeres tun, als unsere Kinder zu lehren, dass Jesus Gottes Sohn ist, dass er gekommen ist, um uns zu erlösen, dass er uns liebt und uns alle unsere Sünden vergibt, wenn wir beten und an seinen Namen glauben (wenn wir glauben, dass er am Kreuz für unsere Sünden bezahlt und den Tod besiegt hat, was auch unser Erbe ist, wenn wir an ihn glauben).

Omas Journal

Letzte Woche waren meine Enkelinnen im Grundschulalter in der Sonntagschulgruppe für die ganz Kleinen, um mit ihnen Gott zu loben. Sie sangen Bewegungslieder wie „So groß, was kann größer sein" und „Jesus liebt mich ganz gewiss". Diese Mädchen lieben Gott, und sie lieben den Gottesdienst.

Ich war noch nicht im Kindergarten, als ich zusammen mit meinem Vater am Altar betete, nachdem der Pastor die Gemeinde nach der Predigt eingeladen hatte, nach vorne zu kommen und Gottes Angebot anzunehmen. Ich spürte Gottes Gegenwart. Als ich Jesus sagte, dass ich ihn lieb hatte, wurde mein Herz so von seiner Liebe für mich erfüllt, dass ich zu Freudentränen gerührt war. Das geschah jede Woche.

„Gott segnet dich", erklärte mein Vater.

Es besteht kein Zweifel daran, dass kleine Kinder Jesus kennen und seine wunderbare Liebe erfahren können.

Carolyn Warren

Mit Ihrem Kind über Errettung reden

Bevor Sie das Übergabegebet mit Ihrem Kind beten, müssen Sie ein Fundament legen. Reden Sie von Jesus, davon, wer er ist und warum er auf die Erde kam. Erzählen Sie Geschichten über Jesus, über seine Liebe zu uns und darüber, dass er überall den Menschen half und ihnen Gutes tat. Jesus heilte die Kranken, weckte die Toten auf, speiste die hungrigen Menschenmengen und hatte völlige Autorität über die Naturgewalten, wie er es bei der Sturmstillung bewies, als seine Jünger in ihrem Boot Angst hatten. Die christliche Buchhandlung in Ihrer Nähe führt Bilderbücher und biblische Geschichten für Kinder mit farbigen Illustrationen, mit deren Hilfe Sie die Wahrheit des Evangeliums vermitteln können.

Schaffen Sie zusätzlich eine Grundlage für die Erkenntnis Ihrer Kinder, indem Sie beten. Beten Sie, dass Gott Ihrem Sohn/Ihrer

Tochter seine große und wunderbare Liebe offenbaren wird. Und beten Sie, dass er Ihnen den richtigen Zeitpunkt zeigt, um Ihr Kind zu Jesus zu führen.

Sie können auch davon erzählen, wie Sie selbst Jesus gebeten haben, in Ihr Herz zu kommen, und wie er das getan und Ihre Sünden weggenommen hat, so dass Sie sich innerlich ganz sauber fühlten, und Ihr Herz mit seiner Liebe gefüllt hat. Wie Sie wahrscheinlich wissen, hören Kinder für ihr Leben gerne Geschichten über ihre Eltern, und Ihr eigenes Zeugnis ist ein wirkungsvolles Werkzeug, das der Heilige Geist gebrauchen kann.

Entwickeln Sie ein Gespür für die geistliche Reife Ihres Kindes. Gott liebt Kinder, und es ist nicht nötig, sie zu drängen, bevor sie verständig genug sind. Diesen Fehler habe ich am Anfang auch gemacht.

Vor über einem Jahr wollte ich unbedingt, dass Micah „das Gebet" sprach, und so erklärte ich es ihm, bevor er es ganz verstehen konnte. Später, als er erklärte, er sei jetzt soweit, beteten wir das Übergabegebet gemeinsam an unserem Küchentisch. Diesmal verstand er, was es bedeutete, und es war eine ganz wunderbare Erfahrung. Als Eltern kennen Sie Ihr Kind besser als jeder andere, also werden Sie auch wissen, wenn Ihr Sohn oder Ihre Tochter die nötige Reife hat und genug versteht. Sie können auch Fragen stellen, um sich davon zu überzeugen. Hier sind zum Beispiel Fragen, die ich Micah gestellt habe:

- „Micah, weißt du, was Sünde ist?" (*Sünde ist, wenn man Gott nicht gehorcht.*)
- „Weißt du, wie viele Menschen auf der Erde gesündigt haben?" (*„Alle sind Sünder und haben nichts aufzuweisen, was Gott gefallen könnte." [Römer 3,23]*)
- „Verstehst du, was Gottes Strafe für die Sünde ist?" (*„Denn die Sünde wird mit dem Tod bezahlt. Gott aber schenkt uns in der Gemeinschaft mit Jesus Christus, unserem Herrn, ewiges Leben." [Römer 6,23]*)

- „Weißt du, wer der Herr Jesus ist?“ (*Gottes Sohn und unser Erlöser.*)
- „Verstehst du, warum Jesus am Kreuz gestorben ist?“ (*Um die Strafe für unsere Sünden zu bezahlen, damit uns vergeben werden kann.*)
- „Weißt du, warum du Jesus als deinen Heiland brauchst?“ (*„Weil ich gesündigt habe oder nicht gehorcht habe.“ Wenn Ihr Kind Nein sagt, sagen Sie einfach: „Jesus hat dich lieb. Wir reden ein anderes Mal darüber.“ Erzählen Sie weiter Geschichten von der Güte Jesus, während Ihr Kind an Reife gewinnt.*)
- „Bist du bereit, Jesus um Vergebung zu bitten und darum, dass er in dein Herz kommt? Und bist du bereit, jeden Tag für ihn zu leben?“ (*Wenn Ihr Kind Nein sagt, dann ist das in Ordnung. Auch in diesem Fall braucht es einfach mehr Zeit, um zu verstehen, worum es geht.*)

Seien Sie nicht entmutigt, wenn Ihr Kind beim ersten Mal noch nicht so weit ist. Es ist besser zu warten, bis es alt genug ist, alles richtig zu verstehen, denn dann wird es eine tiefere Erfahrung sein.

Jahre zuvor hatte Micah Johannes 3,16 auswendig gelernt: „Denn Gott hat die Menschen so sehr geliebt, dass er seinen einzigen Sohn für sie hergab. Jeder, der an ihn glaubt, wird nicht zugrunde gehen, sondern das ewige Leben haben.“ Auch wenn Micah die Worte aufsagen konnte, verstand er die Bedeutung dieses Verses damals nicht, weil er erst zwei Jahre alt war.

Aber wenn Ihr Sohn oder Ihre Tochter Ihnen sagt, er (oder sie) sei bereit, dann lassen Sie ihn (oder sie) nicht warten. Jesus hat gesagt: „Lasst die Kinder zu mir kommen, und haltet sie nicht zurück! Denn für Menschen wie sie ist Gottes neue Welt bestimmt“ (Lukas 18,16). Unser Hauptpastor, Dr. Jim Dixon, erzählte in unserer Gemeinde neulich, dass seine Mutter ihn zu Jesus geführt hat, als er erst fünf Jahre alt war:

Wir lebten in Kalifornien, und ich war ungefähr vier Jahre alt, als ich anfing, mit meiner Mutter über den Himmel zu reden. Selbst in diesem Alter verstand ich, was Ungehorsam war, und machte mir Sorgen um mein ewiges Leben. In den folgenden Monaten erzählte meine Mutter mir von der Liebe Jesu, davon, dass er am Kreuz für unsere Sünden starb und dass wir ihm unser Leben übergeben müssen. Meine Mutter war für meine Brüder und mich die Evangelistin in unserer Familie.

Als ich fünf geworden war, kniete ich neben ihr auf dem Wohnzimmerfußboden nieder. Mit den Knien auf dem Teppich und den Ellbogen auf dem Sofa, die Hände gefaltet, bat ich den Herrn Jesus, in mein Herz zu kommen und mir meine Sünden zu vergeben. Ich bat ihn, mich weißer zu waschen als Schnee. Die Gegenwart des Herrn war spürbar, und als ich das Gebet mit den Worten „Von diesem Tag an will ich danach streben, ihm nachzufolgen" beendete, hatte ich Tränen in den Augen. Das war vor 61 Jahren!

Was für eine ermutigende Geschichte von einem Mann, der jetzt mehr als 6000 Mitglieder in der Cherry Hills Church in Highlands Ranch, Colorado, dabei anführt, Christus zu folgen!

Wie Sie Ihr Kind durch das Übergabegebet leiten

Bei kleinen Kindern halte ich es für besonders hilfreich, sie durch das Gebet zu führen. Hier ist ein Beispiel für ein Übergabegebet, das für ein Kind gut zu verstehen ist. Es enthält drei Elemente: (1) Bekenntnis, (2) Buße und (3) Bestätigung.

Lieber Herr Jesus, ich war ungehorsam und habe gesündigt. Meine Sünden tun mir leid. Bitte vergib mir und komm in mein Herz. Jesus, ich glaube, dass du Gottes Sohn bist und mein Herr und Erlöser. Ich übergebe dir jetzt mein Leben. Danke, Jesus. Amen.

Nachdem Sie das Gebet gesprochen haben, ist es gut, ein paar Fragen zu stellen, um sich davon zu überzeugen, dass Ihr Kind alles richtig verstanden hat.

- „Wo ist Jesus jetzt?“ (*Ihr Kind kann dann sagen „In meinem Herzen“, oder: „Er ist bei mir.“*)
- „Weißt du, dass Jesus dir deine Sünden vergeben hat und dass du in den Himmel kommst?“ (*Ja.*)

Dies ist ein guter Zeitpunkt, Ihrem Kind Gottes wunderbare Verheißung aus Hebräer 13,5 zu sagen: „Ich lasse dich nicht im Stich, nie wende ich mich von dir ab.“ Ich habe Micah beigebracht, seinen eigenen Namen an die Stelle von „dich“ und „dir“ zu setzen. Er hat den Vers so auswendig gelernt: „Ich lasse Micah nicht im Stich, nie wende ich mich von Micah ab.“ Eine Gegebenheit oder Verheißung zu personalisieren, dürfte Ihren Kindern helfen, die Beziehung zwischen ihnen und Gott zu verstehen.

Nachdem Micah das Übergabegebet gesprochen hatte, drückte ich ihn ganz fest. Das ist ein Grund zum Feiern! In Lukas 15,7 steht, dass im Himmel viel Freude herrschen wird, wenn jemand gerettet wird.

Ich wollte, dass mein Sohn diesen besonderen Tag nie vergisst. Deshalb holte ich schnell meine Kamera und machte ein Foto von ihm. Dann sagte ich ihm, wir würden etwas für ihn kaufen, das ihn an diesen Tag erinnern soll. Am nächsten Tag gingen wir nach der Schule in die Buchhandlung und holten ihm eine Kinder-Studienbibel. Ich machte ein Foto von ihm mit seiner Bibel. Vorne hinein schrieb ich das Datum, an dem er Jesus als seinen Heiland angenommen hatte, damit er es nicht vergisst oder jemals daran zweifelt, ob er gerettet ist.

Ich erklärte Micah auch, dass sein Name jetzt in Gottes Buch des Lebens geschrieben ist (siehe Offenbarung 3,5). Wenn er das Gebet, das er gesprochen hat, ernst gemeint hat, steht sein Name *für immer* in Gottes Buch. Das ist einfach fantastisch! Die Engel im Himmel singen und loben Gott, weil ein neuer Name – Micahs Name – in Gottes Buch geschrieben wird. Die Bibel verheißt: „Die ihn aber aufnahmen und an ihn glaubten, denen gab er das Recht, Kinder Gottes zu werden“ (Johannes 1,12).

Wenn ich an diesen denkwürdigen Moment zurückdenke, kommen mir fast die Tränen. Es gibt für Eltern keine größere Freude als zu sehen, dass die eigenen Kinder unseren herrlichen Herrn lieben und ihm dienen. Ich freue mich auf den Tag, an dem Malia alt genug ist, um das gleiche Versprechen abzugeben.

Wir beten *während* der ersten fünf Jahre unseres Kindes und darüber hinaus. Aber gleichzeitig beten wir auch *mit* ihnen. Der Name Jesu sei ewig gelobt!

Elterngebet

Lieber himmlischer Vater,
ich danke dir heute von ganzem Herzen dafür, dass du deinen Sohn gesandt hast, um am Kreuz zu sterben, damit wir gerettet werden können. Jeus, danke, dass du für mich und für mein Kind auf die Erde gekommen bist. Du hast die Strafe für die Sünde bezahlt und bist den Tod eines Sünders gestorben, obwohl du ohne Sünde warst, damit wir mit dir ewig leben können.

Bitte hilf mir, meine Kinder richtig zu dir zu führen. Lehre mich, das Vorbild zu sein, das du von mir erwartest. Hilf mir zu erkennen, wann mein Kind bereit ist, um dich in sein Herz einzuladen, und hilf mir, deine Botschaft deutlich zu vermitteln.

Ich glaube, dass es den Himmel wirklich gibt, und dort möchte ich für immer mit dir zusammen leben, Herr. Ich brauche deine Hilfe, um so mit meinen Kindern über den Himmel zu reden, dass in ihren Herzen der Wunsch, dort zu leben, von Tag zu Tag größer wird.

Wenn sie niedergeschlagen sind oder leiden, lass du sie wissen, dass dies vorübergeht und es im Himmel keine Traurigkeit, keine Krankheit und keine Schmerzen geben wird. Ich nehme Offenbarung 21,4 für uns in Anspruch: „Er wird alle ihre Tränen trocknen, und der Tod wird keine Macht mehr haben. Leid, Klage und Schmerzen wird es nie wieder geben; denn was einmal war, ist für immer vorbei.“

Herr, wir können es kaum erwarten, diesen Trost zu spüren und ewig mit dir im Paradies zu sein. Du sagst, dass diese Erde nicht unser Zuhause ist, und wir glauben, was in deinem Wort steht. Danke, Jesus, dass du uns so sehr liebst.

Wir beten in deinem himmlischen Namen. Amen.

Bibelaussagen zum Nachdenken und Beten

Gehört jemand zu Christus, dann ist er ein neuer Mensch.
Was vorher war, ist vergangen, etwas Neues hat begonnen.
2. Korinther 5,17

Der Herr hat mir Kraft gegeben und mich froh gemacht;
nun kann ich wieder singen. Er hat mich gerettet!
Er ist mein Gott, ihn will ich preisen!
Er ist der Gott meines Vaters, ihn allein will ich ehren.
2. Mose 15,2

Mein Tagebuch

Schreiben Sie hier auf, wie Sie die Errettung Ihres Kindes erlebt haben:

23

Jennifers persönlicher Bericht

Jennifers Tagebuch

Lange habe ich die frühen Jahre meines Lebens vertuscht, weil ich nicht wollte, dass meine neuen christlichen Freunde oder Klienten all die schrecklichen Dinge erfahren, die ich früher getan habe. Die Schuldgefühle waren zu groß und erdrückten mich manchmal förmlich. Ich erinnere mich an viele Tage und Nächte, in denen ich Gott anflehte, meine Schuld, Qual und Eifersucht von mir zu nehmen. Es gab Tage, an denen ich nur noch sterben wollte, so sehr schämte ich mich dessen, was ich getan hatte. Verdiente ich überhaupt zu leben?

Als ich mit Micah schwanger war, lag ich eines Abends allein im Bett. Dan und ich hatten uns mal wieder wegen meiner Selbstzweifel gestritten, und ich war nach oben gerannt. Und als ich so da lag und die Tränen über mein Gesicht strömten, schrie ich zu Jesus. Und diesmal kam er zu mir! Ich hatte noch nie eine Begegnung mit ihm erlebt, aber diesmal spürte ich die Gegenwart Gottes ganz deutlich in meinem Zimmer. Ich war nicht mehr allein. Ich spürte, wie er mich im Arm hielt und mir von seiner Liebe für mich erzählte und dass ich eine großartige Mutter sein würde. In diesem Augenblick empfand ich völligen Frieden. Ich hatte noch nie eine solche Liebe und Gewissheit verspürt.

Ich verstand diese Begegnung mit Jesus nicht so ganz, bis ich die Einleitung des Buches Ich bin bei dir *las. Die Autorin Sarah Young spricht auch davon, dass Jesus sie besuchte. Ich staunte darüber, dass ich eine ähnliche Erfahrung gemacht hatte. Es ist nie wieder geschehen, obwohl ich ihn einlade, mich jederzeit mit seiner Gegenwart zu segnen.*

Als ich drei Jahre alt war, beschlossen meine Eltern, dass sie ihre Kinder an einem besseren Ort als Chicago großziehen wollten, also nahmen sie unser Wohnmobil und ihre drei Kinder und begaben sich auf eine dreieinhalb Monate dauernde Reise durch die Vereinigten Staaten. Wir drangen in 43 Staaten vor; aber als der Sommer zu Ende ging, waren meine Eltern immer noch auf der Suche nach ihrem Traumwohnort.

Einige Wochen später brachen wir zu unserer nächsten Reise auf, diesmal über den Südpazifik. In den nächsten dreieinhalb Monaten flogen wir 24 Mal, während meine Eltern uns zu fünf Inseln in Französisch-Polynesien mitnahmen sowie nach Samoa, Fiji und Hawaii. Sie verliebten sich unsterblich in die hawaiianischen Inseln. Wir flogen nach Chicago zurück, wo meine Eltern ihre Antiquitätensammlung und andere Wertgegenstände verkauften. Schließlich entschieden sie sich für eine Kleinstadt auf der Großen Insel Hawaii namens Kailua-Kona. Das war 1974, und ich war viereinhalb Jahre alt, als wir alles zusammenpackten und in diese winzige Stadt zogen, in der es nicht einmal eine Ampel gab!

Schon bald nach dem Umzug wurde meine Mutter wieder schwanger und dann wieder – bis insgesamt sieben Kinder in unserem Haus herumliefen. Wenn wir nicht in der Schule waren, verbrachten wir unsere Tage am Strand mit Schwimmen, Surfen, Angeln und Waten in den Flutmulden.

Es war ein großer Segen, in einer christlichen Familie aufzuwachsen. Meine Mutter war nicht berufstätig, und ihr größtes Geschenk von Gott ist es, eine tolle Mutter zu sein. Egal, was wir ihr zumuteten, sie war immer für uns da, erzählte uns von ihm und lehrte uns, Recht und Unrecht zu unterscheiden. Und mein Vater war auch wundervoll. Er arbeitete fleißig und ermutigte uns, bei allem, was wir brauchten, stets auf Gott zu vertrauen.

Eines Tages – ich war gerade zwölf Jahre alt – veränderte mein Leben sich völlig. Ich wurde von vier Jungen belästigt, und aus dem unschuldigen, jungen Mädchen, das ich bis dahin gewesen war, wurde eine verletzte und verwirrte junge Frau.

Ich erzählte niemandem, was mir widerfahren war. Als ich fünfzehn war, rief ich auf jede nur erdenkliche falsche Weise um Hilfe. Ich fing an zu trinken und interessierte mich für Jungen. Mein erster richtiger Freund war achtzehn. Ich fand ihn unheimlich cool, weil er bald aufs College gehen würde. Allerdings wusste ich nicht, dass er mit seinen Freunden gewettet hatte, wie viele Mädchen er vor seiner Abreise „erobern" konnte. Ich wurde bei einer Verabredung vergewaltigt, und weil ich mich damals so schämte, sagte ich auch davon niemandem etwas.

Im darauffolgenden Jahr verliebte ich mich in einen Jungen, den ich für die Liebe meines Lebens hielt. Wir waren fast ein ganzes Jahr lang zusammen und ich wurde schwanger. Damals war ich in der zehnten Klasse.

Unmöglich konnten wir unser Baby behalten, oder jedenfalls sagten die anderen das. Also tat ich das Unvorstellbare. Mit meinen sechzehn Jahren hatte ich eine Abtreibung. Ich schwänzte die Schule, stieg in ein Flugzeug nach Honolulu und war vor dem Abendessen wieder zu Hause. Meine Eltern hatten von all dem keine Ahnung. Ich weinte die ganze Zeit. Ich hasste mich selbst und wollte nicht mehr leben.

Wenige Wochen später begab ich mich mit einer Rasierklinge in der Hand auf ein unbebautes Gelände. Ich fing an, meine Handgelenke zu ritzen, aber jemand hatte mir erzählt, dass man in die Hölle kam, wenn man sich das Leben nahm. Dieser Glaube rettete mir buchstäblich das Leben. Aber wegen der Abtreibung schwor ich, dass ich nie Kinder haben würde. Wie konnte ich eine gute Mutter sein, wenn ich mein erstes Kind abgetrieben hatte? In meinem Herzen wollte ich es nie tun, aber ich war nur ein verängstigter Teenager und fühlte mich zu dieser Entscheidung gedrängt. Ich wünschte, ich hätte damals mit jemandem darüber sprechen können. Wenn damals in dieser Klinik doch nur jemand gewesen wäre, der sich für mich interessiert hätte!

Viele Jahre lang litt ich darunter, und immer wieder suchte ich Therapeuten auf, um „darüber hinwegzukommen“, aber die Schuldgefühle ließen nicht nach.

Nachdem ich die Highschool absolviert hatte, versuchte ich vor all dem fortzulaufen. Ich ging in Long Beach, Kalifornien, aufs College, aber es dauerte nicht lange, bis ich auch dort in die Partyszene geriet. Ich hatte viele ungesunde Beziehungen, und es war mir egal, was aus mir wurde.

Gleich nach meinem Collegeabschluss sprang ich auf das Boot eines Freundes und machte mich auf den Weg zum Südpazifik zu meinem eigenen Abenteuer. Wir genossen es, von Amerikanisch-Samoa nach Tonga und dann weiter zu den Fiji-Inseln zu segeln. Aber nach fünf Monaten bekam ich Heimweh. Meine Mutter hatte Geburtstag, also beschloss ich, sie zu überraschen, und kaufte ein Flugtickert zurück nach Hawaii. Das war nicht sehr klug von mir.

Schon in der ersten Woche nach meiner Rückkehr lernte ich einen Typen kennen, und weil ich entschlossen war, es diesmal nach Gottes Willen zu machen, heiratete ich ihn – nach nur sechs Monaten. Ich kannte ihn nicht einmal richtig. Von diesem gewalttätigen Mann ließ ich mich bald wieder scheiden und begann die nächste unheilvolle Beziehung.

Inzwischen hatte ich angefangen, bei Fitnesswettbewerben mitzumachen. Ich wurde Ms Fitness Hawaii und die Fotografen wollten Aufnahmen von mir machen. Ich genoss es, dass jemand mich schön fand. Kurz darauf wollten sie sexy Fotos machen, und ich wünschte jetzt, ich hätte nie zugestimmt. Aber damals war ich so weit von Gott entfernt, dass es für mich keine große Sache war.

Ich war so verletzlich und unsicher, dass ich mir von jedem sagen ließ, was ich tun sollte. Mit dem neuesten Mann in meinem Leben zog ich nach Denver, wo ich weiter trainierte und Ms Fitness Colorado wurde. Der Mann, mit dem ich zusammen war, überredete mich, in einem Herrenklub zu arbeiten. Das war der Tiefpunkt meines Lebens. Ich hatte überhaupt kein Selbstwertgefühl, und ich wusste, dass ich aus diesem sündhaften Leben, das ich führte, aussteigen musste.

Gott wusste, dass er meine Aufmerksamkeit nur durch einen Mann erlangen würde. Das war der Zeitpunkt, an dem Dan in mein Leben trat. Im September 1999 lernte ich meinen Mann Dan kennen, und zwar in einem Restaurant in der Stadt, wo ich mit einigen Freundinnen war. Wir hatten beide Beziehungen gehabt, wollten aber etwas anderes. Er hatte sein Leben gerade neu Jesus übergeben, was Fügung war, denn in der Woche davor hatte ich Gott gerade eine lange Liste von Eigenschaften gegeben, die ich an einem Mann suchte. Dass er Christ war, stand ganz oben auf der Liste.

Wir fingen an, miteinander auszugehen, und entschieden schnell, dass wir diese Beziehung nach Gottes Willen führen wollten. Er half mir, meinen erniedrigenden nächtlichen Job aufzugeben, und ich fing an, mit ihm in die Kirche zu gehen. Wir begannen, unser gemeinsames Leben zu planen, aber vor uns lag ein langer Weg. Die Männer in meiner Vergangenheit hatten so viel von mir zerstört.

Unser erstes Ehejahr war sehr schwierig; wir hätten uns beinahe scheiden lassen. Wir waren beide sehr eigensinnig und willensstark, und seine Vergangenheit war auch nicht ohne Probleme. Schon bald gewann das Leben die Oberhand und die Rechnungen häuften sich. Wir arbeiteten beide viel in unserer gemeinsamen Firma als Fitnesstrainer und -berater, weil wir Erfolg haben wollten. Letzten Endes lebten wir nicht nach Gottes Willen, sondern nach unserem eigenen. Wir hörten auf die falschen Leute, anstatt auf Gott zu hören. Wir trafen die falschen Entscheidungen und waren schließlich bis über beide Ohren verschuldet.

In dieser Zeit waren wir etwas über vier Jahre verheiratet und hatten beschlossen, dass es Zeit wäre, ein Baby zu bekommen. Ich hatte Kinder lange vor mir hergeschoben, aber Dan fragte immer wieder. Meine Selbstzweifel kamen wieder zutage; ich hatte schreckliche Angst, die Figur zu verlieren, für die ich so intensiv gearbeitet hatte. Ich dachte, schwanger zu werden, bedeutete automatisch, dass ich fett wurde und mein Mann mich nicht mehr attraktiv finden würde. Ich redete mir ein, er würde eine andere finden, so wie andere Männer in meinem Leben. Ich war schon so oft betrogen worden.

Vor allem hatte ich Angst, dass ich keine gute Mutter sein würde. Meine Worte, „Ich habe es nicht verdient, Kinder zu haben", hallten den ganzen Tag in meinem Kopf wider.

Außerdem würde eine Familie eine zusätzliche finanzielle Belastung darstellen, und ich wollte kein Baby, wenn ich nicht zu Hause bleiben konnte, wie meine Mutter es getan hatte. Dadurch würde sich aber unser Einkommen um die Hälfte reduzieren. In meinem Herzen wusste ich, dass Gott für uns sorgen würde – und das hat er auch immer getan. Obwohl es in manchen Monaten wirklich eng war, hat Gott uns immer wieder bewiesen, dass er die Fäden in der Hand hält.

Also fingen wir schließlich an, es zu versuchen, aber wir wurden einfach nicht schwanger. Nach fünf Monaten fragten wir uns, ob mit einem von uns etwas nicht stimmte, also ließ Dan sich testen – aber noch im selben Monat erhielten wir die gute Nachricht: Ich war in anderen Umständen!

Und dann geschah etwas, als ich schwanger wurde. Obwohl ich Christin war und Jesus als meinen Herrn und Heiland angenommen hatte, *kannte* ich ihn eigentlich nicht und folgte ihm auch nicht nach, wie ich es hätte tun sollen. Aber während meiner Schwangerschaft kam ich Gott so nahe wie nie zuvor. Kein Tag verging, an dem ich nicht mit Gott sprach und für mein Baby betete. Ich erzählte Gott alles – wie es mir ging, wieviel Angst ich hatte – und bat ihn, eine gute Mutter aus mir zu machen. Und vor allem betete ich für mein Baby. Ich betete um Gesundheit, Freude und Weisheit – jeden Tag. Jede Woche informierte ich mich über die Entwicklung des Babys und betete ganz gezielt für den jeweiligen Körperteil. Und wissen Sie was? Gott erhörte jedes einzelne Gebet für mein Kind.

Unser süßer kleiner Micah Kekoa Polimino kam am 5. August 2005 auf die Welt, und ich war noch nie so glücklich. Früher sagte ich immer: „Ich werde nie Kinder haben, auf keinen Fall." Gott sei Dank, dass er etwas anderes mit mir vorhatte und uns mit dieser wunderbaren kleinen Seele über alle Maßen gesegnet hat. Ich habe so viel über das Muttersein gelernt, und jeden Tag zeigt Gott mir durch diesen kleinen Kerl etwas von sich selbst. Er lehrt mich, was Mitgefühl und Gnade sind und bedingungslose Liebe und Vertrauen.

Und wie Sie wissen, ist Micah inzwischen ein großer Bruder. Malia Grace kam am 19. März 2008 in unser Leben, und sie ist genauso ein Segen wie ihr Bruder. Ich sehe, dass die besonderen Gebete, die ich für sie gesprochen habe, ebenfalls in Erfüllung gehen. Wie Sie für Ihr ungeborenes Baby beten können, erfahren Sie in meinem ersten Buch, *Beten für mein Baby.*

Wie Sie sehen, spielt es keine Rolle, was Sie in Ihrer Vergangenheit getan haben. Gott ist größer als Ihre Vergangenheit. Ich bin keine vollkommene Mutter – ganz und gar nicht –, aber ich gebe mein Bestes; und vor allem erzähle ich meinen Kindern von Jesus, unserem Herrn und Heiland. Und heute will ich Ihnen Mut machen, Gott um Vergebung für Ihre Vergangenheit zu bitten, wenn Sie das noch nicht getan haben. Schütten Sie ihm das Herz aus und lassen Sie sich von ihm weißer waschen als Schnee. Gott hat erstaunliche Pläne für Ihr Leben, und Sie können das Leben, das er für Sie im Sinn hat, nur leben, wenn Sie an seiner Seite gehen.

Wenn Sie Ihr Leben noch nicht Jesus Christus übergeben haben, lade ich Sie ein, es jetzt zu tun. Oder vielleicht wollen Sie Ihr Leben Gott noch einmal neu weihen. Es ist ganz einfach. Sie müssen Jesus nur als Ihren Herrn und Erlöser annehmen, ihn um Vergebung für alle Ihre Fehler bitten und ihn als Herrn und Heiland in Ihr Leben bitten.

Gott liebt Sie – egal, was Sie getan haben. Johannes 3,16 sagt uns: „Denn Gott hat die Menschen so sehr geliebt, dass er seinen einzigen Sohn für sie hergab. Jeder, der an ihn glaubt, wird nicht zugrunde gehen, sondern das ewige Leben haben."

Gott wird Ihnen vergeben und Sie annehmen. Römer 10,13 verheißt uns das: „Denn jeder, der den Namen des Herrn anruft, der wird von ihm gerettet." Ich würde mich sehr freuen, wenn Sie mit mir das folgende Gebet sprechen würden.

Übergabegebet

Jesus, ich glaube, dass du Gottes Sohn bist und dass du für mich am Kreuz gestorben bist, damit ich in Ewigkeit mit dir im Himmel leben kann. Bitte vergib mir meine Sünden und schenke mir das ewige Leben. Ich will, dass du zu meinem Leben gehörst. Bitte komm heute in mein Herz. Ich möchte dich kennen und dir immer dienen. Jesus, in deinem Namen bete ich. Amen.

Elterngebet

Lieber himmlischer Vater,
danke für deine Gnade und Vergebung. Danke, dass du mich genauso liebst wie mein Kind. Ich bin dein Kind, Gott, und ich möchte so gerne hören, wie du sagst: „An dir habe ich Wohlgefallen."

Hilf mir, nicht zurück in meine Vergangenheit zu schauen, sondern nach vorne in die Zukunft; und hilf mir, meine Aufgabe als Mutter/Vater so zu erfüllen, wie du es willst. Hilf mir, in meinem Alltag christusähnlicher zu sein. Wenn meine Kinder mich anschauen, sollen sie Jesus sehen.

Mutter/Vater zu sein, ist mit Abstand die schwierigste, aber auch die lohnendste Aufgabe. Weck deinen Geist in mir, Jesus, und lass mich mein Kind mit deinen Augen sehen und mit deiner Liebe lieben.

Himmlischer Vater, du bist der Schöpfer aller Dinge! Du bist unser Vorbild, wie wir als Eltern sein sollen, wie wir unsere Kinder lieben und erziehen sollen. Zeig mir, wie ich sie nähren und leiten kann, und zeig mir auch, wann ich sie loslassen und in deine Hände geben muss.

Lehre mich deine Wege, oh Herr, und zeige mir den rechten Pfad, auf dem ich meine Kinder zu dir führen kann. Vor allem hilf mir, meine Kinder auf deine Wiederkunft vorzubereiten.

Das bete ich in deinem heiligen Namen, Jesus. Amen.

Bibelaussagen zum Nachdenken und Beten

Ja, der Herr wird wieder Erbarmen mit uns haben
und unsere Schuld auslöschen.
Er wirft unsere Sünden ins tiefste Meer.
Micha 7,19

Kommt alle her zu mir, die ihr euch abmüht und unter eurer Last leidet! Ich werde euch Ruhe geben. Lasst euch von mir in den Dienst nehmen, und lernt von mir! Ich meine es gut mit euch und sehe auf niemanden herab. Bei mir findet ihr Ruhe für euer Leben. Mir zu dienen ist keine Bürde für euch, meine Last ist leicht.
Matthäus 11,28-30

Mein Tagebuch

Wenn Sie mögen, schreiben Sie doch hier Ihr persönliches Zeugnis auf, wie Sie Jesus als Ihren Heiland angenommen haben, damit Ihr Kind es lesen kann, wenn es älter ist:

Danksagungen

Unser herzlicher Dank gilt unserem Agenten John Willig, Präsident der Literary Services, Inc., für seine Expertise und Unterstützung bei diesem Projekt. Wir wissen auch die Mitarbeiter von Regal Books zu schätzen, die dafür gesorgt haben, dass unsere Bücher in die Hände von Leserinnen und Lesern auf der ganzen Welt gelangen. Wir danken dem Cheflektor Steven Lawson für seine Weitsicht. Mark Weising, dem Leiter des Lektorats, danken wir dafür, dass unser Buch rechtzeitig beim Drucker war. Dank geht auch an Jackie Medina für ihre Arbeit in der Werbung und dafür, dass sie durch ihre eigene Schwangerschaft hindurch gebetet hat, während sie an unserem Buch *Beten für mein Baby* arbeitete. Deena Davis danken wir für ihre Liebe zum Detail beim Lektorieren. Außerdem danken wir Bill Greig III., dem Vorsitzenden von Gospel Light/Regal Books, weil er an unsere Botschaft geglaubt hat und die Vision für eine Serie mit *Beten-für*-Büchern hatte.

Unser Dank gilt auch Hauptpastor Dr. Jim Dixon von der Cherry Hills Community Church in Highlands Ranch, Colorado, der die persönliche Geschichte von seiner Errettung erzählt hat. Wir danken Katy Cerny von IHOP, Elisa Morgan von MOPS International und Alexandra Kuykendall für ihre Interviews.

Von Carolyn Warren: Mein Dank und Respekt gilt Pastor Joe Turner von der Shorewood Foursquare Church in Seattle, Washington, für seine tiefgründigen Bibelstunden und Gebete.

Von Jennifer Polimino: Micah und Malia, dieses Buch ist für euch. Wir wollen auch unseren Familien danken. Wir lieben euch alle!

Vor allem danken wir dem Herrn Jesus Christus, dem allein Ehre, Lob und Dank gebühren.

Von den gleichen Autorinnen

Beten für mein Baby
Meine Schwangerschaft bewusst erleben

- Gedanken zum Staunen, Danken, Freuen und zur Vorbereitung
- Bibelstellen, Impulse und Gebetsvorschläge
- Informationen über die wöchentliche Entwicklung meines Babys
- Meine Beziehung zu Gott und meinem Baby vertrauensvoll erleben
- Mein kreatives Tagebuch für die Schwangerschaft
- Ermutigende Berichte anderer Mütter

Jedes Baby ist ein Wunschkind Gottes. Dieses Buch führt Woche um Woche durch die natürliche Entwicklung des Kindes, angefangen bei der Empfängnis bis zur Geburt. Für jede Woche gibt es Gedanken, Informationen und Bibelstellen, verbunden mit formulierten Gebetsvorschlägen, um als Mutter für das werdende Kind zu beten. Jede Woche wird durch einen Tagebucheintrag abgerundet.

Paperback, 310 Seiten, Bestell-Nr.: 52 50453; ISBN 978-3-86773-226-0

Musik zum Träumen und zur guten Nacht (CD 1)

Harmonische Lieder und Instrumentalmusik fürs Baby. Bestseller-CD.

CD: 52 03412

Musik zum Träumen und zur guten Nacht (CD 2)

Ruhige und harmonisch fließende Musik mit den Melodien der schönsten Wiegen- und Segenslieder. Die eingewobenen Lieder sind auch direkt am CD-Player anwählbar, als gesungene oder instrumentale Version.

CD: 52 03414

Schlaf gut, mein kleiner Schatz

17 wunderschöne Lieder zu den Themen Erwartung, Gute Nacht, Segen und was sonst mit den kleinen Neuankömmlingen zu tun hat. Behutsam und einfühlsam gesungen.

CD: 52 03409

Valerie Lill

Segen über dich

Segens- und Schlaflieder für Babys und Eltern

Ein neugeborenes Baby ist ein Wunder Gottes. Die Lieder dieser CD verleihen der Dankbarkeit Worte. Sie drücken den Wunsch aus, das Kind unter den Segen des Gottes zu stellen, der es so wunderbar erdacht und gemacht hat.

CD: 52 03413

Jack Hayford

Gesegnete Kinder

Damit Kinder glücklich aufwachsen

Wenn Kinder unter dem Segen Gottes aufwachsen, haben sie die besten Voraussetzungen, um alle ihre Fähigkeiten und Potenziale zu entwickeln. Der Segen Gottes begleitet und stärkt aufwachsende Kinder, sie erfahren dadurch bleibende Werte.
Viele Wegbegleiter wünschen sich, dass Kinder in einer gesegneten Atmosphäre aufwachsen. Dieses Buch will praktisch helfen und unterstützen. Jack W. Hayford beschreibt aus seiner reichen Bibel- und Lebenserfahrung heraus, wie es uns gelingen kann, die Leben unserer Kinder zu stärken. Dass Kinder in der Liebe Jesu aufwachsen, das ist das Ziel dieses Buches.

Paperback, 176 Seiten
Bestell-Nr.: 52 50436
ISBN 978-3-86773-166-9

Bill & Pam Farrel

Die 10 besten Entscheidungen, die Eltern treffen können

Ein weiteres Praxisbuch aus unserer „10 Entscheidungen"-Serie, speziell für Eltern.

Unsere Kinder haben enormes Potenzial, aber sie brauchen unsere Unterstützung, um all dies optimal zu entwickeln und zu entfalten.
Dieses Buch bietet zehn wichtige Elternimpulse, um das Familienleben bewusster zu entwickeln – damit das Leben als Familie besser gelingt. So bunt, vielseitig und überraschend wie das Leben selbst.

Paperback, 296 Seiten
Bestell-Nr.: 52 50463
ISBN 978-3-86773-191-1